"十二五"高等院校国际贸易专业规划教材

国际贸易理论与实务经典案例

李 红　张亚芬　简 方　任慧玲　编著

南京大学出版社

图书在版编目(CIP)数据

国际贸易理论与实务经典案例 / 李红等编著. —— 南京：南京大学出版社，2012.1(2013.1重印)

"十二五"高等院校国际贸易专业规划教材

ISBN 978-7-305-09409-5

Ⅰ. ①国… Ⅱ. ①李… Ⅲ. ①国际贸易理论—案例—高等学校—教材②国际贸易—贸易实务—案例—高等学校—教材 Ⅳ. ①F740

中国版本图书馆 CIP 数据核字(2011)第 262077 号

出版发行　南京大学出版社
社　　址　南京市汉口路 22 号　　邮　编　210093
网　　址　http://www.NjupCo.com
出 版 人　左　健
丛 书 名　"十二五"高等院校国际贸易专业规划教材
书　　名　国际贸易理论与实务经典案例
编　　著　李红　张亚芬　简方　任慧玲
责任编辑　耿飞燕　　　　　　　编辑热线　025-83686722
照　　排　南京南琳图文制作有限公司
印　　刷　南京大众新科技印刷有限公司
开　　本　787×1092　1/16　印张 12　字数 263 千
版　　次　2012 年 1 月第 1 版　　2013 年 1 月第 2 次印刷
ISBN　978-7-305-09409-5
定　　价　24.00 元

发行热线　025-83594756　83686452
电子邮箱　Press@NjupCo.com
　　　　　Sales@NjupCo.com(市场部)

前　言

在经济全球化日益深入发展的今天,国与国之间的关系尤其是贸易关系,是你中有我、我中有你,一荣俱荣、一损俱损。但同时,贸易利益并不是在所有国家之间均等分配的。贸易大国尤其是贸易强国,凭借强权总是拿走大块"蛋糕",甚至不惜牺牲他国的利益抢占别人的利益。在贸易实践中,新的相关法律、法规、惯例等不断被修订和完善,但同时国际贸易中的商业欺诈、信用欺诈时常发生。为了进一步从理论和实践上厘清这些问题并防患于未然,我们编写了这本《国际贸易理论与实务经典案例》。编写这本书的出发点是,希望将理论分析与实证分析较好地结合起来,使理论分析更有深度、力度和可信度。在分析的方法上,我们打破了传统案例分析中较多地关注案例过程及结果的分析方法,更注重分析案例的借鉴意义以及它给人们带来的启示。本书较好地突出了知识性、应用性和实践性。

本书分上、下两篇。上篇主要介绍国际贸易理论、服务贸易政策及贸易政策措施的典型案例;下篇根据国际贸易实务的内容分章介绍贸易实务中的典型案例。每个案例包括三个方面的内容:"案情介绍"、"案情分析"以及"案例启示"。我们认为,这种编写构架有助于国际经济与贸易专业的学生和从事国际贸易的专业人士系统、全面地了解和把握国际贸易理论与实务的基本内容和重要特点。同时,在方法上,较好地把握理论分析与实证分析相结合、实证分析与规范分析相结合、定量分析与定性分析相结合。

在本书的编写过程中,我们得到了常州工学院经济与管理学院应可福教授的大力支持,应教授还为本书提出了十分宝贵的建议。在编写本书的过程中,我们参考了一些论著、论文等,在此向各位作者表示真诚的感谢。

由于编者水平所限,不足之处在所难免,敬请读者批评指正。

目 录

上 篇 国际贸易理论

第三章　贸易政策措施

下 篇　国际贸易实务

第四章　国际贸易术语

第五章　数量、质量及包装

第六章　运输与保险

上篇 国际贸易理论

货物贸易理论
服务贸易理论
贸易政策措施

第一章 货物贸易理论

1 国际分工的"陷阱"与"馅饼"

在新一轮全球并购大潮中,发达国家实际上是在强化其在原有贸易格局中的既得利益,而发展中国家则被更加牢固地锁定在国际分工链条的末端,进而掉入"国际分工陷阱"。以中国出口玩具为例,在美国市场,中国出口玩具"芭比娃娃"的零售价为 9.99 美元,它在美国海关的进口价仅为 2 美元,两者相差的 8 美元作为"智力附加值"被美方拿走。在剩下 2 美元中,1 美元是运输和管理费,65 美分支付原材料进口的成本,中方只得到区区 35 美分的加工费。由此可见,包括中国在内的发展中国家在国际分工链条中处于明显的劣势和低端,而发达国家则成为最大的赢家。这样的例子在发展中国家与发达国家的贸易中并不鲜见。

事实上,国际分工的收益在发达国家和发展中国家之间的分配是严重不平衡的。发达国家拥有先进的技术、充足的资金、高素质的技术人员及管理人员,而发展中国家只有丰富的剩余劳动力。发展中国家能够从事的生产经营活动,发达国家都能够从事。发达国家的跨国公司在全球范围内投资是为了扩大市场以获得更多的利润,但这不意味着发达国家不能够在国内生产。发达国家完全可以不与某个发展中国家交易,但发展中国家要实现本国经济发展却不能不与发达国家交往。对于发展中国家来说,他们与发达国家虽然都可能从全球化的产业链条中获得收益,但是它们获得的收益数量却是大不相同。国际分工收益的绝大部分被发达国家获得,发展中国家只能获得其中的一小部分。为了这一小部分收益,发展中国家之间还会进行着激烈的竞争。他们竞相开出各种优惠条件,如税收优惠,允诺最大限度地开放国内市场,承诺遵守发达国家制定的严厉的经济规则,甚至作出政治上的让步。然而,发达国家的资金不可能流向每一个发展中国家,它们总是流向那些能够给投资者带来最大收益且风险最小的国家。其结果是,有的国家开放了市场,却没有资金和技术流入。也就是说,虽然他们尽力参与全球化进程,但并不能够在全球分工链条中获得应有的一席之地。这就是当今国际贸易分工中的"陷阱"。

另一方面,随着经济全球化的推进和知识经济的到来,各国之间的经济联系日益密切,尤其是在以分工为基础的国际贸易中,你中有我、我中有你。在这种背景下,任何一个国家,无论是发达国家还是发展中国家,甚至是最不发达的国家,如果远离国际分工,拒绝国际合作、国际贸易,就会成为永远赶不上"世界公共汽车"的孤儿。

据统计,20世纪90年代,发展中国家在全球吸引的外资总量比例从80年代的25%上升到1996年的37%。世界银行《1998—1999年世界发展报告》指出,1990—1997年,发展中国家的年平均GDP增长率为2.8%,明显高于世界2.3%的平均增长率和发达国家2.1%的增长率。世界银行甚至乐观地预测,1992年到2020年,发展中国家出口额的年平均增长率为8.1%,比世界平均增长速度高2.6%,而发达国家的出口额增长速度只能达到4%。到2020年,发展中国家出口占世界出口总额的比重将由1992年的23.5%提高到48.4%。分工被大多数经济学家视为经济效率的源泉。现代经济学之父亚当·斯密指出,分工水平依赖于市场容量。也就是说,一个人是否能从专业化分工中获利取决于参加分工的人数。国际分工是国内分工的延伸,国际分工使得各国能够充分发挥本国的比较优势。这无疑成为当今国际贸易分工中的"馅饼"。

案情分析

1. "馅饼"获得的依据

大卫·李嘉图在亚当·斯密的绝对成本优势理论基础上,进一步发展了比较成本优势理论。其基本观点是:各国依据比较成本原则"两优择其重、两劣取其轻",并在此基础上参与国际分工进行国际贸易,获得贸易利益。对各国产品的成本作相对比较,这是比较成本思想的精髓。

在比较成本优势理论的基础上,瑞典经济学家伯尔蒂尔·俄林创建了生产要素禀赋理论。这些理论较为圆满地说明了国际贸易的一般基础,这就是国际分工"馅饼"获得的基本依据。

然而,比较成本优势理论并非完美,在实际运用中还必须警惕可能存在的诸多陷阱。

2. "陷阱"产生的原因及危害

(1) 发达国家掌控着游戏规则

制度是"非中性"的,国际分工格局对发达国家和发展中国家的影响也是"非中性"的。发达国家完全掌握了国际规则的制定权,主导着国际规则的运行。世界银行、国际货币基金组织、世界贸易组织等都被发达国家掌控。美国、西欧等发达国家主宰着这些组织的运行。没有发达国家首肯,其议题或决策难以实施。发展中国家要参与全球化就必须执行发达国家制定的规则。发达国家甚至要求发展中国家遵守某些连他们自己也无法遵守的规则。虽然广大的发展中国家在很多场合试图通过"用一个声音说话"的"南南合作"方式,增强他们在国际规则制定中的影响力,并在一定程度上实现了其意图,但总体来说,国际规则的制定和运行基本掌握在发达国家手中,发展中国家仍处于被动接受的地位。掌握规则制定权意味着发达国家可以更好地利用规则为本国的利益集团服务,同时也主导了国际分工格局。在整个国际分工链条中,发达国家凭借资本、科技、人才、营销和消费方式上的优势或先机,占据了高附加值、高技术含量的产品和服务市场,而大多数发展中国家则处于国际分工链条的末端,成为全球市场上劳动密集型、低附加值、低技术含量产品与服务的提供者。随着信息和通讯技术的迅猛发展,不同国家或经济体之间,在获得接入信息和通讯技术的机会与利用因特网进行各种业务活动方面,出现了明显的"数字鸿沟"。这种现象一旦被固定化和普遍化,那么,发展中国家的产业结构就可能永远被锁定在国际分工链条的末端,进而掉入"国际分工陷阱"。在这种情况下,发展中国家面临两难抉择:一方面,加入全球资本主义体系中,被迫或自愿地接受发达国家制定的于己不利的规则,这将不可避免地付出惨痛的代价;另一方面,如果拒绝接受现行的国际经济规则似乎没有其他出路。即使闭门造车成为可能,其结果也往往事倍功半,因为各国的比较优势必须在国际分工中才能实现。

(2) 跨国公司主导着世界经济

事实上,跨国公司主导全球采购和国际分工链条形成的格局源于整个世界格局的形成。当今世界,由少数西方发达国家组成的既得利益集团,凭借其强大的综合实力,主导并利用现行的国际规则,保护和扩大其既得利益。这些国家集团在国际经济、政治事务中保持了相当的一致性,共同主导世界,这就是大型跨国公司。尽管广大发展中国家拥有建立更合理的国际政治、经济新秩序的强烈愿望,但他们大都是现行不公平国际规则及由发达国家集团设定的生产方式和生活方式的接受者,而且他们的受益或受损情况又有很大的差别,因而谋求共同利益方面存在"集团行动悖论"。倘若想真正实现"一个声音说话",尚需下大力气加深合作。在较长时期内,世界格局将出现稳定和均衡的态势,发达国家集团主导世界的局面也将保持较长时间。因此,跨国公司主导世界经济和国际分工格局的现实在短时间内将无法改变。发展中国家要跳出"国际分工陷阱",可能需要作出痛苦的抉择,"两害相权取其轻"。发展中国家要根据现有条件,大力发展教育,提高劳动力素质,并通过创造良好的投资环境吸引外商直接投资,发展国际贸易,逐渐在全球分工中争取有利的地位。

案例启示

1. 中国在国际分工体系中的定位

中国成为世界加工制造中心是现阶段发展的必然产物。一方面是因为中国有巨大的市场;另一方面是因为劳动力资源丰富,有多达 7.5 亿的劳动力。目前中国依靠廉价劳动力参与国际竞争,在国际分工体系中处于低端,常常面临着"增长而不发展"的困惑。中国对外开放的路径及发展模式基本上是由约束条件决定的。首先,就业压力是目前中国发展模式的一种刚性约束条件。国家发改委在《2006 年就业面临的问题及政策建议》中提到,2006 年中国劳动力供给增量有可能达到峰值,为 1 700 多万人,劳动力供大于求 1 400 万人,而且在就业人员中,约有三分之一就业稳定性较差。在这之后的5 年里,每年劳动力的供给量都有 1 800 万~2 000 万人。在这种情况下,没有跨国公司劳动密集型产业转移，没有大量的国外直接投资，单靠本国资本缓慢积累来吸纳如此规模的剩余劳动力是不可能的。不管是制造还是组装，中国的竞争优势显然在于可无限供给的劳动力，因为中国制造的是劳动要素密集的产品，在参与跨国公司产品制造的国际分工中，所投入的有竞争力的要素是劳动力，从而做的主要是劳动要素密集的组装工作，而不是设计和产品开发。中国的就业人数在增加，但工资率尚未出现显著地上涨趋势。这清楚地表明中国劳动力供过于求的问题，并未得到有效的解决。只要这种状况不发生根本性变化，那么中国以劳动力优势参与国际分工和贸易就是不可避免的。但我们必须清楚地认识到，中国未来的发展必须依靠科技、研发，走自主创新的道路。

2. 正确处理自主创新和引进技术之间的关系

在探讨中国在国际分工中的地位问题时，一个首要的问题摆在了我们面前，这就是要正确处理好自主创新和引进技术之间的关系。

经过 30 多年的改革开放，中国取得了举世瞩目的成就。因此我们有理由相信，中国人不会永远做低层次的加工组装。从长远来看，我们肯定需要自主创新的技术，但正所谓饭要一口口吃，发展阶段也要一步一步地走，要由市场条件来决定。也就是说，制度安排应该是内生的。创新可以有自主创新，也可以有集成创新，还可以在引进、吸收、消化的基础上再创新，创新也需要多元化。

中国的国际分工地位涉及"比较优势"和"自主创新"两个问题。从比较优势来说，我们最适合做生产加工，至少可以解决大量的劳动力就业问题。问题是这样一种比较优势是否还要继续延续？事实上，市场给出了多元化选择的答案。一方面中国仍要继续发挥比较优势，通过引入外资提高参与国际分工的水平。况且，中国在参与国际分工中也出现了一些新变化，如越来越多的跨国公司在中国设立研发中心。跨国公司的研发大都以应用型为主，这对于提升中国产业分工水平有很大的作用。但这种结合还是嵌入式的，主要是我们还缺乏自主创新。另一方面就是要处理好发挥比较优势和加强自主创新的关系。处理好这一关系要解决以下问题：

(1) 创新要突破障碍。多元化的创新在各方面都面临着障碍，文化与制度是其中的关键所在，而制度创新又是关键中的关键。为何我们没有世界级的科技创新园区？作为一个发展中国家，中国拥有高储蓄率，但缺少将资金有效地转化为资本的机制；人力资源丰富，但缺少有效的教育培训把他们转化为人力资本；日益成长壮大的民营企业众多，但缺乏自主创新、转型升级的动力。解决这些问题的关键是进一步完善经济体制的改革，突破体制障碍，进行制度创新。

(2) 鼓励创新必须使企业尤其是民营企业的创新力量爆发出来。企业是经济发展的原动力，也是技术创新、制度创新的源泉。在未来中国经济增长方式的转变、自主创新、产业升级中，绝不能忽视企业尤其是民营企业的作用。中国民营企业的创新空间很大，要使它成为我国创新经济发展过程中的一个亮点。

(3) 自主创新需要特别注意研究发达国家的动向，不能关起门来埋头追赶。一些发达国家有专门的机构，密切关注世界各国的研发动向，对我们的一举一动可以说了如指掌;常常在要害上"卡"住我们急需的关键技术,不允许向中国转移;有些技术我们花费了巨大的人力、财力,自主研发取得了突破性进展,他们偏在突破前夜开放,致使我们的前期投入付之东流。相比之下,我们却缺乏"知彼"的能力,吃了不少暗亏。

(4) 充分地认识教育对科技、经济的支撑作用。今天的教育是明天的科技、后天的经济。在知识经济时代,国际竞争实质上是人才的竞争,即人力资本的竞争。教育是人才培养的摇篮,因此,教育对科技、经济的支撑作用十分重要。

3. 应对"陷阱"之策

改革开放 30 多年来,中国的外向型经济规模不断扩大,国际贸易量不断提高,占 GDP 的比重也越来越高。这客观上要求我国对国际贸易中获得的外汇储备的安全性给予高度重视,为此,更加需要我们重视和识别国际贸易中的陷阱并及时规避。

(1) 积极倡议、敦促建立多边货币结算体系,弱化以美元为基础的货币体系的影响力和渗透力。中国应主动提升自身的货币地位及影响力,严防他国运用货币手段,役使或盘剥我国民众;严防并限制他国资本、货币在我国的投机行为;将发展经济的主动权牢牢地抓在自己的手中,确保国家的经济安全。

(2) 对我国主要的国际贸易伙伴,应加强动态的国际信用评级,对经济运行风险及早作出预警;对现有的外汇储备采取多币种存储;适当降低外汇储备水平,保持国际贸易收支的适度平衡;同时增加我国稀缺物资、战略物资的储备。

(3) 着力提高自身的生产能力、发明创造能力和科技创新水平,着力提高全民的科技教育水平,提高全民素质,提高基础科学、基础工业、基础农业的发展水平。

(4) 在参与国际分工、进行国际贸易过程中,一定要拥有主动权,强化自身的软、硬实力,坚持独立自主、自力更生的原则。虽然我国已加入了 WTO,但这只是大规模参与国际分工、国际贸易竞争的开始。国际风云变化莫测,只有加强自身的经济实力、科技实力、军事实力、政治实力以及创新实力,才能使我国在今后的国际贸易中得到公平、公正的待遇,才能使我国不会跌入国际贸易的"陷阱"。

2 世界水产品贸易新解

案情介绍

2010 年,中国水产品进出口贸易总额为 230 亿美元;其中出口额为 138 亿美元,比 2009 年增长 28.1%。由此,中国不仅是世界水产品的最大生产国,而且也已超过美国成为世界最大的水产品贸易国。本案例将介绍世界水产品贸易现状,分析其快速发展的原因。

1. 世界水产品贸易额

世界水产品贸易的显著特征是贸易品种多样、贸易主体众多。2006年,世界水产品贸易总额达859亿美元,比2005年增长了9.6%。1996—2006年,世界水产品贸易额年均增长率为5%。别除通货膨胀因素影响,世界水产品贸易额在2000—2006年期间增长了32.1%。2007年世界水产品贸易额为920亿美元,2007年下半年开始的金融危机影响了水产品主要市场消费者信心,对高值水产品贸易产生短期的不利影响。2008年水产品贸易额为1 020亿美元,比2007年增长了9%。别除通货膨胀因素影响,世界水产品出口额在2006—2008年期间的增长率为11%。2003—2008年153个国家或地区水产品国际贸易数据见表1-1。

表1-1　2003—2008年153个国家或地区水产品国际贸易数据

年份（年）	出口额（亿美元）	增长率（%）	进口额（亿美元）	增长率（%）	进出口总额（亿美元）	增长率（%）
2003	465.93	—	533.54	—	999.47	—
2004	520.94	11.81	585.58	9.75	1 106.52	10.71
2005	566.98	8.84	637.28	8.83	1 204.26	8.83
2006	615.98	8.64	698.90	9.67	1 314.88	9.19
2007	665.78	8.09	759.37	8.65	1 425.15	8.39
2008	708.99	6.49	806.17	6.16	1 515.16	6.32

资料来源:FAO, *The State of World Fishery and Aquaculture 2010*,2010。

如表1-1所示,153个国家或地区水产品出口额小于进口额,可能的原因是:第一,水产品进口额包含了国际运输和保险费用,理应大于出口额;第二,这些国家或地区经济较为发达,人均国民收入水平高于没有水产品贸易统计国家或地区的人均国民收入水平,水产品进口倾向较大。

2. 世界水产品贸易量

2008年,世界水产品产量(活体重等值)约40%进入国际市场(2008年世界水产品产量前15位的国家或地区如表1-2所示)。从长期来看,发展中国家和发达国家的水产品进入国际市场的比重将持续增长。2005年,世界水产品贸易量(活体重等值)达到最高值5 600万吨,比1995年世界水产品贸易量分别增长了28%。2006年,世界水产品贸易量为5 400万吨,比2005年下降了4%,鱼粉产量和贸易量减少是当年水产品贸易量下降的主要原因。事实上,2006年供人类食用的水产品贸易量同比增长了5%,比1996年则增长了57%。

表 1－2　2008 年世界水产品产量前 15 位

国家或地区	产量(千吨)			年均增长率(%)		
	1990 年	2000 年	2008 年	1990 年	2000 年	2008 年
中国	6 482	21 522	32 736	12.7	5.4	9.4
印度	1 017	1 943	3 479	6.7	7.6	7.1
越南	160	499	2 462	12.0	22.1	16.4
印度尼西亚	500	789	1 690	4.7	10.0	7.0
泰国	292	738	1 374	9.7	8.1	9.0
孟加拉国	193	657	1 006	13.1	5.5	9.6
挪威	151	491	844	12.6	7.0	10.0
智利	32	392	843	28.3	10.1	19.8
菲律宾	380	394	741	0.4	8.2	3.8
日本	804	763	732	−0.5	−0.5	−0.5
埃及	62	340	694	18.6	9.3	14.4
缅甸	7	99	675	30.2	27.1	28.8
美国	315	456	500	3.8	1.2	2.6
朝鲜	377	293	474	−2.5	6.2	1.3
中国台湾	333	244	324	−3.1	3.6	−0.2

资料来源：FAO，*The State of World Fishery and Aquaculture 2010*，2010。

3. 世界水产品主要贸易国(地区)

2008 年世界水产品贸易十大出口国和十大进口国水产品贸易额详见表 1－3。

表 1－3　2008 年世界水产品贸易十大出口国和十大进口国

十大出口国	贸易额(百万美元)		年均增长率(%)	十大进口国	贸易额(百万美元)		年均增长率(%)
	1998 年	2008 年			1998 年	2008 年	
中国	2 656	10 114	14.3	日本	12 827	14 947	1.5
挪威	3 661	6 937	6.6	美国	8 576	14 135	5.1
泰国	4 031	6 532	4.9	西班牙	3 546	7 101	7.2
丹麦	2 898	4 061	4.7	法国	3 505	5 836	5.2
越南	821	4 550	18.7	意大利	2 809	5 453	6.9
美国	2 400	4 463	6.4	中国	991	5 143	17.9
智利	1 598	3 931	9.4	德国	2 624	4 502	5.5

（续表）

十大出口国	贸易额（百万美元）		年均增长率（%）	十大进口国	贸易额（百万美元）		年均增长率（%）
	1998 年	2008 年			1998 年	2008 年	
加拿大	2 266	3 706	5.0	英国	2 384	4 220	5.9
西班牙	1 529	3 465	8.5	丹麦	1 704	3 111	6.2
荷兰	1 365	3 394	9.5	韩国	569	2 928	17.8
十个国家出口总额	23 225	51 695	8.3	十个国家进口总额	39 534	67 377	5.5
世界其他国家出口总额	28 226	50 289	5.9	世界其他国家进口总额	15 517	39 750	9.9
世界出口额	51 451	101 983	7.1	世界进口额	55 051	107 128	6.9

资料来源：FAO，*The State of World Fishery and Aquaculture 2010*，2010。

由表1-3可知，2008年世界水产品总进口额为1071亿美元，比上一年增长了6.9%。在进口方面，日本、美国、欧盟是主要的市场，2008年，这些地区的进口量占据了世界水产品进口总量的69%。2008年，日本是最大的进口国，其进口总额为149亿美元，比2007年增加了13%。但由于金融危机的影响，2009年日本水产品进口额下降了8%。欧盟是最大的水产品进口市场，2008年水产品进口额为447亿美元，比2007年增加了7%，该地区进口额占据了世界水产品进口总额的42%。同样受金融危机的影响，2009年欧盟水产品进口额下降了7%。拉丁美洲和加勒比海地区、大洋洲、亚洲的一些发展中国家在水产品出口贸易中继续扮演着重要的角色。以价值来计算，从1985年开始，非洲就已经成为世界水产品贸易的净出口国，但从数量方面衡量，非洲却是一个净进口国。这就反映出其进口的产品主要是一些低价值的商品。欧洲和北美洲一直处于水产品贸易的逆差状态。

在过去的十几年中，中国水产品进口也在不断增长。2007年，中国水产品进口额排名世界第六位，达到了45亿美元。而2010年，中国水产品进口额则达到了65亿美元。加入WTO之后，中国原材料用途和高价值的水产品进口增长迅猛。

2006年和2007年世界水产品进口额为896亿美元和960亿美元。世界水产品主要进口市场是日本、欧洲和美国。2006年上述三个市场水产品进口额占世界总进口额的比重为72%。

4. 世界水产品贸易空间结构

世界水产品贸易空间结构的特征是：拉丁美洲和加勒比海地区、大洋洲、亚洲发展中国家净出口地位稳固。1985年至今，随着前苏联和东欧国家不再向非洲大量倾销低值水产品，非洲国家也成为水产品净出口地区。欧洲、日本和北美是水产品净进口地区。

2004—2006 年,非洲水产品进口地理方向为:北美洲和中美洲 0.421 亿美元,南美洲 0.581 亿美元,欧洲 3.669 亿美元,亚洲 1.889 亿美元,大洋洲 0.226 亿美元。非洲区水产品区内贸易额为 4.173 亿美元,占该地区水产品贸易总额的 38.08%。

2004—2006 年,北美洲和中美洲水产品进口地理方向为:非洲 1.283 亿美元,南美洲 23.946 亿美元,欧洲 10.621 亿美元,亚洲 71.154 亿美元,大洋洲 3.945亿美元。北美洲和中美洲水产品区内贸易额为 42.529 亿美元,占该地区水产品国际贸易额的 27.71%。

2004—2006 年,南美洲水产品进口地理方向为:非洲 0.124 亿美元,北美洲和中美洲 0.221 亿美元,欧洲 1.694 亿美元,亚洲 0.494 亿美元,大洋洲 90 万美元。南美洲水产品区内贸易额为 5.383 亿美元,占该地区水产品国际贸易额的 67.92%。

2004—2006 年,亚洲水产品进口地理方向为:非洲 8.112 亿美元,北美洲和中美洲 33.654 亿美元,欧洲 46.268 亿美元,南美洲 28.135 亿美元,大洋洲14.096亿美元。亚洲水产品区内贸易额为 142.865 亿美元,占该地区水产品国际贸易额的 52.31%。

2004—2006 年,欧洲水产品进口地理方向为:非洲 34.99 亿美元,北美洲和中美洲 24.559 亿美元,亚洲 46.025 亿美元,南美洲 32.687 亿美元,大洋洲3.116亿美元。欧洲水产品区内贸易额为 215.096 亿美元,占该地区水产品国际贸易额的 60.34%。

2004—2006 年,大洋洲水产品进口地理方向为:非洲 0.502 亿美元,北美洲和中美洲 0.645 亿美元,欧洲 0.558 亿美元,亚洲 5.503 亿美元,南美洲 0.498 亿美元。大洋洲水产品区内贸易额为 1.628 亿美元,占该地区水产品国际贸易额的 17.39%。

5. 发展中国家和发达国家水产品贸易

2008 年,发展中国家水产品出口额为 508 亿美元,占世界总出口额的 50%。2006 年出口水产品 3 160 万吨(活体重等值),占世界水产品总出口量的 59%。2006 年发展中国家鱼粉出口量占世界总出口量的比重为 35%,出口额只占到 5%。2006 年发展中国家非食品水产品出口量占世界总出口量的比重为 70%。

发展中国家水产品贸易对发达国家依赖程度较高。2006 年,发展中国家水产品进口额的 40% 来自发达国家,出口额的 75% 从发达国家获得。世界鱼粉贸易 58% 产生于发展中国家,主要原因是发展中国家的水产养殖业发展比较迅速。

水产品出口对发展中国家的外汇创收具有重要作用。2006 年发展中国家水产品净出口额为 246 亿美元。水产品出口对低收入食品匮乏国家来讲意义重大。2006 年,这些国家的水产品出口额为 172 亿美元,净出口额为 107 亿美元。2006 年低收入食品匮乏国家水产品出口额占出口总额的比重为 20%。

2006 年,发达国家水产品进口额占世界总进口额的比重为 80%,进口量(活体重等值)占世界总进口量的比重为 62%。发达国家水产品产量不断下降,但是国内需求依然相对旺盛。为了满足国内水产品消费需要,发达国家水产品进口税率大幅度下降,但是其质量和安全标准却在不断提高。

按照价值来算,2006 年发达国家水产品进口的 50% 来自发展中国家。同时,发达国家水产品产业内贸易十分旺盛。同样按照价值计算,2006 年,发达国家水产品出口中有 85% 是出口到其他发达国家的,50% 的进口来自其他发达国家。相对来讲,发展中国家的水产品产业内贸易程度较低。2005 年,发展中国家间水产品出口额占水产品总出口额的比重仅为 25%。

案情分析

1. 传统的国际贸易理论能够解释发展中国家和发达国家之间的水产品贸易

大卫·李嘉图的比较优势理论认为,如果每个国家都专门生产并出口本国劳动生产率相对较高从而具有比较优势的产品,那么他们之间的贸易就能为每个国家带来利益。在李嘉图的贸易模式中,劳动生产率的差异是不同国家各产业部门之间唯一的不同之处,即劳动生产率的差异是导致国际分工进而产生国际贸易的基础。虽然发达国家的水产品捕捞、养殖、加工技术先进,但是与发展中国家相比,其水产品生产并不具有比较优势,按照"两优择其重、两劣取其轻"的分工原则,发展中国家可以生产水产品并出口,发达国家可以生产更具比较优势的其他产品并出口。2008 年世界水产品捕捞产量前十位国家如图 1-1 所示。

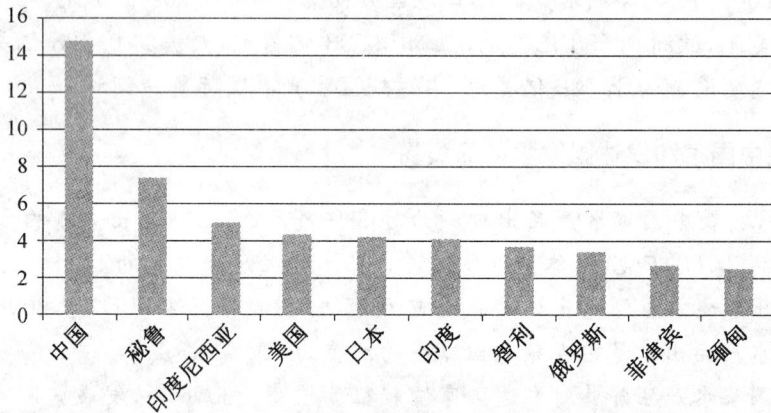

资料来源:FAO,*The State of World Fishery and Aquaculture 2010*,2010。

图 1-1 2008 年世界水产品捕捞产量前十位国家(单位:百万吨)

在 H-O 理论中,我们知道要素禀赋的差异是国际贸易产生的基础。由于水产品生产是劳动密集型产业,适宜在劳动力资源丰富的国家和地区发展。发展中国家正好具有丰富的劳动力,而发达国家属于劳动力比较匮乏的国家,因此,水产品的发展就形成了以发展中国家出口为主而以发达国家进口为主的国际贸易格局。

2. 新贸易理论能够解释发达国家之间的水产品产业内贸易

世界水产品贸易不仅存在着发达国家与发展中国家之间的垂直型分工模式,同时还存在着发达国家与发达国家之间的水平型分工模式。也就是说,国际贸易不仅可以在不同行业中发生,也可以在同一行业甚至同类产品中出现,这种现象在发达国家之间更是常见。

国际贸易由内部化与厂商的规模报酬递增驱动,即企业本身可以靠扩大生产来降低平均成本。在这种情况下,市场必然是不完全竞争的。克鲁格曼采用 Dixit 和 Stiglitz 的垄断竞争模型分析国际贸易。Dixit 和 Stiglitz 模型阐述了规模经济与消费多样化之间的矛盾:从厂商来看,生产规模越大成本越低,产品品种越少越好,但是消费者却偏好多样化产品,产品的品种越多越好。市场竞争能使这种两难达到次优均衡:每个生产者会生产一种差别性产品,既能满足消费者对产品差异化的要求,又能利用规模经济获得一定程度的垄断利益。

克鲁格曼以该模型为基础,建立了由规模经济引致国际贸易的模型。他证明了国际贸易并不一定来自技术或者要素禀赋的差异,而可能仅仅是为了扩大市场和获取规模经济。国际贸易能够形成一体化的世界市场,厂商可以在世界范围内销售产品,并从别国进口其他差异性产品以满足消费者的多样化需求。克鲁格曼运用这一模型解释了普遍存在的产业内贸易现象。

3. 新贸易理论的"国内市场效应"可以解释迅猛发展的中国水产品贸易

克鲁格曼将运输成本引入了贸易模型。运输成本的下降是推动贸易增长的一个非常重要的因素,但在克鲁格曼之前,贸易模型并不考虑运输成本。他在分析中假定贸易通过轮船运输,运输成本是商品数量的一定比例,有时也被称为冰山成本,即商品在到达目的地之前逐渐减少。这一分析更具有现实意义,他对国际贸易的精确分析得出了与国内市场效应一致的结果:一国倾向于出口在国内有较大市场的商品。这就解释了为什么偏好与贸易方式有关。

国内市场效应非常易于理解。在规模报酬递增和运输成本增加的情况下,企业倾向于集中在市场份额最大的区域。生产集中在同一地方就可以使规模经济效应得到充分发挥,而产地靠近最大市场可使运输成本最低。此外,工人的福利会更好,因为较大规模经济中的商品价格和运输费用较低。

我国水产业在 20 世纪 80 年代末开始起步,是世界上唯一水产养殖产量逐步超过捕捞产量的国家。我国是水产品生产大国,改革开放以来水产品总产量持续高速增长。自 1989 年以来,我国水产品总产量已连续 20 多年居全球第一。中国的食用水产品90%来自养殖。

4. 世界水产品贸易空间集聚

新经济地理学是关于人口和经济活动分布的新兴经济学分支,是在传统经济地理学中加入了规模报酬递增、运输成本和垄断竞争因素,采用一般均衡分析方法的经济学新领域。克鲁格曼指出,两国或者两个地区在各个方面都相同,而仅仅人口规模不同的情况下,人口多的国家和地区更能实现规模生产所需的最佳规模,因此产品价格能够更低,同时也能付出更高的薪水。这就会造成劳动力进一步向人口多的国家和地区聚集。

人们通常认为新经济地理学出现的标志是 1991 年克鲁格曼的开创性文章《报酬递增和经济地理》,其中提出的中心-外围论模型从区域非均衡层面为劳动力和企业集聚提供了一种解释。这一模型的核心是,企业愿意把生产区位选在最大的市场,从而节约销售和运输成本。而市场的规模,依赖居民的数量和收入水平。这种机制会产生制造业集中在其中一个区域的中心-外围模型。它可以通过市场进入效应和生活成本效应形成地区集聚;又会通过市场拥挤效应,使集聚地区中心企业竞争加剧、利润减少,迫使企业重新选择区位,搬迁到外围区域,形成中心-外围模型的逆转。通过中心-外围模型,我们了解了集聚产生的原因和自我维持机制,而模型的逆转又揭示了集聚的空间演化还有其他可能性。

欧洲、亚洲和北美洲是水产品的主要贸易区,其贸易额占世界贸易额的 80% 以上。1995—2004 年,欧洲、亚洲和北美洲水产品贸易额都呈上升趋势,在世界水产品贸易总额中的比重有所变化。具体来看,欧洲所占比重由 1995 年的 35%(位居第二位)上升至 2004 年的 40%(位居第一位),水产品贸易量也从 382.42 万吨增长至 588.09 万吨。亚洲所占比重由 1995 年的 39% 下降至 2004 年的 34%,由第一位下降为第二位,水产品贸易量由 428.34 万吨增加到 506.69 万吨。可见欧洲和亚洲在世界水产贸易中占有重要的地位。北美洲是世界第三大水产品贸易区,所占比重基本保持不变,在 15% ~ 17% 波动,贸易量由 1995 年的 162.21 万吨增长到 236.36 万吨。

总体来看,欧洲、亚洲和北美洲水产品贸易占世界水产品贸易比重较高,集聚现象明显,原因就是这些地区居民收入水平高,消费能力强。水产品生产企业愿意将生产能力布局在这些地区,以便接近消费市场、降低运输成本。欧洲、亚洲和北美洲就是水产品贸易的中心区。

案例启示

(1)新贸易理论采用规模经济、不完全竞争和产品差异化解释产业内贸易现象,是对传统贸易理论的补充和完善。传统贸易理论仍然具有生命力,但它的适用范围已大大缩小。比较优势是产业间贸易的主要动因。产业内贸易与产业间贸易的相对重要性取决于国家之间的相似性。若两国要素禀赋非常相似,那么产业间贸易会很少,基于规模经济的产业内贸易则会占据统治地位。相反,若两国要素禀赋截然不同,则不会有产业内贸易,所有贸易都会建立在比较优势的基础上。新贸易理论可以很好地解释世界水产品产业内贸易现象。

(2)新经济地理理论可以解释世界水产品国际贸易集聚现象。欧洲、亚洲和北美洲是世界水产品贸易的中心区。集聚的原因是中心区内市场消费需求强劲,水产品企业生产能力布局在消费市场,可以减少销售运输成本。

随着世界贸易形势的变化,国际贸易理论也需要发展。从传统的比较优势理论、要素禀赋理论到现在的新贸易理论,国际贸易不仅要解释贸易发生在谁之间,为什么会发生和怎样发生的,还要解释在什么地方发生。

3 中美战略与经济对话中的国际贸易问题

案情介绍

第二轮中美战略与经济对话于 2010 年 5 月 25 日在北京闭幕,双方重申将继续履行 2009 年 7 月 27—28 日在华盛顿举行的首轮中美战略与经济对话所作承诺,继续深化经济合作,促进强劲、平衡和可持续的全球经济增长。双方还在财政、货币、贸易、投资领域达成多项共识。在促进强劲的经济复苏和更加持续、平衡的经济增长方面,双方承诺就财政、货币和结构改革等问题加强宏观经济政策对话与协调。双方商定将于 2011 年在美国举行第三轮中美战略与经济对话。

1. 历次中美战略经济对话

历次中美战略经济对话详见表 1-4。

表 1-4　历次中美战略经济对话回顾

中美战略经济对话	时间	地点	对话官员	谈判成果
第一次	2006 年 12 月 14—15 日	中国北京	吴仪 VS 保尔森	贸易:美国增长最快出口市场正是中国; 金融市场:中美双方同意在中国设立纽约证券交易所和纳斯达克代表处; 能源:中国可以承诺不滥用石油储备
第二次	2007 年 5 月 22—23 日	美国华盛顿	吴仪 VS 保尔森	贸易:促进美对华出口,中美进出口银行签署多个合作协议; 航权:中美达成开放航空协议; 市场开放:适度放开金融机构持股比例; 能源环境:双方在能源和环境保护方面取得很好进展; 旅游市场:中美将就便利中国旅游团队赴美旅游事宜展开磋商; 食品安全:食品安全成中美谈判议题; 知识产权:中美签署知识产权合作备忘录; 人民币汇率:人民币汇率改革加速前进
第三次	2007 年 12 月 12—13 日	中国北京	吴仪 VS 保尔森	产品质量和食品安全:中美承诺对出口实施有效政府监督; 金融服务业:中美就在金融服务业领域合作达成协议; 能源和环保领域:中美将在能源和环保领域加强合作; 透明度:中美双方同意提高行政规则制定的透明度;

（续表）

中美战略经济对话	时间	地点	对话官员	谈判成果
第三次	2007 年 12 月 12—13 日	中国北京	吴仪 VS 保尔森	经济平衡增长：中美承诺继续就应对经济不平衡磋商； 创新：中美联合举办关于创新的公共和民间研讨
第四次	2008 年 6 月 17—18 日	美国马里兰州安纳波利斯	王岐山 VS 保尔森	贸易：中美签署的贸易协议总额达 136 亿美元； 投资：中美同意启动双边投资保护协定谈判； 能源：中美签署能源环境合作框架文件； 食品：中美有望签署加强食品安全领域合作的协议
第五次	2008 年 12 月 4—5 日	中国北京	王岐山 VS 保尔森	第五次中美战略经济对话取得 40 项成果

2. 首轮中美战略与经济对话

首轮中美战略与经济对话于 2009 年 7 月 27 日—28 日在美国华盛顿举行，国务院副总理王岐山与美国财政部长盖特纳共同主持了该框架下的经济对话，中美双方主要经济部门负责人与会。双方围绕"凝聚信心恢复经济增长，加强中美经济合作"的主题，就"加强中美间重大经济问题的理解与合作"、"应对金融危机，恢复经济增长"、"贸易和投资"、"确保经济的可持续和平衡增长"、"构建强有力的金融体系"等议题进行了深入讨论。会后双方对外公布了《首轮中美战略与经济对话框架下经济对话联合成果情况说明》。其中涉及的中美贸易问题有：① 反对贸易保护主义；② 加快新一轮 WTO 多边谈判进程；③ 鼓励国际投资；④ 落实政府采购中的国民待遇原则；⑤ 推动贸易融资；⑥ 改革国际金融机构。

3. 第二轮中美战略与经济对话

第二轮中美战略与经济对话于 2010 年 5 月 24—25 日在北京举行，国务院副总理王岐山和美国财政部长盖特纳共同主持了该框架下的经济对话。中美双方主要经济部门负责人进行了坦诚交流，取得 47 项具体成果。此次对话的经济议题主要集中于以下四个方面：一是促进世界经济复苏和更加持续、平衡的增长；二是促进互利共赢的贸易和投资；三是金融市场稳定和改革；四是国际金融体系改革。这几个方面的内容将会通过各种方式对境内实体经济与资本市场投资产生影响。对话结束后，中美双方共同发表了《第二轮中美战略与经济对话框架下经济对话联合成果情况说明》。其中涉及的主要贸易问题为：① 中方承诺将提交政府采购协议修改出价；② 融资合作；③ 双边投资；④ 强调反对贸易保护主义；⑤ 市场经济地位。

中美战略与经济对话规格的提高是由两国在世界政治经济格局中的重要地位决定

的。从经济层面看,中美是世界主要经济体,双边经济合作对稳定全球经济秩序、促进世界经济尽快从金融危机中复苏具有决定性影响。同时中美两国是世界贸易大国,双边贸易协调发展对世界贸易秩序的稳定也有决定性的影响。

4. 中美是世界重要经济体

根据世界银行的相关数据,2009 年中国国内生产总值达 49 089.82 亿美元,世界排名第三位,人均国内生产总值为 3 677.86 美元,世界排名第 97 位;美国国内生产总值达 142 562.75 亿美元,世界排名第一位,人均国内生产总值 46 380.91 美元,世界排名第九位。

2010 年,中国国内生产总值约 57 451.33 亿美元,世界排名第二位,人均国内生产总值为 4 283 美元,世界排名第 95 位;美国国内生产总值为 146 241.84 亿美元,世界排名第一位,人均国内生产总值 47 132 美元,世界排名第九位。

5. 中美国际贸易

多年来美国一直是中国的最大贸易伙伴。1980 年中国仅为美国第二十四位贸易伙伴,1985 年上升为第十六位,1992 年上升为第七位,2003 年上升为第三位,2006 年上升为美国第二大贸易伙伴。从 1996 年起中国成为美国第四大进口贸易伙伴,2003 年升为第二大进口伙伴,2007 年超过加拿大成为美国最大的贸易伙伴;2007 年超过日本成为美国第三大出口市场。

按中方统计,2010 年中美双边贸易额为 3 853.4 亿美元;按美方统计,2010 年美国与中国的双边贸易额为 4 568.2 亿美元,比上年增长 24.9%。其中,美国对中国出口 918.8 美元,增长 32.2%;自中国进口 3 649.4 亿美元,增长 23.1%。美方贸易逆差 2 730.6 亿美元,增长 20.4%。中国为美国第二大贸易伙伴、第三大出口目的地和首要进口来源地。美国对中国出口的主要商品为机电产品、植物产品、运输设备、贱金属及制品、化工产品,2010 年的出口额分别为 227.7 亿美元、118.3 亿美元、105.4 亿美元、85.9 亿美元、85.6 亿美元,占其对中国出口总额的 24.8%、12.9%、11.5%、9.4%和 9.3%,分别增长 27.4%、21.1%、41.0%、14.2%和36.8%。矿产品对中国出口增长较快,出口额为 28.2 亿美元,增幅为 105.3%。美国自中国的进口商品以机电产品、家具玩具、纺织品及原料为主,2010 年的进口额分别为 1 735.5 亿美元、469.5 亿美元和 370.3 亿美元,占美国自中国进口总额的 47.6%、12.9%和 10.2%,分别增长 28.2%、14.8%和 19.9%。中国的家具玩具、鞋靴伞等轻工产品和皮革制品箱包占美国进口市场的 65.9%、76.4%和69.8%,具有绝对竞争优势,竞争者主要来自墨西哥、越南和意大利等国家。在机电产品、纺织品及原料的进口中,中国也居美国进口来源的首位,占该产品进口市场份额的 34.2%和 38.8%。可以看到,在美国的主要贸易伙伴中,美国对华出口增幅名列前茅,并且美国是中国最大的海外市场,中美两国在经贸关系方面是互惠互利、相互依存的战略伙伴。

2010 年底,中国持有美国国债总数首次突破万亿美元大关,达到 1.16 万亿美元,成为美国国债最大的持有国。中国持有美国国债总数上涨了2 680亿美元,涨幅达到30%。中国持有美国国债总数比位居第二的日本高出了2 778亿美元。此外,到2010年年底,中国持有美国"两房"债券约4 000亿美元,加上其他由美国政府信用作担保、可以视同美国国债的房地产债券,中国官方持有的美国国债总量约为1.6万亿～1.7万亿美元。国家外汇管理局公布数据显示,截至2010年底,国家外汇储备余额高达2.85万亿美元,美元资产占比在56%～60%。在美国次贷危机发生期间,欧盟和日本不断抛售美国国债和其他债券,中国不仅没有乘人之危、落井下石,反而增持美国国债。由此可见,中美经贸关系已从互惠互利阶段上升为相互依存阶段。

6. 中美贸易中的问题

改革开放以来,中美经济合作发展迅速,但是也存在一些不和谐现象。中美建交以来,影响中美经济贸易合作迅速发展的主要问题先后为纺织品贸易纠纷、最惠国待遇、技术转让、知识产权保护、市场准入、在加入WTO问题上的争执、产品安全、反倾销反补贴、对华贸易逆差和人民币汇率等。

案 情 分 析

目前,中美贸易最主要的问题就是美国对华贸易逆差。中美贸易不平衡并没有给中国带来巨大的实惠。中美贸易的一个特点就是中国出口中70%为加工贸易。中国只得到了少量的加工费,美国进口商、批发商和零售商获得了远高于中国生产商和出口商的利润。除了中国劳动力资源比较优势之外,引起中美贸易不平衡的主要原因有以下几方面。

1. 两国储蓄率的差异

一般来说,如果一国的储蓄大于投资,则表现为该国净出口为正或贸易顺差;如果一国的储蓄小于投资,则表现为该国的净出口为负或贸易逆差。中国国内的高储蓄率导致较高的贸易顺差;而美国之所以存在大量的贸易逆差主要是其储蓄率偏低,以及庞大的军费开支、政府的减税计划、低利率政策所导致的高涨的国内投资缺口。

2. 收入水平差异而导致的两国消费需求的不对称性

一般来说,人们的消费选择与其收入水平密切相关,随着收入水平的逐渐提高,人们的消费结构也会随之逐渐升级和转换。在收入水平较低时,人们的绝大多数支出都集中在食品等生活必需品上,此时的恩格尔系数非常高;当人们的收入水平较高时,除了购买生活必需品,还可以购买高端产品提高福利水平。显然,无论人们的收入水平高低,生活必需品都是必须购买的。中国在生产劳动密集型产品方面具有很强的成本优势,而且生产的劳动密集型产品大多是生活必需品,这就导致了美国必然大量进口中国生产的劳动密集型产品;美国生产的高技术产品属于高档产品,由于中国居民收入水平比较低,对美国生产的高端产品的需求也就非常低。这种因为收入水平的巨大差异而导致的两国对贸易产品需求的不对称性,是造成两国贸易不平衡的长期因素。

3. 美国对华技术出口的限制

中美两国经济互补,美国的比较优势在高科技、知识密集型的设备与产品,中国的比较优势在劳动密集型产品。美国长期以来一直严格限制高科技产品的对华出口,这才是造成美中贸易逆差的一大主因。中国正处于工业化快速发展时期,对工业设备的需求很大,而美国采取双重标准,限制对华相关高技术产品及设备的出口,刻意制造贸易障碍。实际上,出口管制本身成了美国国家安全和对华战略的重要组成部分。美国对华技术出口控制趋于严厉,美国公司对华技术出口申请获准率下降,抑制了美国比较优势的充分发挥,进一步加大了中美贸易的不平衡。

4. 国际分工格局的重组

中国劳动力素质好、工资低,发达经济体以及新兴工业发达经济体纷纷将工厂迁移到中国,依旧利用原来的贸易渠道销往美国,增加了中国对美国的贸易顺差。实际上,中国对美国的贸易顺差是整个东亚地区对美国的贸易顺差,即东亚各国对中国的产业转移也将东亚各国对美国的贸易顺差转移到了中国。因此,这种由东亚经济结构转换而产生的中美贸易差额短时期内是不可能消失的。

5. 原产地规则的差异

原产地规则的差异导致许多产品被贴上"中国制造"的标签,增加了中国的顺差数字。著名经济研究机构摩根士丹利首席经济学家罗奇说过,1994—2003 年,中国的出口从 1 210 亿美元发展到 3 654 亿美元,其中外国投资公司或合资公司贡献了出口增长的 65%。经济全球化和一体化的发展,使得各国经济国界日渐模糊。尤其是跨国公司的全球战略,使国际贸易已经完全摆脱了传统的以国界划分的模式,以往的统计方法不能客观地反映国家间的贸易关系,因此,不能简单地以所谓贸易顺差或逆差来判断一个国家的竞争力。

6. 美国出口统计的不精确

据美国《商业周刊》报道,由于出口统计的不精确,每年约有 10% 的出口商品没有向商务部报告,而商务部对进口的审计工作做得很好,致使政府统计的外贸逆差过高。

综合以上分析,中美贸易不平衡是客观存在的,但其程度不像中方估计的那样低,也不像美方估计的那么高。事实上,近年来中美贸易不平衡的程度大体上处于两者平均水平。中美两国在产业结构上具有很强的互补性,分别处于工业化和现代化的不同阶段,这就决定了中美两国经济贸易合作必然具有广阔的前景。美国的资金、市场、技术和管理经验与中国巨大的市场空间以及廉价而丰富的劳动力、资源相结合,一定会给两国经济发展带来巨大的利益,大大有利于两国的经济振兴。

通过中美战略与经济对话中两国贸易相关议题的案例,结合对中美贸易发展情况及贸易不平衡成因分析,可以得出以下结论。

1. 各国国际贸易发展具有不同的历史阶段特征

老牌资本主义国家的经济发展已经达到稳态水平,生产成本上升,局部范围内比较优势丧失,可能会出现贸易逆差。而以中国为代表的发展中国家,通过改革开放,吸引外资,生产力发展迅速,对外贸易能力日益增强,在国际经济合作中扮演着越来越重要的角色。

2. 国际贸易秩序需要双(多)边协调

双边贸易平衡只是偶然现象,而不平衡才是必然现象。各国不应追求过高的贸易差额,因为过高的贸易顺差会带来出口国国内货币流动性过剩、币值不稳、资源性消耗过快及容易遭到贸易报复等问题,而长期的贸易逆差则会使进口国国际支付困难、货币贬值、失业人口增加及产业发展受损等问题。因此,对于贸易不平衡问题,各国应该坚持对话,协商解决。中美战略与经济对话就是解决两国贸易不平衡的一个重要平台。

4 苦涩的中美贸易:顺差在中国,利润在美国

案情介绍

中美建交以来,两国经贸关系迅速发展。据中国海关统计,1973—1992年,中美贸易额从2.6亿美元增加到174.9亿美元,20年间美国对中国贸易顺差为280.2亿美元。1993—2009年,中美贸易额从276.5亿美元增加到2 982.6亿美元,加上1972年的数据,18年间中国对美国贸易顺差为10 583.36亿美元。近三年中美贸易的顺差是:2008年为1 708.4亿,2009年为1 432.7亿,2010年为1 818.7亿。虽然中国对美国的贸易顺差不断扩大,但是,理论工作者和实际工作者均用翔实的数字和实例告诉我们:顺差虽在中国,利润却主要在美国。2006年,摩根士丹利亚洲区主席史蒂芬·罗奇在《危险的滑坡》一文中就提醒说,过去10年,中国全球出口总额超过60%的增长是由外商投资企业提供的,似乎不像是中国的本土企业,而更像是西方公司。此外,2009年12月谷歌公司副总裁、大中华区业务总经理刘允曾表示:"我们不是Google China,而是Google in China。"

案情分析

1. 中美贸易顺差在中国,利润在美国

尽管中美贸易顺差产生的原因是多方面的,但中国对美国贸易有巨额顺差是事实。问题是,这么大的顺差,谁受益最多需要弄清楚。从中美贸易来看,中国贸易的主要结构特点是加工贸易,占中国对外贸易的半壁江山。比如 2011 年上半年,在华外商投资企业的加工贸易进出口额占中国加工贸易进出口总额的 83.3%。以江苏为例,2011 年 1—3 月,外商投资加工贸易进出口额占江苏省加工贸易进出口额的 94.6%。

中美贸易究竟谁受益最大,我们以下面几个实例来说明。

例 1,2000—2009 年,中国出口电脑 6.2 亿台,出口到美国的占 30%,在这期间,中国进口美国英特尔芯片等电脑零部件 56 亿美元。据上海海关实地调查显示,中国生产的惠普笔记本电脑市场销售价为 1 000 美元,美国在销售环节得到 169.6 美元,中国获得的加工费仅为 30.3 美元,仅占每台电脑售价的 3%,其他的为电脑零部件原材料。

例 2,苹果公司开发的 iPad,据加州大学三位学者的研究结果表明,每台售价是 299 美元,苹果公司自己没有生产线不生产,但获得专利设计营销收入是 163 美元;零部件主要来自日本、菲律宾、中国台湾等国家和地区,零部件费为 133 美元,其中日本东芝公司获得 93.39 美元;在中国组装,中国一共得到 4 美元,其中加工费用是 3 美元,约占每台售价的 1%。但是,根据原产地规则,中国向美国出口一台 iPad,中国贸易顺差就增加了 150 美元。

以上两个例子清楚地说明,中美贸易顺差在中国,利润在美国。美国从中国进口廉价商品获得的好处是十分明显的。正如科技日报社社长张景安在第十一届政协全国第十次常委会议上指出的,信息产业(中国)被形容为"缺芯少肺",活儿都是我们辛辛苦苦干的,钱全被外国人赚走了,还消耗我们的资源,损害我们的环境。美国霍普金斯大学国际问题高级研究院中国研究中心主任戴维·兰普顿也指出,实际上,标志着中国制造的产品并不意味着它真的是在中国制造的,在中国完成的只不过是最后组装,最赚钱的部分都是在其他国家完成的,85% 的中国出口高新技术产品是由外资企业生产的。此外,中国廉价的商品给美国的消费者每年节省上千亿美元,如 2009 年,自华进口就为美国消费者节省了约 1 000 亿美元的开支。美国摩根士丹利集团的统计显示,1996—2003 年中国对美国的贸易顺差是 2 291.8 亿美元,但是这期间,物美价廉的商品不仅为美国消费者节省了 6 000 多亿美元,还使美国制造商降低了成本,帮助美国控制了通货膨胀。

截至 2010 年底,美方在华投资项目达到 58 362 个,在华实际直接投资累计达到 682.2 亿美元,仅次于日本。而中国对美投资总额是 45 亿美元,与美国相比少了很多,这反映出两国的获利程度。中国制造业的 29 个大类和中国承诺的 100 个服务部门美国都有投资,比如电子行业、通信行业很多都被美国跨国公司控制。到目前为止,中国资产和市场的 1/3 为跨国公司控制,其中主要是美国跨国公司。6 万多家美资企业每年在中国市场的销售额超过2 200亿美元。

2. 人民币汇率无法解决中美贸易不平衡问题

一些人认为美国在对华贸易中吃了亏,还有人指责中国低估人民币以获取竞争优势从而攫取贸易顺差。对此,中国商务部部长陈德铭表示,中美贸易不平衡问题由来已久,原因复杂,其中有五个基本事实不可否定:

(1)中美贸易格局是经济全球化条件下国际产业分工的结果。半个多世纪以来,美国产业结构不断向高端制造业和现代服务业升级,陆续把传统的劳动密集型产业转移到国外。在现有国际分工格局下,美国即使限制自华进口,也难以使传统制造业回流,只能转而从其他发展中国家寻求替代。

(2)美国对华逆差程度被明显高估。中美双方已共同发布了关于货物贸易统计差异的研究报告。造成统计差异的主要原因,一是原产于中国的货物通过其他经济体转口至美国过程中的增值部分被计算为中方顺差;二是在对美加工贸易出口中,美方进口报关价格高于中国出口报关价格,进而推高了中方顺差。根据研究结果推算,2009年美国实际对华贸易逆差应在美方公布数据基础上减少约600亿美元。

(3)美国对华出口管制加剧了双边贸易不平衡。美国长期实行对华出口管制,2007年还将中国单列,专门增加了47个出口管制项目,迫使中国放弃进口美国产品。近年来中国高技术产品自美进口比重从2001年的18.3%下降到2009年的7.5%。如果按2001年的进口比例推算,2009年美国对华出口至少损失330亿美元。在美优势产品出口受限的情况下,中美贸易差额不是双方竞争力的真实反映。

(4)美国长期逆差与美元作为主要国际货币有关。"特里芬难题"是布雷顿森林体系解体的内在原因。当前,美元仍然处于既要通过经常项目逆差为世界提供流动性,又要确保美元稳定的两难窘境。

(5)人民币汇率无法解决中美贸易不平衡问题。2005—2008年,人民币对美元累计升值21.1%,同期美国贸易对华逆差年均增长21.6%,是历史上规模最大、增长最快的时期。2009年人民币对美元汇率保持稳定,而美国对华逆差下降16.1%。由此可见,贸易流向的决定性因素是市场供求关系,而非汇率。

总之,中美经贸合作不仅给中国,也给美国带来了巨大收益,简单地把中国在货物贸易中的顺差解读为中国受益、美国吃亏,是非常片面的。同时要清楚地认识到,人民币汇率无法解决中美贸易不平衡问题。

案例启示

1. 贸易顺差给中国带来巨大压力,但这个压力来得的确很冤枉

其一,正如商务部副部长易小准所言,美国制造业大量向中国转移,导致了美国对华贸易出现了比较大的逆差。"2005年,中国出口总额的58%来自外商投资企业,外商投资企业的贸易顺差净值为844亿美元,占中国贸易顺差总额的83%……如果扣除这一部分,中国的贸易顺差仅为 175 亿美元。"

其二,中国为缩小差距付出了沉重代价。为缩小中美贸易顺差,中国不断加大从美国进口的力度,并不断放开美国农产品进口的限制。中国贸易顺差总额的 83% 是外资投资企业导致的,却要由我们独自来承受压力,不断作出让步,即便如此,美方还是步步紧逼。

2. "顺差在中国,利益在美国",美国没有理由以中国有贸易顺差来迫使人民币升值

我国的人民币汇率政策明确:

第一,坚持人民币汇率形成机制的改革不动摇。但是汇率形成机制的改革不等于升值,汇率要根据市场需求有升有降。如果迫使人民币升值超过我国实际承受力,那么不仅对中国不利,对世界经济同样不利。因为,目前中国经济对世界经济增长的贡献率已经大幅提高,2009 年中国经济增长对世界经济增长的贡献率高达 50%。如果人民币大幅升值,那么中国经济的增速将大大放慢,对世界经济增长的影响可想而知,因此这就不仅仅是中国的问题。

第二,2009 年以来,人民币已经升值接近 3%,而我国的企业利润率仅在 3% 到 5% 之间,有的甚至更低。如果迫使人民币过度升值,不仅打击中国企业,也将打击在中国的外资企业。因此,无论从全球还是中美经贸关系看,汇率战都是百害而无一利。

3. 美国从来就不存在真正意义上的贸易逆差

美国是经济全球化、地区化和中美经贸关系的最大受益者,因为美国的跨国公司最多,掌握的专利也最多。单就全球 500 强而言,2009 年美国 139 家跨国公司的全球销售收入为 69 770 亿美元,占当年全球 500 强销售总额的 30.8%,是当年美国对外贸易额的 2.6 倍,是美国对外贸易逆差的 12.8 倍。这个数字说明,美国的贸易逆差对美国来说根本不是问题,如果加上美国跨国公司在全球市场的销售收入,美国从来就不存在贸易逆差。

在中美贸易中,中国的加工贸易是顺差,一般贸易是逆差;货物贸易是顺差,服务贸易是逆差。统计显示,2004—2008 年,美国对华服务贸易顺差年均增长 35.4%,远高于同期中国对美货物贸易顺差的增幅。这说明,在经济全球化和产业转移的大潮中,中美各自的比较优势决定了中美经贸的结构性特点。即便中方在货物贸易领域有账面顺差,美国也是"得失兼顾"。而一些人将其与美国失业问题联系起来更是没有道理,因为美国企业总要寻求劳动力成本最低的生产地,美国本土的劳动力价格并不符合企业的盈利需求,不在中国生产,也是在他国生产。因为,跨国公司是以全球市场为舞台进行资源和生产要素的优化组合。从亚洲来看,2009 年美国与亚洲的贸易额为 9 683 亿美元,占美国对外贸易的 37%,对亚洲的贸易逆差为 3 349 亿美元,占美国贸易逆差总额5 035 亿美元的 66.5%,但是权力和利益重心仍然在美国。为什么如此说呢?

从亚洲和美国的贸易特点来看,1997—2007 年,中国对美国的出口从 500 亿美元

增加到 3 000 亿。同期,亚洲国家和地区对中国的出口从 500 亿美元增加到 3 500 亿美元,亚洲其他国家和地区对中国出口的商品一半是零部件,这些零部件在中国加工组装之后再出口到美国,就形成一条跨太平洋的供应链。再加上印度的软件出口,那么这个供应链就已经覆盖整个亚洲。亚洲对美国贸易顺差的实质就是亚洲国家对美国出口廉价商品,换回美元,然后亚洲国家将这些美元的大部分购买美国的政府债券或者其他存款等回流到美国,回报率是 3% 到 4%。美国再将回流到美国的货币直接投入到亚洲国家和地区,美国得到的回报率是 10% 到 20%。这一对比就可以看出,美国对亚洲贸易逆差,最终美国仍是最大受益者。日本《经济学人》杂志周刊发表文章指出:"世界经济已进入一体化时代,尽管如此,美日欧与中印之间仍然存在着巨大的工资差别,如果发达国家充分利用廉价劳动力,势必可以获得超额利润。通过跨国公司,这些超额利润会使发达国家的经济和金融市场获得更大利益。"

由此得出的结论是:顺差在中国,利益在美国。

5 由"金砖四国"到"金砖国家"

案情介绍

2009 年 6 月,中国、俄罗斯、印度、巴西四国领导人在俄罗斯举行首次会晤。2010 年 4 月,第二次"金砖四国"峰会在巴西召开,"金砖国家"合作机制初步形成。2010 年 11 月二十国集团会议在首尔举行,南非在此次会议上申请加入"金砖四国"。2011 年 4 月 14 日第三届"金砖国家领袖"峰会在中国海南三亚举行,南非获邀加入并首次出席会议。南非加入后,"金砖四国"改称"金砖国家"。

吸收南非加入合作机制,"金砖四国"能够进一步加强同南部非洲各国的经贸关系。很多南非公司在南部非洲国家设有分公司,地缘接近、风俗相通,它们在这些相对不发达国家投资具有信息快捷、交易成本低的优势。如果四国投资和贸易能通过南非中转,回报率将显著提高。除经济领域以外,南非加入"金砖国家"合作机制,将有利于五国在全球气候变化问题、联合国改革、减贫等重大全球性和地区性问题上协调立场,更好地建立一个公平、平衡的国际政治新秩序。

案情分析

1. 南非加入"金砖国家"的优势条件

"金砖国家"是新兴发展中大国间的合作机制。这一合作机制在 2011 年的一大发展就是南非的加入。南非被邀请参加"金砖国家",并非仅仅靠其经济规模,还因为其具有不可替代的优势。

"金砖国家"作为各大洲最有影响的新兴经济体的组合,代表性和公信力最为重要。决定其成员国发挥作用的基本条件至少包括以下三方面:政治稳定、经济实力和区域影响。

(1) 南非政治稳定

南非结束种族隔离制度,建立种族平等的民主制度,已经走过十几年稳定有序的发展历程,形成了一整套法律体系,包括权力制衡和监督机制。从曼德拉总统开始的依法执政与权力交接,成为南非政局稳定的基础。

社会稳定是政治稳定的重要条件。十几年来,南非政府实行惠民的财政政策,其社会救助政策成为缓解贫困,特别是广大黑人贫困状况的主要措施。南非国家统计局《2009 年家庭经济情况普查》的数据显示,社会救助计划覆盖南非全国人口的 28.3%。其中非洲人占 31.6%,有色人占 21.8%,印度裔人占 14.6%,白人占 9.8%。2009 至 2010 年度政府财政预算开支中,用于民生项目的开支占到 54%。分别是教育 18%、社会保障 15%、卫生 11%、住房和社区环境 10%。

劳资关系对社会稳定关系重大。根据《全国经济发展和劳工理事会法》,南非成立了由政府、工会和商会三方组成的全国经济发展和劳工理事会。这是南非解决劳资关系的国家级机构。劳资关系中的集体讨价还价机制,在南非已经实行多年。

南非在政治变革中倡导的包容和分享理念,以及种族和解共存政策的实施,得到国际社会的赞赏。南非探讨的政治、经济平衡发展模式,对其他国家的发展颇有启发。

(2) 南非是非洲经济强国

南非的经济规模与"金砖四国"相比有差距。其经济规模远不及"金砖四国"中规模最小的俄罗斯的三成,经济增长速度也不及东盟的平均水平,但南非是非洲大陆最大的经济体,在非洲算是经济强国。2009 年,南非总人口为 4 932 万人,国内生产总值为 2 888.48 亿美元;南非财长普拉温·戈尔丹预测,南非国内生产总值 2011—2013 年的增长率将分别为 3.5%、4.1% 和 4.4%。从人均 GDP 来看,南非 2009 年已经达到了 5 857 美元,远远超出了新兴经济体的平均水平,进入了比较发达国家的行列。

同时,南非不仅有丰富的矿藏,还是全球贵金属和重要战略矿产品市场的长期供应国。经过一个半世纪的矿业开发和工业化进程,南非已建成世界领先的矿业、门类比较齐全的制造业、现代化的农业、先进的能源工业和军火工业,拥有相当完备的金融体系和基础设施。

全球金融危机和经济衰退对南非经济造成相当大的冲击,2009 年南非的经济增长率为 -1.7%。南非政府为应对金融危机影响,出台了一系列稳定经济、保持就业的措施。政府对投资和就业的扶助计划,扩大了政府的借贷规模。但是,南非经济基本面保持健康,税基扩大,财政赤字在可控范围内。2010 年南非经济增长率恢复到 2.8%,今后三年经济增长率计划超过 4%。南非政府今后三年计划投资 8 000 亿兰特(南非货币单位)用于基础设施建设,以增强经济增长的后劲。

世界经济的衰退对南非经济的影响,增加了其寻找新的发展道路的紧迫性。南非政府投资政策导向以提高工业化水平、提高劳动力知识技术水平、提高南非产品国际竞争力为目标,通过长期努力加强工业化进程,并向知识型经济转变。南非的发展潜力和投资环境,被国际社会普遍看好。

(3) 南非在非洲地区影响较大

废除种族隔离后的新南非在国际舞台上发挥着非洲地区大国的作用,在国际机构中积极维护非洲和发展中国家的利益。南非在非洲和国际社会树立了维护和平、正义的形象。

南非积极推动非洲一体化发展,是非洲发展新伙伴计划(NEPAD)的积极倡导者,承担协助实施 NEPAD 制定的非洲基础设施振兴计划。

南非重视与非洲共同发展,推行面向非洲的经济战略。非洲是南非重要的出口市场,非洲市场对南非制造业的支持作用日显重要。南非是非洲的最大投资来源之一。南非大型商业银行正在非洲开拓市场,带动了非洲资本市场和相关服务业的发展,具有整合地区市场的作用。

南非在南部非洲和非洲大陆的政治、经济、安全领域具有不可替代的影响力,也从非洲一体化发展中受益。南非政府把本国定位于"发展中的非洲国家",承担着维护非洲利益和展示非洲发展活力的责任。正是由于南非发展模式的吸引力以及在非洲的影响,南非成为众多国际会议的举办国。

2. 从"金砖四国"到"金砖国家"

2001 年,高盛首席经济学家奥尼尔提出了"金砖四国"这一概念。这家国际投资银行将中国、印度、俄罗斯和巴西视为淘金之地。奥尼尔的报告就是为这家公司未来的证券投资业务提供行动指南的。在经济上,自 2001 年开始的十年是"金砖四国"的黄金十年,四国经过了 20 世纪 90 年代的争辩、迷失之后,都走上了稳定、快速增长的通道。到 2010 年,"金砖四国"均进入全球前十大经济体之列。随着南非加入"金砖国家",五个国家在战略、立场等方面趋近,最终演变为国际政治领域一个具有重大意义的实体。这充分说明,理念一旦反映了现实,就能获得强大的生命力。

全球经济体系正经历着重新构造运动。全球各地的观察家都在思考这样一种重构运动对于全球治理体系的含义。人们都在问,以"金砖国家"为主体的新兴市场经济国家的崛起,是否将导致国际体系主导权的转移和国际体系的结构性变革,我们从以下几点进行分析:

(1) 对"金砖国家"来说,未来十年仍属于重要的战略机遇期,新兴大国都将充分挖掘战略机遇期蕴含的各种可能性和机会,实现自身的发展。未来 10~20 年,全球市场的规模将得到极大拓展,全球市场体系将覆盖所有的角落,世界经济将被推进到前所未有的繁荣程度。

(2) 体系层面的"换岗危机"不会发生,体系运行的主要支持力量结构没有变化,战后形成的国际政治经济运行机制,在体系层面不会被倾覆,相反将会得到强化。但具体的主体将发生重大调整,也就是说,新兴大国将进入这个结构中并支持这个结构。

(3) 新兴大国与旧的大国平等化的趋势难以遏制,全球治理体系将面临不断调整改革的压力,多边主义将成为全球主流价值,并实现"体系治下的和平",联合国宪章的核心精神将最大限度得以实现。

（4）全球市场的规律、国际政治的规律没有改变，它们仍将发挥作用，在这些规律的作用下，各经济体间的竞争将变得越来越激烈。新的社会运动将在全球各地酝酿，各国内部的改革压力空前强烈，利益分配的矛盾、旧利益集团的抵抗，在很多国家内部将引发重大的冲突，尤其值得注意的是发达国家内部有可能出现新的社会运动。

3. "金砖国家"在世界经济与政治舞台上的作用

（1）"金砖国家"对世界经济的拉动作用不可忽视

《新兴经济体蓝皮书：金砖国家经济社会发展报告（2011）》表示，近年来"金砖国家"对世界经济增长的贡献率逐步提高，国际经济影响力也日益提升。21世纪前10年，新兴经济体平均经济增长率超过6％，是发展中国家的佼佼者。在"金砖国家"中，中国的经济增长率最高，年均保持在10％以上；印度在2002—2010年的年均增长率超过7.5％；俄罗斯为6.6％左右；巴西年平均增长率提高到近10年的3.6％；南非近10年的年均增长率则在3％左右，多数年份高于发达国家平均水平。其中，中国经济继2009年增长9.2％后，2010年增长10.3％。而2010年俄罗斯经济持续复苏，但下半年受世界主要经济体复苏势头趋弱、国内罕见旱灾等因素影响，经济增速放缓，全年国内生产总值增长4％。巴西是较早摆脱本轮金融危机影响的国家之一，其经济在2010年实现了7.5％的增长，这一增速在"二十国集团"中位居第五。受国际金融危机影响，2008年南非经济增速降至3.1％；2009年南非经济逐渐回升向好，四个季度经济增长率分别为−7.4％、−2.8％、0.9％和3.2％；2010年经济增长率为2.8％。印度经济在2010年四个季度均保持了8％以上的增长速度，2011年第一季度增速也超过8％，是新兴经济体中经济增长较快的国家之一。

2011年4月11日国际货币基金组织公布的《世界经济展望》报告指出，虽然全球经济复苏势头得到巩固，但复苏步伐仍不均衡。其中，新兴经济体增长强劲、失业率低，而主要发达经济体则增速缓慢、失业率居高不下。该报告预计，新兴经济体的经济仍将较快增长，今明两年的增速都将达到6.5％，而发达经济体仅为2.4％和2.6％。作为主要新兴经济体，中国、印度、巴西、俄罗斯和南非5个"金砖国家"将继续保持强劲增长势头。其中，中国经济在今明两年的增速将分别达到9.6％和9.5％；印度经济的增速将分别达到8.2％和7.8％；巴西的增速分别为4.5％和4.1％；俄罗斯的增速分别为4.8％和4.5％；作为"金砖国家"的新成员，南非经济的增速也将分别达到3.5％和3.8％。

（2）"金砖国家"成为全球经济发展的一个亮点

"金砖国家"的崛起在国际的影响表明他们非但没有对其他国家造成威胁，而且为其他国家的发展提供了新的机遇，为世界经济的均衡增长提供了新的动力。作为当前全球经济最大的新兴市场经济体，"金砖国家"无论是市场消费总量还是发展潜力都堪称世界经济健康发展的新动力源。

（3）"金砖国家"改变不合理和不公正的国际经济秩序

经济上，"金砖国家"的崛起需确保自身的核心利益和发展，它们的大量外汇储备要求合理增值,不可能继续长期放在一两个国家而受制于人。"金砖国家"正在成为世界新的制造业中心。国际分工结构的调整和由此引起的全球产业结构的调整,将带来全球贸易结构的调整、金融结构的调整。美元独霸世界金融市场的局面将难以持续。

(4)"金砖国家"加速了世界多极化的发展趋势,成为重要的平衡力量

新兴国家大都来自亚洲、非洲和拉丁美洲,目前他们的总体实力还相对较弱,但随着此消彼长的力量变迁,世界将会发生历史性变化,世界格局将进一步朝多极化方向发展。"金砖国家"等新兴经济体正在颠覆以往的全球经济版图。经济增长动力源的多元化必然削弱霸权主义和单边主义的经济基础,推动国际经济格局的多极化和国际关系的民主化,这是后美国时代的必然过程。

案例启示

越来越充分的事实表明,准确地观察世界经济的发展,离不开对新兴市场国家的了解,特别是对"金砖国家"发展所产生的周边和世界效应的准确把握。

以"金砖国家"为代表的新兴市场国家的迅速崛起,不只是这些国家的内部经济更加活跃,也不只是金砖国家或新兴市场国家相互之间的经贸互动在加深。实际上,"金砖国家"的发展所具有的最突出的特征就是,它们的经济影响力在区域内形成了一种前所未有的辐射力,有效地促进了区域经济的发展,尤其是在区域内新兴市场国家之间形成了联动效应。这一点,在中国周边国家表现得最为明显。中国经济目前已经成为带动周边国家,特别是东南亚经济发展的重要动力。

中国经济的辐射力当然不只在于市场大、具有较强竞争力和综合实力趋强,更在于这么大的一个国家能够在政治上保持稳定。中国的经济繁荣、对周边经济的带动与自身的政治稳定是分不开的。在部分地区出现剧烈政治、经济动荡的情况下,中国的稳定是中国人民之福,更是世界之福。对全球和区域的经济航船来说,中国无疑发挥了无可替代的重要作用。

目前,全球经济秩序的治理与改革正处于关键阶段,世界经济下一步能否更稳定地提升,将在很大程度上取决于新兴市场国家对治理与改革的参与,以及能够发挥多大的作用。中国作为新兴市场国家中人口最多、经济发展速度较快的一员负有重要责任。

6 转移定价——外资税收零增长案例

案情介绍

改革开放以来,为争取更多外商投资,各地政府与外商纷纷签订名目繁多的优惠协议。但由此却产生了一个奇怪的现象,中国已经成为全球吸引外商直接投资(FDI)最多的国家,然而每年大量涌入国内的外商及港澳台投资企业却普遍存在着亏损面大、亏

损数额多的情况,而且是长期亏而不死。人们一定会问:为什么会"亏"而不死? 为什么会越做越"亏",越"亏"越做? 有数据显示,外商投资企业亏损面在 1988—1993 年约占 35％～40％,1994—1995 年增至 50％～60％,1996—2000 年平均达到 60％～65％。特别是 2000 年至今,外资企业的自报亏损额每年都在 1 200 亿～1 500 亿元。目前,在中国内地投资的外商及港澳台投资企业平均亏损面超过一半。早在 2004 年,新闻媒体曾做过这样的报道:国家税务总局统计数字显示,2004 年外资企业自报亏损额高达 1 200 亿元,60％在华外商及港澳台商直接投资企业自称亏损。由此带来的是,2004 年外商及港澳台商投资企业纳税百强的纳税额为 627.77 亿元,与 2003 年的纳税额 627.65 亿元基本持平,与上年度超过 40％的增长率相比,增长率为零,也就是说,"外企纳税百强贡献税收零增长"。一时间,"税收零增长"的矛头直指"外资税收优惠"政策。客观地讲,税收零增长并不能完全归罪于"外资税收优惠"。中国人民大学财政金融系主任、中国国际税收研究会理事安体富教授认为,外资企业有一半亏损的现象是不正常的,并进一步指出,外商投资企业通过进行"转移价格"逃避税收是问题的关键所在。市场竞争因素固然使企业利润下降成为可能,但是亏损幅度如此之大,与外资企业的利润转移不无关系。

事实上,这种现象并非个别案例。根据国家统计局统计,2005 年在国有、集体等其他企业实现利润增幅最高超过 30％,最低也有 18％的时候,外商及港澳台商投资企业却出现了 4.1％的利润下降,实在令人费解。这与人们看到的外商投资企业蓬勃发展的现实严重不符。保守估计,中国每年因外商投资企业制造虚假利润而造成的税收损失额在 300 亿～500 亿元。无论怎样,外商投资企业的利润游戏对中国财政收支、国际收支平衡、外汇市场稳定及跨境资本流动的影响正在日益加深。

案情分析

1. 中国对外商投资企业实施税收优惠政策的目的和意义

我国外资税收优惠政策是指中国税法对在中国境内从事投资活动的外国资本或我国港澳台地区及华侨的资本所提供的一系列税收减让法律措施的总称。

我国对外资税收优惠政策的制定主要基于两方面的原因:第一,改革开放初期,国内资金相对匮乏,需要引进外资带动经济发展;第二,在引进外资的过程中,期望其能带来先进的技术和管理经验,以弥补国内企业在某些方面的空白。应当说,这些税收法律措施对于吸引外资、扩大我国的社会固定资产总额、推动我国的对外贸易增长、大量吸收外国的先进技术和管理经验方面,的确发挥了不可替代的作用。然而,随着中国市场化改革的持续进行和对外开放程度的加深,我国的外资税收优惠法律制度开始逐渐显露弊端,特别是中国"入世"后面对世界多边贸易体制及其法律规则的冲击和挑战,外商税收优惠政策在某种程度上成为中国经济进一步发展的障碍和阻力。因此,有必要对外资税收制度进行进一步的改革和完善。从 2008 年起,我国逐渐取消了外资企业税收优惠,内外资企业实行统一的企业所得税率。随着中国改革开放的深入发展,外资税收制度必将得到进一步完善和发展。

2. 关于外商投资企业通过"转移价格"逃避税收的问题

所谓转移价格，也即"转移定价"，指跨国公司内部母公司与子公司、子公司与子公司之间，进行商品、劳务或技术交易时所采用的内部价格。它不受国际市场供求关系的影响，只服从于跨国公司的全球战略目标和跨国公司全球利益最大化目标。如，一家在华外商直接投资企业从其国外的母公司购买原材料，加工成终极产品后返销其母公司，这一交易过程中产生的价格就是转移价格。在实践中，相当多的外商投资企业通过"高进低出"或"低进高出"，甚至"主观列支"，可以调节利润、逃避税收、享受优惠、优化资产配置、减少和避免各类风险，进而达到对公司进行战略性总体调控的目的。其他避税的手法还有：利用无形资产的特殊性让国内企业在需要使用跨国公司的技术、专利、商标时，支付巨额的特许使用费。同时，外资企业母公司拼命压低其劳务成本，子公司则向其支付高额的劳务费用，利用利率来实现价格转移，大面积地"制造亏损"。如苏州近万家外商投资企业中，亏损面竟高达70%。

3. 外资企业利润造假产生的原因及危害

客观地讲，造成外商投资企业利润造假的原因是多方面的，既有主观原因，也有客观原因，主要有：① 外商投资企业利润管理政策缺失，监管职责不明确；② 监测手段落后，外汇管理部门对外商投资企业的利润不能及时掌握和监测；③ 对会计师事务所缺少监督和管理。

外资企业利润造假的危害与后果是显而易见的。

（1）扰乱外汇监管秩序。目前，外商投资企业利润对于外汇局等监管部门来说仍是一个监管难点。一是外汇局并没有准确、客观的数据，尤其是每年新增企业的经营情况；二是由于通过境内外跨境关联交易产生的虚假利润涉及境外企业，外汇局等监管部门难以核实其交易价格是否合理，从而无法监督核算企业利润的真实性，难以采取有效措施制止造假行为；三是目前外汇局、外汇指定银行以及税务等部门，核对外资企业年度利润的主要依据是注册会计师事务所为其出具的审计报告，而这些会计师事务所受雇于企业，不排除个别中介机构唯利是图，配合企业在核算利润时弄虚作假，导致监管部门难辨真伪的情况；四是外资企业的利润在汇出或处理的时机上完全由企业掌握，外汇局要在企业发生汇兑向外支付后才可以通过国际收支系统统计核实，导致监管效能不佳。

（2）影响国际收支平衡。由于外汇监管部门不能完整地掌握企业的利润数据，一旦经济形势发生变化，境内资金外逃，"利润"集中汇出或购汇付出，将直接影响我国国际收支平衡，也会对外汇市场秩序以及人民币汇率稳定造成负面影响。

（3）外商关联公司存在潜在的逃税、逃汇等不法行为。境内企业通过关联交易等办法虚增利润，利用处于"两免三减半"的税收优惠期为集团公司避税（或逃税），这就会存在其他关联企业不正常的亏损。若该关联企业是境内企业，其行为就是做假账逃税、骗税;若该关联企业在境外,意味着外方已在无真实贸易背景的前提下大量汇入外汇,使境内企业收入剧增,创造超常利润。境内企业享受完税收优惠后,外方股东又可以在境内另设新公司,使集团不断享受税收优惠;"旧企业"则可通过逃汇等方法造成"亏损",达到逃税的目的。

(4) 增大商业银行信贷风险。外资企业为了获得境内资金融通,也可以通过上述办法实现利润的超常增长,并直接反映在财务报表上,骗取银行贷款。这无疑增大了商业银行的信贷风险,还将破坏辖区的金融生态建设。

案例启示

1. 借鉴国外成功经验,进一步完善外商投资企业税收制度

从世界范围来看,预约定价(APA)被认为是解决转移定价反避税的最有效方式。它目前已成为发达国家和地区,如美国、经济合作与发展组织国家、韩国、新西兰、墨西哥、中国香港等20个国家和地区普遍使用的反避税调整方法。APA机制就是由纳税人与税务机关就有关关联交易的转移定价方法事先签订的协议,用以解决和确定在未来年度关联交易所涉及的税收问题。最核心的原则就是企业通过与税务机关进行协商讨论,预先确定税务机构和企业双方同意的关联交易定价原则,即将转移定价的事后税务审计变为事前约定。

作为国际通行的纳税方式,预约定价使得政府部门的漏征税风险与审查成本降低,外商投资企业尤其是跨国公司也可以降低被稽查后双重征税的成本。在事前约定和事后稽查的利益博弈中,外商投资企业往往选择前者,从而实现税务机关和跨国公司的双赢。由此可见,避税动机并非外商投资企业转移定价的唯一动机。这为我国进一步完善外商投资企业税收制度提供了新思路。

2. 重视跨国公司内部贸易及转移价格对我国经济的负面影响

跨国公司现已成为影响我国经济发展的一股重要力量。目前,我国已经取代美国,成为跨国公司对外直接投资的首选国家,世界500强企业已有400多家在我国投资。与此相对应,跨国公司内部贸易及其转移价格在我国规模巨大,它对我国的对外贸易、技术引进、国家利益及经济安全等均产生了深刻的影响。具体表现在以下方面。

(1) 通过转移价格等手段损害我国的经济利益。美籍华裔专家Chan KJ通过在华调查发现,有59%的跨国公司选择以交易为基础的定价方法,其中44%采用协议市场定价。在这个过程中,外方通常要同我国合作方签订价格协议。但由于存在对产品性能、技术含量等方面的信息不对称,外商很容易以高于市场的价格从外国子公司手中购进原材料,并以低于市场价格的价格向外国子公司销售产成品,实现转移利润的目的。另外,跨国公司也利用无形资产转移利润。

(2) 通过对先进技术的垄断使我国技术引进难以达到预期目标。当今世界,技术作为跨国公司的核心资源,是决定其竞争力的首要因素。跨国公司控制着国际技术转

让的 75％份额和对发展中国家技术贸易 90％的份额。为防止所拥有的技术被竞争者仿制,跨国公司一般都选择内部转让的方式。这样既以较低的交易成本得到了更大的收益,又把技术牢牢地控制在自己手中。可见,跨国公司在技术转让中,绝不会因我国让出了市场而无偿出让专利技术。这样就使我国的技术引进难以达到预期目标。

(3) 不利于我国产业结构的优化调整。跨国公司来华投资,在很大程度上是因为我国的廉价原料、便宜的劳动力和巨大的市场潜力。外商直接投资,从某种程度上保持了我国出口贸易尤其是加工贸易的发展。但是,纵观当今国际贸易局势,初级产品的贸易条件不断恶化,加上初级产品的需求弹性较小,因此初级产品的相对价格呈下降趋势。跨国公司加大对初级产品的开发不利于我国实现经济发展的长远目标,同时也不利于我国对外贸易的可持续发展。即使跨国公司对我国的直接投资是工业品制造,也有相当一部分是耗能高、污染重、效益差的传统工业部门。这使得我国的产业结构很难向高级化发展。

(4) 降低我国引进外资的关联效应。跨国公司通过母公司与子公司之间在产品、服务以及资金方面的交易,人为地调高或降低价格或收费,在一定程度上削弱了市场竞争赖以生存的供求调节价格机制。内部贸易减弱了价格作为市场信号的作用,在一定程度上干扰了以市场为基础的贸易秩序。另外,我国大力引进外资的目的之一就是希望通过跨国公司投资带动相关产业的上、下游产业的发展。然而跨国公司从全球战略出发,有时宁愿高价进口国外关联企业的原材料、半成品。这无疑大大降低了跨国公司在我国投资的关联效应。

3. 应对外商投资企业尤其是跨国公司转移价格的对策

(1) 双管齐下,有效控制和解决外商投资企业转移价格问题。要从法律、法规及监管两方面入手。在法律、法规方面,主要是增强其适应性和可操作性,在完善原有条款的基础上,扩充新的条款,比如增加预约定价协议条款等,同时对已出台的各项法律、法规要严格执行。在监管方面,政府各级监管部门应通力合作,建立估价机构,搜集各种相关信息,并将其应用到对跨国公司内部贸易的监管中;提高涉外税务人员以及审计人员的素质及查证转移定价的能力,加强海关对进出口商品交易价格的监管;建立国家"转移价格数据库",为查证价格提供依据。

(2) 加强对外商投资企业利润汇出的管理。一是加强对外汇指定银行柜面业务经办的检查与监督,防范外汇指定银行违规操作而形成的风险。二是完善外商投资企业利润汇出的事前审核。外汇局委托知名度高、信誉好的会计师事务所对要求办理利润汇出企业的利润形成进行再审计。企业在向外汇指定银行申请办理利润汇出时,必须提供再审计证明,方可办理利润汇出。三是完善对外商投资企业虚假利润行为的处理规定,明确对外商投资企业虚假利润行为的处理依据、处罚细则等,严厉打击外商投资企业虚假利润行为。

(3) 引导企业加大对科技研究与开发的投入。外商投资企业尤其是跨国公司在国际竞争中处于优势地位的关键是拥有技术尤其是高新技术,因此不会轻易转让。我国企业在技术引进中，一定要注意适宜技术的引进，同时也要注意技术引进应该从以产业转移为主转变为以技术改造为主，从以政府引进为主转变为以企业引进为主，从而提高技术引进的经济效益。另外，要发展科技产业尤其是高新技术产业，走自主创新之路。自主创新的主要路径是政府搭台、企业唱戏，要使企业成为真正的技术研发主体，切实改变研发与企业生产不协调的状况。

（4）进一步规范外商投资企业的投资领域，使其有利于我国产业结构的升级。为了避免跨国公司大量投资于初级产业部门致使产业结构的低级化，应该对外资进入的行业有一定限制。政府可以通过审批程序，确定优先顺序，禁止和限制其投资低层次、高耗能、高污染产业部门。同时要采取有效措施限制跨国公司进入我国有发展潜力的战略性产业，通过一定期限的保护和适度的竞争，使此类产业尽快成长起来，在激烈的国际竞争中站稳脚跟。总之，对跨国公司进入行业的限制，应本着既有利于产业结构的优化，又保护我国战略性产业不断发展的原则。

7 "中航油"事件

案情介绍

中国航油成立于1993年，由中央直属大型国企中国航空油料控股公司控股，总部和注册地均位于新加坡。公司成立之初经营十分困难，一度濒临破产，后在总裁陈久霖的带领下，一举扭亏为盈，从单一的进口航油采购业务逐步扩展到国际石油贸易业务，并于2001年在新加坡交易所主板上市，成为中国首家利用海外自有资产在国外上市的中资企业。到2004年12月，公司几乎100%垄断中国进口航油业务，同时公司还向下游整合，对相关的运营设施、基础设施和下游企业进行投资。通过一系列的海外收购活动，中国航油的市场区域已扩大到东盟、远东和美国等地。

据悉，中国航油是从2003年开始参与石油衍生商品交易的，除了对冲风险之外，公司也从事投机性质的交易活动。2004年10月以来，由于国际原油价格猛涨，公司必须为未平仓的衍生品仓位注入数额巨大的保证金。2004年12月1日，一直备受关注的中航油董事会披露，由于在投机性石油衍生产品贸易中蒙受重大损失，截至2004年11月29日，该公司累计亏损达5.5亿美元。这一亏损额已相当于中航油新加坡上市公司的市值，公司不得不寻求法院破产保护。

中航油案发后，中航油集团公司责令新加坡公司立即停止投机性石油衍生品贸易。母公司中航油集团向其提供1亿美元紧急贷款，并就中航油（新加坡）重组事宜与淡马锡进行接触。2005年上半年，中航油（新加坡）提出债务重组计划并于6月8日在债权人大会上获多票通过，中航油（新加坡）终于免遭清盘命运。

此次事件之后，中航油（新加坡）将战略投资者的人选转向了海外企业，其中包括淡马锡、BP 在内的多家战略投资者。在与其商洽权股方案、投资金额等商业条款的同时，中航油还充分考虑到新投资者的国际声誉、实力、未来潜在合作和对公司未来发展所作贡献等因素。经过近四个月的竞标与谈判，最终与 BP 等达成合作协定。

一个因成功进行海外收购曾被认为能够"买来个石油帝国"的企业，却因从事投机交易造成 5.5 亿美元巨额亏损而倒闭。一个被评为 2004 年新加坡最具透明度的上市公司，其总裁却被刑拘接受调查。中国苦心打造的海外石油旗舰遭遇重创，中国实施"走出去"战略受到阻碍。是什么导致这起事件，我们又如何认识国际市场的风险并有效规避这些风险，是值得我们深思的。

案情分析

1. 缺乏专业的金融市场知识

在国际原油市场上涨背景下，出现经营困难是中国出口企业面临的普遍问题，而走出这一困境的方法之一就是通过期货交易买入保值锁定经营成本或者通过其他措施降低经营成本。中航油（新加坡）的经营思想是通过期货期权实现赢利，而且它的期货交易策略是建立在主观愿望及简单的市场分析基础上的，缺乏专业的金融市场知识。金融市场的复杂性是难以估量的，对金融市场价格变化的判断并不能简单地利用经验及对历史数据的简单运用。

2. 市场风险和操作风险

一般意义上来讲，金融风险是指金融机构或公司在从事金融运作中，因某些因素发生意外的变动而蒙受经济损失的可能性，它属于经济风险，是管理风险。金融风险主要包括以下几种类型：信用风险、市场风险、流动性风险、操作风险、法律风险、国家风险和系统风险。中航油事件主要涉及市场风险和操作风险。

第一，市场风险主要指有关主体在金融市场上从事金融工具交易时，因金融工具的市场价格发生变动，而蒙受经济损失的可能性。就中航油（新加坡）公司本身来说，主要是错误估计石油期货形势，做石油期货空头。

第二，操作风险主要指有关主体在营运过程中，因交易系统不完善或失灵、模型选择失当、管理失误、控制缺乏、欺诈或其他人为错误，而导致经济损失的可能性。中航油违规操作主要有三个方面：其一，做了国家明令禁止的事；其二，场外交易；最后，超过了现货交易总量。除了上述原因外，中航油集团的内部监控机制形同虚设，陈久霖违规操作多时，但总公司却无人知晓，最终导致巨额亏损的发生。

3. 不明确套期保值的实际意义，失去保值环境后缺乏应变

一般来说，期货保值的目的在于锁定利润或经营成本。对于现货拥有者来说，预测价格下跌是其进行套期保值的重要理由，是为应对现货未来的贬值进行保值。现实与预期一致是其实施保值计划的基本前提，如果现实与预测不一致，应该放弃保值计划，

否则保值就会失败或者失去意义。从这个意义上讲,保值取得成功或者进行有意义的保值活动是需要现实支持的。

中航油(新加坡)卖出看涨期权保值行为发生于一个上涨市场中,失去了保值要求的正确判断。在市场证明判断失误的情况下应放弃保值需要,即及时在期货市场止损离场。然而,中航油(新加坡)却没有这样做,说明中航油卖出看涨期权进行套期保值的态度或目的是十分不明确的。这种不明确也是其一系列决策失当从而导致巨额亏损的重要原因。

套期保值目的不明确其实表明其期货交易行为就是一种投机,这可以从中航油选择的交易品种上看出来。中航油(新加坡)选择期权为交易品种且选择作为看涨期权的卖出方,表明它开始了一场与其他买入看涨期权者的博弈,博弈的核心是国际原油价格的涨跌。如果原油价格上涨则中航油是输家,反之则是赢家。本来,中航油(新加坡)如果真想套期保值,选择期货合约比期权更好。但现实是卖出看涨期权者即中航油看错了行情,中航油(新加坡)要承担远大于卖出期货合约的风险。

根据规则,看涨期权交易买方有履约权利却无义务,卖方既有履约权利又有义务,只要对方有履约要求则卖方必须执行,相当于已经配对的期货交割方。在这种权利与义务不对称的交易面前,中航油(新加坡)只好通过交易更远期期权来缓解履约压力。这就是我们看到中航油(新加坡)大部分期权合约为 2005 年、2006 年的原因。这实在是弥补交易品种、交易方向选择错误的无奈之举,但对避免中航油(新加坡)交易巨亏已无济于事。

如果中航油(新加坡)选择的是期货合约卖出交易而不是卖出期权,或许不会是这样的结局。期货交易的存亡之道不取决于你采取买或卖行为,或者你看错或看对行情,而取决于能否控制风险。没有学会风险控制的人迟早会遇到灭顶之灾,中航油(新加坡)算得上是一个典型。从套期保值的意义上讲,期权是对期货或者现货进行保值,买入看涨期权者可以从期货或现货市场价格上涨中通过履约获得巨大利益。

4. 不切实际的危机处理方案

针对中航油(新加坡)参与原油期权交易已经出现的严重危机,陈久霖提出了几个"内部救助方案",如寻找巨资支持渡过难关等。因为未来国际油价是要下来的,还可与国际原油供应商合作让其接盘。但是,这些方案都不切合实际,致使救助计划胎死腹中。

陈久霖在中航油(新加坡)期权交易陷入危机时认为政府应有一笔战略基金支持,这或许是因为中航油(新加坡)是国有企业的缘故。国家应成为其风险的最后承担者,这种做法是极其错误的。或许正是这种思想才导致其在期权交易上的非理性。

5. 凸显监管漏洞及发展国内期货市场的迫切性

在中航油(新加坡)事件中陈久霖过度自信、好赌及承受失败的心理素质较差等对事件的影响是不容忽视的。如何用人,如何约束具有性格缺陷的当事人应是有关企业

及监管方面必须要做的工作。就中航油事件而言,监管的问题有以下两个方面:

一方面,企业如何知人善任,如何通过严格的内控制度来约束个人行为。企业要有一个科学的决策程序,对决策结果要有充分评估。中航油(新加坡)期权交易结果特别是所用保证金方面是陈久霖始料未及的,说明公司对决策结果评估不足。

另一方面,《国有企业参与境外期货套期保值业务管理办法》存在严重滞后性,以至于出现了监管困难或监管不到的地方。具体表现在以下几点:其一,对国有控股的境外上市公司,如何监管其参与境外衍生品业务,还没有提到日程上来,目前监管的对象仅限于在境内注册的国有企业。其二,目前执行的《国有企业参与境外期货套期保值业务管理办法》是 2001 年 6 月颁布的,明显受到国内期货市场发展水平的限制,不能适应境外企业参与期货交易的具体要求。就套期保值定义而言,其外延定义过小,没有涵盖期权保值问题。

目前的境外期货套期保值管理办法是在借鉴 1998 年株洲冶炼厂参与 LME 铜期货交易的教训基础上制定的。当时,株洲冶炼厂交易的品种是期货合约而非期权合约。同时,管理办法反映了我国期货市场关于套期保值概念的认识,即运用期货合约买卖进行套期保值。直至现在,我国期货市场还没有期权交易品种,管理办法自然就没有关于期权套期保值的内容。同时,对国有企业参与境外期货套期保值的部分没有作明确规定,如什么样的企业只能在境外做买入保值或卖出保值等。由于受国内期货市场发展水平的限制,不仅国有企业参与期货的灵活性受到影响,而且给监管带来了困难,加大了国有企业参与境外期货交易决策错误的概率。我们不能不说中航油在市场选择及交易品种选择等方面的致命错误与企业决策者的期货知识缺乏、经验不足有关。

其三,国有企业套期保值业务管理制度没有落实到从业人员身上。应该把从业人员管理与企业从事期货保值活动联系在一起,要求主要从事该项业务的企业人员必须具有国内期货从业资格,将其是否严格执行企业内控制度、是否严格执行套期保值业务管理办法视为管理内容。

因此,要进一步《完善国有企业参与境外期货套期保值业务管理办法》,需要进一步提高国内期货市场的发展水平。只有国内期货市场发展水平上来了,才能为相关管理制度的完善提供基础,同时为企业参与境外期货交易提供经验丰富且有责任心的人才。

目前,国有企业到境外开展套期保值业务是不得已而为之的事,然而,随着国有企业到境外上市及我国加入 WTO 的形势要求,这将成为一股潮流。我国期货市场的现状是期货品种少、品种体系不完善、期货市场功能发挥受到严重限制。在这种情况下,国有企业出于规避风险和提高企业竞争力的需要,只能选择到境外进行套期保值,中航油(新加坡)事件就是在这种背景下发生的。要从根本上减少这类事件发生,至关重要的一点就是大力发展国内期货市场,丰富国内期货品种数量及体系,扩大市场参与范围,提升国内期货市场定价能力,以满足国有企业参与套期保值交易的需要。

案例启示

"中航油"事件暴露了我们的不足,当务之急是应从以下几个方面入手,加强防范,才能避免类似惨剧的发生。

1. 树立风险意识,加强金融风险的教育

改革开放 30 多年来,尽管市场化程度越来越高,但由于国家对各种金融风险大包大揽,总体上国内市场处于低风险运营状态。如此环境下成长的中国企业对何谓金融风险、其危害有多大及如何防范知之甚少,一旦走出国门,即使有规可循,也聘请了投资顾问,但深层的风险意识淡薄问题并未解决。加之国际金融市场本身危机四伏,倘若企业内控制稍有疏忽,"中航油"事件就在所难免。因此,加强对金融风险的教育迫在眉睫。

2. 必须建立机构高层人员的约束机制

此次的"中航油"事件是高层个人失误导致的机构巨额损失,为此,中国企业必须在投资决策、产权交易、资本运营、亏损限额控制等方面加强制度建设,并在实际操作过程中加大监管力度,确保制度的有效运行。

3. 尽快完善责任追究制度

应当规定,跨国经营的企业,一旦因经营管理出现严重亏损,就要像对出现矿难的煤矿领导一样,对直接责任人和企业负责人严加处罚。

4. 加快完善和出台相关金融法律法规

金融经济活动应在严格明确的法律法规界定下进行。为此,应针对我国已经开始运行的证券、期货、信托业加快相关法规的立法进度,对已有的法律法规,应与时俱进、不断完善,在健全监管体制的同时,强化执法力度,维护金融秩序。

8 从东莞千家鞋厂倒闭看中国制造

案情介绍

2008 年 1 月,入冬的珠江三角洲正在经历一场前所未有的转移之痛:上千家鞋厂倒闭,万余港企面临关门,更多数量庞大的中小企业计划迁离这里,昔日热闹、辉煌的"世界工厂"的场景或将成为历史。2008 年 1 月 1 日实施的《劳动合同法》推了部分决定迁离的企业最后一把。以东莞为例,东莞有约千家鞋厂倒闭,事实上,那里不少鞋厂已经准备外迁。表面上看,鞋厂倒闭可以归结为三个原因——人民币升值、人工成本上升以及《劳动合同法》的实施,而更深层的原因是"中国制造"的绝大多数产品迄今仍然停留在低档的复制阶段。东莞号称"世界鞋都",产量占全世界的十分之一,但核心的问

题在于，东莞的鞋不是耐克，不是阿迪达斯，而是普通得不能再普通的鞋，每个国家如果愿意都能生产。在人民币没有升值的时候，在人工成本还比较低的时候，东莞的鞋比其他国家的鞋有优势，也就是价格更便宜，现在人民币升值了，价格优势当然不复存在。

鞋企大面积溃退，致命的原因还是企业长期以来的"内伤"，《劳动合同法》只是压迫的"最后一根稻草"。所谓"内伤"是指珠三角超过80％的鞋企仍采用"低成本、低利润"的加工贸易模式，始终居于价格链底端，利润仅在5％～8％。近年来一系列原材料、工资、水电、厂房等成本飞速上涨，提前关闭的大多是低端鞋企，有的关，有的搬，迁入地多为劳动力、生产资料成本更低的内陆省份或东南亚地区。据亚洲鞋业协会统计，撤离的鞋企中，有约25％迁到东南亚的越南、泰国、印度、印尼、马来西亚等地，有约50％迁到江西、湖南、广西等内地省区，另有约25％目前仍在观望。而鞋企的撤退，只是珠三角暗流涌动的制造业集体大迁移的缩影。在传统制造业中，如服装、纺织、塑料制品、电子元件、金属和非金属制品等，均出现了企业大规模撤离的情况。

这种产业转移直接触动的是现实利益。与中山毗邻、全国闻名的"家电之都"佛山顺德也有"产业空心化"之忧。最近几年，美的、格兰仕、万和等知名品牌都将部分产能迁移到了中山等地，虽然"家电之都"的地位在国内尚难动摇，但大企业外迁、影响力限于地域性等问题还是令人担忧。顺德也在致力于打造"总部经济"，但是家电产能转移后，总部变得越来越"软"，总部有边缘化的倾向。同时，原有企业外迁必然短期内给当地经济带来一定的冲击，例如税源减少、经济总量削弱等。

然而问题是，迁到外地固然可以降低用工成本，但不完整的产业链会导致原材料配套成本的上升。一些工厂"北移"之后，发现当地的产业配套不完善、交通物流成本增加。"在当地，运费最少要占成本的10％，而在深圳、东莞，运费只占生产成本的3％。另外，不少企业还得在当地买地建房，而不像广东这边有一个成熟的厂房租赁市场。"在越南，劳动力成本是优势，但在产业配套方面同样不方便，配件和原材料都得从东莞运过去，物流成本大增，技术工人、管理人才也是较大问题，研发几乎是零。转移并非那么简单，经过20多年发展的珠三角已经形成了完整的、与生产能力相匹配的产业链。转移不是简单一家企业的事，而是整个行业的事，比如鞋厂转移了，耗材厂、配件厂、原料厂、主料厂，统统都要跟着转移。因此，在转移大潮来临的时候，很多企业在等待自己命运的同时，也在观望、思考珠三角今后的命运。

案情分析

产业转型和升级是目前经济发展的迫切需要。如果说持续的原材料、工资等成本上涨，是市场不断向珠三角企业发出了信号，那么一直以来政府导向给企业释放的信息是同样的，珠三角的出路只有一条，产业转型和升级是唯一的出路。尽管中国制造业前进的步伐举世瞩目，但由中国企业联合会最新公布的2010年中国制造业企业500强分析报告仍显示，在金融危机冲击下，我国制造业在劳动生产率、研发投入、耗能、工资成本及管理方面面临五大"软肋"，制约了我国制造业企业的转型升级。

1. 劳动生产率偏低

有关数据显示,高速成长下的中国制造业无法掩饰的核心问题就是劳动生产率及附加值偏低。目前,中国制造业的劳动生产率约为美国的 4.38%、日本的 4.37% 和德国的 5.56%。中国制造业在质量上与发达国家仍存在较大差距。从中间投入贡献系数看,发达国家 1 个单位价值的中间投入大致可以得到 1 个单位或更多的新创造价值,而中国只能得到 0.56 个单位的新创造价值。增加值率是度量一个经济体投入产出效益的一个综合指标。目前我国制造业的增加值率仅为 26%,与美国、日本及德国相比,分别低 23%、22%、11%。即使与其他发展中国家相比,我国制造业的增加值水平也还低于拉丁美洲和加勒比海地区、西亚、欧洲的发展中地区。

从行业整体利润回报率看,美日德的制造业都是利润率较高的行业。近几年尽管美国制造业比重有所降低,但美国制造业产值仍占国内生产总值的 16%,在美国对外出口的全部产品中,制造业产品占到 72%。而相比之下,近年我国制造业行业利润率和资本回报率呈逐年降低态势。2008 年 10 月以来我国制造业的利润增幅与 2007 年同期相比,出现了一定程度的回落。企业利润下滑表明企业盈利能力减弱,生产经营形势趋于严峻。

中国企业联合会认为,我国制造业发展状况的特点被概括为“两高一低”:制造业增长速度高,占国内生产总值的比例高;人均制造业增加值低。这种“两高一低”的现状,一方面说明我国制造业还有很大的发展空间,另一方面也说明我国制造业下一步发展面临的结构性矛盾将是一个突出的制约因素。

2. 研发投入一直不足

中国在研发经费的投入处于世界较低水平,与发达国家相比更是相距甚远。国际上大公司的研发费用投入一般占销售收入的比重在 5% 左右,甚至达到 10%~15%,而我国企业中除了华为等“凤毛麟角”的企业外,绝大多数企业都达不到 5%。即使以我国制造业企业精华的中国制造业企业 500 强看,2005—2010 年,中国制造企业 500 强的研发投入比重分别为 1.88%、2.29%、2.41%、2.13%、1.95%、2.03%。特别是近年来,研发投入在达到 2.1% 峰值后,就掉头向下,一直徘徊在 2% 左右,还不到国际大公司研发水平(5%)的一半。经费投入的严重不足大幅度降低了技术引进的成效。因此,我国产业技术不仅不能有力辅助企业加工能力的改善和提高,而且难以紧随外企先进技术的转移进行追赶式的消化吸收和模仿创新。

3. “大企业病”的困扰

所谓“大企业病”是指机构臃肿、多重领导、人才流失的特点,而机构臃肿是“大企业病”的基本特征。中国企业联合会在对中国制造业企业的多年跟踪调查后发现,不少进入中国制造业 500 强的企业都存在不同程度的“大企业病”。其表现之一是“高烧”,企业的高速增长让管理者头脑发热,缺乏冷静;二是“肥胖”,企业组织结构膨胀,管理层次增多,决策执行的有效性大打折扣。

4. 高耗能项目反弹

根据工信部的数字,2009 年以来,各地违规建设、盲目扩产加剧产能过剩矛盾。全国水泥投资同比增长 78%以上,目前在建水泥生产线超过 200 条,新增产能超过 2 亿吨。我国造船工业能力过剩约 1 600 万载重吨,约占总能力的 1/4。我国制造业高速发展的背后是,绝大多数企业"大而不强",对能源的消耗浪费、超量污染排放已经达到一个前所未有的程度。中国企业联合会的分析指出,2008 年秋季以来,由于抗击国际金融危机、确保经济增长率的客观现实,各地高耗能项目又有所反弹。高耗能项目的反弹造成 2009 年节能减排指标只达到 3.61%,未能达到 2007 年、2008 年 5%的水平,甚至连五年的平均水平 4%也没达到。更有甚者,2010 年一季度,由于高耗能行业快速增长,一些落后产能死灰复燃,全国单位 GDP 能耗不但没有下降,反而有所上升。这给完成五年降耗目标增添了新的难度。

5. 工资推动成本上升

中国企业家调查系统近期的调查表明,当前企业经营发展中遇到的最主要困难,按照企业经营者选择比重高低排在前两位的是"人工成本上升"和"能源、原材料成本上升"。对制造业成本有重要影响的三大因素之首就是劳动力工资。特别是在 2008 年《劳动合同法》颁布以及实行严厉的最低工资标准后,劳动力成本的提高更无可避免。一项美国咨询公司的研究报告显示,中国的劳动力成本已经高于亚洲其他七个国家。中国沿海地区的平均劳动力成本是每小时 1.08 美元,内陆省份则为 0.55～0.8 美元。排名第七的印度是每小时 0.51 美元,劳动力成本最低的是孟加拉国,价格仅为上海和苏州的五分之一。2010 年以来,工资水平上升对成本的推动作用更明显。全国已经有十多个省份相继上调了最低工资标准,调整幅度都在 10%以上,一些省份超过 20%。一些外资企业如富士康、本田等也纷纷采取加薪行动,工资平均涨幅都在 10%～20%。据预测,由于国内劳动力短缺及劳动者自我保护意识的增强,2011 年我国城镇企业工资增长幅度超过 13%。

相关分析认为,工资的增加对劳动者而言,是对这些劳动者收入偏低的一种"还账",是制造业可持续发展的必然要求。但同时必须看到,在我国产业升级比较缓慢、制造业附加值不高的情况下,提高工资又实实在在地增加了企业的成本,一定程度上降低了企业的利润。因此,工资水平的上升客观上要求企业"告别"过去发展所依赖的劳动力低成本因素,加快转型升级的步伐,转换发展模式,才能够化压力为动力,变坏事为好事。

> **案例启示**

伴随着消费者需求的多样化与升级,现代制造业与生产性服务业之间的融合发展日益深入。这种融合更多地表现为服务业向制造业的渗透。专家认为,制造企业服务化是已经具有相当规模和实力的制造企业的重要发展方向。主要发展路径和典型模式有：依托制造业发展服务业；另外，国际上一些大型的传统制造企业正从销售产品发展为提供服务和成套解决方案，作业管理从制造领域延伸到服务领域，服务业务成为新的增长点和利润来源。伴随着人力成本的逐步上升和竞争环境的发展变化，加工制造环节的利润空间已经很小，在此背景下，许多国际知名的大型制造业企业积极进行产业链重组，逐渐将企业的经营重心从加工制造转向诸如提供流程控制、产品研发、市场营销、客户管理等生产性服务，从制造企业转型为服务提供商。因此，在企业转型升级的同时，我们要从"中国制造"转向"中国服务"。

9 从丰田"召回门"看丰田汽车公司跨国发展之路

案情介绍

2010 年对于丰田汽车公司来讲可谓深陷泥沼，由于油门踏板和脚垫的缺陷，丰田在美国召回 109 万辆汽车，日本国内将召回大约 7.5 万辆 RAV4，在欧洲约 200 万辆汽车也在召回的考虑中。在 2010 年初短短两周内，丰田召回车辆已超 346 万辆，这是丰田 20 年来遇到的最大的信任危机。我们首先回顾一下丰田公司近年来的召回记录（详见表 1-5）。

表 1-5 丰田公司历次召回记录

时间	地区	数量（辆）	涉及车型	召回原因
2011 年 4 月 21 日	美国	30.8 万	RAV4、汉兰达	全气囊隐患
2010 年 1 月 28 日	中国	75 552	RAV4	油门踏板故障隐患
2010 年 1 月 21 日	美国	230 万	凯美瑞、RAV4、卡罗拉、汉兰达等	油门踏板故障隐患
2009 年 12 月 24 日	中国	43 023	RX350、ES350、汉兰达	VVT-i 机油软管内壁破裂、机油软管漏油
2009 年 11 月 25 日	美国	426 万	凯美瑞、亚洲龙、普锐斯、ES350	脚垫滑动卡住油门
2009 年 8 月 28 日	美国	95 700	卡罗拉、Matrix、ScionxDs	刹车底盘问题导致刹车失灵
2009 年 8 月 25 日	中国	688 314	凯美瑞、雅力士、威驰、卡罗拉	电动窗主控开关发热、短路、熔损
2009 年 7 月 30 日	日本	71 319	卡罗拉、Axio	无级变速器缺陷

（续表）

时间	地区	数量（辆）	涉及车型	召回原因
2009 年 6 月 11 日	中国	57	兰德酷路泽	碰撞时 SRS 车侧气囊不能正常打开
2009 年 4 月 24 日	中国	259 119	凯美瑞	真空助力泵导致发动机故障
2009 年 2 月 28 日	南非	5 万	雅力士	安全带系统故障
2009 年 1 月 29 日	全球	130 万	雅力士等	座椅安全带缺陷
2008 年 12 月	中国	121 930	皇冠、锐志、雷克萨斯	电动转向机电机轴表面工艺问题
2008 年 10 月	日本	47 万	多达 13 款车型	燃油系统和转向系统问题
2008 年 10 月	中国	8 万	威驰、花冠、卡罗拉、雅力士	手动变速器存在问题
2008 年 5 月	美国	9 万	汉兰达	安全带问题
2008 年 4 月	美国	53.95 万	卡罗拉、Matrix	电动车窗螺丝松动
2007 年 12 月	美国	15.6 万	Tundra 皮卡	后驱动轴存在缺陷
2007 年 11 月	日本	215 020	雷克萨斯 GS、皇冠、3 款高端车型	燃油管泄露隐患
2007 年 10 月	日本	47 万	皇冠、Sienta、bB	脉冲与油管系统缺陷
2007 年 9 月	美国	55 000	ES350、凯美瑞	全天候脚垫阻滞加速踏板

案情分析

1. 丰田公司简介

丰田汽车公司的前身是日本大井公司，隶属于日本三井产业财阀。丰田是世界十大汽车工业公司之一、日本最大的汽车公司，创立于 1933 年。早期的丰田牌、皇冠、光冠、花冠等汽车名噪一时，近年的克雷西达、雷克萨斯豪华汽车也极负盛名。丰田的产品涉及汽车、钢铁、机床、农药、电子、纺织机械、纤维织品、家庭日用品、化工、化学、建筑机械及建筑业等。1993 年，丰田的总销售额为 852.83 亿美元，位居世界工业公司第 5 位；全年生产汽车 445 万辆，占世界汽车市场的 9.4%。自 2008 始丰田逐渐取代通用汽车公司成为全世界排行第一位的汽车生产厂商。

2. 丰田公司跨国经营战略分析

丰田公司成立于 1937 年，在第二次世界大战之前主要以生产军用卡车为主，技术水平在当时处于落后地位。"第二次世界大战"后，丰田公司仅用 30 余年的时间一举成为世界汽车业巨头。根据统计,2010 年,丰田汽车在日本本土市场的汽车产量同比提升 17.6%,至 328 万辆;丰田汽车海外产量同比提升 21.3%,至 434 万辆;丰田汽车 2010 年全球产量同比增幅达到 22.2%,至 451 万辆,创出历史新高。丰田公司的成功发展是日本制造业企业的一个典范,与其跨国经营战略密不可分。

(1) 丰田公司的跨国经营概况

丰田公司的跨国经营可以概括为以下几个特征:

第一,生产和销售网络遍布全球。截至 2010 年 4 月底,在日本国内,丰田汽车共建有 12 个工厂,丰田集团公司有 10 个工厂;海外方面,丰田在全球 26 个国家和地区,建立了 51 家工厂,从业人员共计 320 590 人,联合结算子公司共 522 家。

第二,海外生产、销售比重高。2010 年丰田公司生产方面的海外比重达到 60%,而销售方面,2010 年丰田全球销售量为 842 万台,在国内的销售量为 156.6 万辆;国外销售量达 685.4 万台,其比重高达 81.4%。

第三,以北美市场为战略重心。北美市场对丰田公司的跨国经营战略至关重要,可以说丰田在北美市场的成功是其全球跨国经营战略成功的基础。到 20 世纪 80 年代前期,日本汽车业争夺北美市场主要是以出口为主。由于日美双边贸易摩擦不断加剧,丰田公司每年出口到美国的汽车数量受到限制,导致丰田改变对美经营战略。丰田公司先后在美国和加拿大设立了多家汽车制造厂。现在丰田在美国市场所销售的大部分汽车是由设在当地的厂商生产的。

第四,加强国际分工,在当地建立零部件供给体制。丰田公司最初在海外投资设厂的目的是回避东道国针对日本汽车出口的贸易保护政策。因此,在 20 世纪 90 年代以前,丰田主要是在东道国设立整车的组装车间,而零部件则大部分从日本进口。从 20 世纪 90 年代后期开始,丰田公司加强了国际间合理化分工协作,开始注重在东道国以及东道国邻近的国家或地区调配零部件,从而促进了由过去以日本为中心的国际化战略向全方位全球化战略的转变。现在,丰田公司已经在北美、欧洲以及大洋洲等地区形成了各自的区域内汽车零部件供给体制。

(2) 丰田汽车跨国经营战略的演变过程

从第二次世界大战结束到现在,日本丰田公司的跨国经营战略经历了出口主导型、回避贸易摩擦型、市场重视型以及本土化四个战略发展阶段。

第一阶段:出口主导型战略阶段(第二次世界大战结束至 1985 年)。

丰田公司最初的跨国经营是以进出口贸易来体现的。其出口战略经历了通过专业进出口商出口、自营贸易出口以及直接在海外设立销售网点的发展过程。1957 年,丰田公司向美国出口了第一辆轿车,拉开了轿车大批量出口美欧市场的序幕。截至 1967 年,丰田公司累计出口汽车 100 万辆,而到 1979 年累计出口达到 1 000 万辆。到 1985 年日美广场协定签订时,丰田公司对外出口达到了顶峰,累计出口 2 000 万辆。汽车的大量出口造成了同进口国之间的国际贸易失衡,特别是同美国产生了严重的贸易摩擦,迫使丰田公司不得不改变以出口为主导的跨国经营战略。

第二阶段:回避贸易摩擦型战略阶段(1985—1990 年)。

伴随着进出口贸易量的不断扩大,国际间双边贸易摩擦不断加剧。为了回避贸易摩擦,丰田公司对其海外战略进行了调整。丰田公司的回避贸易摩擦型战略又分为20世纪60年代至70年代的对应汽车国产化政策型和80年代的突破美欧配额限制型两个战略。从20世纪50年代末开始,一些发展中国家为了保护本国民族工业,采取限制整车进口、实施汽车国产化政策,要求外国汽车厂商在规定的时期内达到一定的国产化率。为适应这些发展中国家的国产化政策,丰田公司首先于1959年在巴西成立了首家海外汽车整车组装厂,并先后在南非、泰国、葡萄牙、马来西亚、印度尼西亚等地设立了整车组装厂。丰田公司真正在海外投资设厂开始于1984年,同美国通用汽车公司在加利福尼亚建立了新联合汽车制造公司(NUMMI)。继NUMMI之后,1988年丰田公司又在美国肯塔基州成立了独资的汽车制造厂,同一时期又在加拿大建立了工厂。这种以突破美国对日本配额限制为背景的海外直接投资,使丰田公司的海外生产得到了急速发展。

第三阶段:市场重视型战略阶段(整个20世纪90年代)。

市场重视型战略发展阶段也是丰田公司全球化战略的开始。在市场重视型战略发展阶段,丰田公司将成熟的技术转移到市场需求较大的东道国,强调国际分工,尽可能地利用东道国以及相邻国家的相对便宜的资源,生产、销售东道国以及相邻国家所需的产品,并提供相应的售后服务,以期在该地区最大限度地扩大市场占有率。随着竞争的不断加剧,跨国公司在东道国的产品成本削减计划受阻,市场占有率增长减缓甚至出现逐渐减少的趋势。为了迅速应对市场需求,丰田公司开始加强技术部门的力量,并且尝试设立R&D机构,进一步强化区域间国际分工协作。20世纪90年代,丰田公司仍然以欧美市场为重点。截至1995年,丰田公司在北美和欧洲的当地化率分别达到70%和50%,在大洋洲的当地化率也达到了70%。现在丰田公司在全球各个区域的生产基地都基本形成了各自的区域内汽车零部件供给体制。

第四阶段:本土化战略阶段(2001年至现在)。

本土化战略是指在日本以外的某一特定区域内从事研究与开发、商品企划、生产、销售以及售后服务的一体化经营。本土化战略也可以称为全方位全球化战略。在市场重视型战略的后期,丰田公司为了长久地保持市场占有率,开始针对某一区域市场的实际需求,在该区域本土上建立"研究与开发—商品企划—生产—销售—售后服务"这一作为一个成熟企业必备的良性循环体制。

(3)丰田在中国的发展之路

丰田进入中国的过程,带有十分明显的丰田式特征。1980年丰田在北京设立了代表处。20世纪90年代,中国汽车市场的潜力逐渐显现出来,丰田很快就抓住了这个机遇,开始招兵买马,在中国实施本土化战略。1993年12月,丰田在江苏昆山建立合资汽车零部件厂。1995年丰田顺利地进入天津夏利。20世纪90年代至今,丰田在中国的江苏、上海、天津、四川等地建立了30多家合资企业,主要生产汽车零部件。1998年,丰田汽车在中国的销售量不过只占丰田全球总销量的2%,当时中国只不过是丰田公司的一个潜在市场。进入21世纪后,全球汽车市场日渐疲软,但中国市场却一路走高,成为各大跨国公司关注的焦点。自 2002 年 6 月起,中日之间的贸易争端不断出现,也进一步促使丰田汽车公司把以出口为主的战略转变为出口和在华投资生产并举。

案例启示

在国际汽车市场激烈竞争的环境下,面对美国福特汽车公司和通用汽车公司的竞争压力,丰田汽车公司紧紧抓住各种发展契机,不断发展壮大,从而一跃成为全球最大的汽车制造商。一直以"耗油量少、稳固耐用"为质量目标的丰田公司,如今却因"召回门"面临近 20 年来最大的信任危机。这一事件给中国企业敲响了警钟。下面我们从两方面来分析。

1. 丰田公司值得中国企业借鉴和学习的成功经验

(1) 快速灵活的决策机制。丰田汽车公司强大的技术开发能力和对市场需求的敏锐洞察力,使它在各个阶段都能够创造出各式的名牌汽车。丰田主要是用快速灵活的产品转型来应对欧美汽车的激烈竞争。

(2) 以顾客需求为中心的经营理念。由于日本的国内市场狭小,海外市场便成为丰田汽车的重要目标。针对不同地区的市场需求设计相符合的产品,正是丰田汽车的一大特色。丰田汽车始终以客户利益为中心,时刻关注客户的需求,从而赢得了客户的青睐,也造就了出众的丰田企业。

(3) 精益生产方式。精益生产是丰田公司在面临需求不足、资金和资源短缺的情况下提出来的,并且结合了日本独特的文化背景和思维方式。丰田公司通过尽量消除所有无效劳动和浪费,达到了不断降低成本、提高质量的目的。这种生产方式使丰田公司既实现了规模经济又满足了顾客的差异化需求。精益产品生产方式为丰田强劲的竞争优势奠定了牢固的基础。

(4) 独特的管理、销售系统。在丰田企业的海外子公司中,其经营理念的世界共享性与本土化程度都非常高。丰田公司在各国的子公司都大力宣传丰田特有的经营理念和企业文化,但并非将母公司的企业文化强加给员工。该公司注重当地员工自身的民族传统习俗和信仰等,积极寻求当地文化和丰田文化的有效融合,从而减少了潜在的矛盾冲突发生的概率。

(5) 纵向一体化战略。丰田公司主张实行设计、零部件生产和组装分离的纵向一体化战略。目的是通过利用外部资源将东道国的区位优势转化为丰田集团的经营优势,把本土化生产转变为国际生产经营的一个重要组成部分。母公司则凭借对国外子公司的所有权或与当地企业的非股权安排——分包制造合同,有效地控制外部化生产。丰田公司的这种经营模式极大地提高了生产效率,降低了生产运输成本,被世界汽车制造业视为较理想的生产经营模式。

(6) 成立战略联盟。东道国的环境对国外公司来说,极可能成为机会,也可能是威胁。一般来讲,企业在进入国外市场时,都会面临不熟悉当地文化、法律、政策环境等问题,而使经营活动难以顺利展开。这种情况下,与当地企业成立战略联盟就会大大降低经营风险、减少市场的不确定性。

2. 丰田公司"召回门"带给中国企业的启发

丰田此次遭遇"召回门",主要原因是自身的产品质量出现了严重问题。日本的产品一向以价廉物美的优势行销世界市场,但由于新兴市场经济国家近年来异军突起,日本产品在国际市场的竞争力正在减弱。日本一些企业为了给产品注入新的活力,不断借助高科技手段推出新产品,但技术集成过程中的风险因素也在等比例增加。丰田生产的混合动力车,虽然不是日本的顶尖技术产品,但由于增加了不同的动力元素,其生产成本实际上很难控制。丰田必须以占有优势的价格来继续占领国际市场,这就逼着它必须努力降低生产成本,在关键节点上降低技术要求,终于导致连续出现质量事故。因此,丰田出现的这次严重事件,实际上向包括中国在内的全球产品制造商敲响了警钟,各国都应该从中吸取教训。

第二章 服务贸易理论

1 美国影响赌博和博彩服务跨境提供的措施案

案情介绍

近十几年来,随着互联网的兴起并快速成为人们生产、生活中不可或缺的组成部分,借助网络进行的"高科技"赌博方式——网络赌博,越来越成为赌徒们的选择。与传统赌博方式相比,虚拟环境中的网络赌博活动不受时间、地点和气候等条件的限制,可以通过信用卡等方式支付,使投注更加便捷,规避政府管制也更加容易。由于网络赌博已经与洗钱犯罪、有组织犯罪等关联起来,并对青少年成长构成严重威胁,很多国家对网络赌博持坚决反对和打击的立场。以美国为例,至少9个州制定了禁止网络赌博的法律或宣布现行法律禁止网络赌博。美国对网络赌博的封杀,并不能阻止网络赌博公司通过在允许网络赌博的国家注册并且架设服务器,源源不断地向美国网民提供赌博服务。境外网络赌博的渗透,在美国造成了几个后果:一是抢走了美国传统赌博产业的相当一部分客源和收入;二是增加了防止、打击洗钱犯罪和有组织犯罪的难度;三是损害了当时布什政府倡导的"道德价值社会"理念。近年来,美国政府一方面敦促有关国家强化对赌博产业的管理力度,另一方面加大了对境外网络赌博公司的打击力度。2003 年,美国众议院通过了《禁止非法网络赌博交易法》,规定对网络赌博活动加以限制,特别是限制美国网民使用信用卡和通过银行账户向国外赌博网站支付赌金。这项法案对位于加勒比海地区的岛国——安提瓜岛与巴布达岛(简称安提瓜)——造成严重打击。近十几年来,安提瓜为发展网络赌博,通过发展基础设施、简化审批手续等方式,吸引了一批提供网络赌博服务的公司在安提瓜注册经营。但是,由于美国政府对网络赌博的打击,安提瓜一度繁荣的网络赌博服务产业日渐衰落。其赌博公司的数量和就业人数都大幅减少,政府收入也锐减。

2003 年 3 月 13 日,安提瓜要求就美国实施的影响赌博服务跨境提供的措施与美国进行 WTO 争端解决程序下的磋商。双方的磋商于 2003 年 4 月 30 日进行,但未能解决争议。2003 年 6 月 12 日,安提瓜要求争端解决机构(DSB)成立专家组。7 月 21 日,专家组成员确定;加拿大、欧盟、日本、墨西哥和中国台湾等国家和地区作为第三方参加专家组程序。2004 年 3 月 24 日,专家组提交中期报告并交由各方评论;2004 年 4 月 30 日,专家组向当事各方提交最终报告。经当事双方的要求,专家组同意双方通过谈判解决争端并一再推迟公布报告。但2004年10月28日,美国宣布谈判破裂。专家组报告于2004年11月10日散发。2005年1月7日和19日,美国和安提瓜分别对专家组报告提出上诉。2005年4月7日,上诉机构报告散发。2005年4月20日,DSB通过了上诉机构报告和经过修改的专家组报告。上诉机构报告做出后,美国和安提瓜均宣布赢得上诉,但双方均未执行协议,也未就执行DSB裁定的"合理期间"达成共识。

案情分析

根据WTO的《服务贸易总协定》(GATS),服务贸易包括四种模式:跨境提供、境外消费、商业存在和自然人流动。本案涉及的是其中的跨境提供。GATS将成员国的义务分为一般义务和具体承诺,一般义务是成员国普遍承担的义务,适用于服务业的各个部门,包括最惠国待遇和透明度等。具体承诺是只有成员国作出承诺才承担的义务,它也只适用于成员国承诺开放的服务部门,包括国民待遇和市场准入等。根据GATS第20条,每个成员国都应制定具体承诺表,详细说明市场准入和国民待遇的范围、条件、限制和承诺生效日期等。各成员国的具体承诺表附于GATS之后,作为不可分割的组成部分。GATS第16条要求成员国对服务贸易的市场准入承担具体义务,并从两个方面进行了规范:一是对GATS下四种服务模式的市场准入,应根据自己所承诺的条款、限制和条件,给予其他成员国的服务或服务提供者以相应的待遇;二是在作出市场准入义务的服务部门或分部门中,不应采取歧视性的限制措施,如数量配额限制、服务垄断、服务总额限制、雇佣人员数量限制、专营、对外国资本投资额比例限制以及资本出境限制等。

本案所涉及的主要法律问题包括服务贸易具体承诺表、GATS第16条市场准入和第14条一般例外条款的解释等。在美国服务贸易具体承诺表中,第10部门(休闲、文化和体育服务)中,列入了10.A"娱乐服务(包括剧院、现场乐队和马戏团服务)"、10.B"新闻代理服务"、10.C"文化服务(包括图书馆、档案馆、博物馆等)"和10.D"其他休闲服务(体育除外)"等分部门。在本案中,安提瓜的起诉目标直指美国1961年的《有线通讯法》等联邦立法及部分州立法,要求专家组裁定美国禁止跨境提供赌博服务以及限制有关赌博服务的国际货币转让和支付的措施,与美国根据GATS所作的具体承诺不一致,同时也违反了GATS的第16条第1款和第2款、第17条第1款至第3款、第6条第1款和第3款以及第11条第1款。美国则要求专家组驳回安提瓜的所有诉求。在美国GATS具体承诺表中第10.D部门中,其条目是"其他娱乐服务(除体育外)"。然后,在"市场准入的限制"一栏中,美国列举了四类服务模式,对于跨境提供,美国承诺"没有限制"。基于这一条目,安提瓜主张美国对"赌博服务"的跨境提供已经作出了完全市场准入的承诺,而美国则给予否认。

专家组报告最后认定,美国具体承诺表中第10.D分部门中的"其他娱乐服务(体育除外)"包括赌博服务的具体承诺。虽然在美国的具体要求承诺表中,的确没有专门写入"赌博服务"或专门排除"赌博服务",但专家组根据十几种权威英语词典,如简明牛津英语词典等,对体育"sporting"的通常含义进行审查,发现"sporting"的定义中包含赌博的内涵。因此认定,赌博服务包含于美国的具体承诺表中的"其他娱乐服务(体育除外)"中,而"体育服务"则不包括。此外,专家组还着重分析了美国是否违反了GATS第16条规定的市场准入承诺和第6条及第11条的有关规定问题。由于美国在其具体要求承诺表中,对"其他娱乐服务"的跨境提供模式的市场准入写明"没有限制",所以专家组认为,美国对赌博服务的跨境提供的市场准入作出了完全承诺。美国则进行了抗辩。经过审理,专家组认为,美国援引的GATS第14条(a)款和(c)款实施的政策措施的"必要性"不足,因为即使没有网络赌博,美国依然存在洗钱、欺诈、健康和未成年人赌博等社会问题,所以美国用来处理赌博服务非远程提供的情况下出现的洗钱、欺诈、健康和未成年人赌博等社会问题的措施,不能与赌博服务的远程提供情况下的特殊社会问题的应对措施相比较和审查,因而不能作为美国本应使用的与WTO相一致的替代措施。因而认定美国违反了GATS的相关规定,建议DSB要求美国修改其措施,以符合GATS项下的义务。专家组报告得出如下主要结论:第一,美国针对GATS所作出的具体承诺包括赌博服务;第二,美国通过采取一些限制或禁止服务跨境提供的措施,没有给予安提瓜根据GATS第16条第1款和第2款所应享受的市场准入,因而违反了GATS第16条;第三,美国未能证明其有关措施符合GATS第14条(a)款和(c)款的例外规定,也不能证明其符合GATS第14条的前言,因此不能依据第14条进行免责;第四,安提瓜也未能证明美国的有关措施违反了GATS第6条第1款和第3款;第五,对根据GATS第11条和第17条提出的诉求实行司法经济原则而未进行分析和结论。专家组报告散发后,美国与安提瓜均对专家组报告提出上诉。

上诉机构的裁定报告在整体上维持了专家组的最终结论(美国违反了GATS相关规定,建议DSB要求美国修改其相关措施)的同时,对专家组报告几乎所有的结论进行了修改。这些修改包括:第一,尽管支持专家组关于美国的GATS具体承诺表第10.D分部门包括赌博服务的具体承诺的结论,但理由作了大幅度修改。上诉机构认为,美国具体承诺表中"其他休闲服务(体育除外)"条目中,应理解为在美国具体承诺表中排除的是联合国核心产品分类中的第9641类"体育服务"对应的服务,而在第9641类中不包括"赌博服务",但在联合国产品分类中的第9649类"其他休闲服务"中明确包括"赌博服务",因此,上诉机构最终认定美国的GATS承诺表第10.D分部门包括赌博服务的具体承诺。第二,虽然支持专家组的结论,即"由于维持有线通讯法、旅游法和非法赌博交易法,美国违反了GATS第16条第1款和第2款",但是,上诉机构认为安提瓜也未能对美国争议中的州法违反GATS上述条款确立有初步证据的案件,因此,推翻了专家组关于美国州法违反GATS的结论。第三,认定有线通讯法、旅游法和非法赌博交易法是GATS第14条(a)款意义上的"为保护公共道德或维持公共秩序所必需的措施",并推翻了专家组的结论。因为上诉机构认定,专家组将三项美国联邦法律与安提瓜进行磋商的可能性相比较以考察其必要性是错误的,因为磋商并不是一种合理可用的,且能和争议措施相比较的替代措施。反之,美国的三项法律保护的是"非常重要的社会利益",从而为其必要性确立了初步证据,而安提瓜未能提出一项合理可用的替代措施,所以美国可以依据GATS第14条(a)款证明其三项联邦法律正当。第四,推翻了专家组关于争议措施不是 GATS 第 14 条(c)款意义上的"为确保遵守国内法律所必需的措施"的结论,但出于司法节约的原因,没有进行完成分析以确定争议措施是否也是该条款下所必需的。第五,专家组曾认定,对于美国的针对网络赌博的刑事诉讼未对本国服务提供者实施、视频赌博终端和《州际赛马法》等措施,与第 14 条前言的要求不符。而上诉机构则修改了专家组的大部分认定,仅支持专家组关于《州际赛马法》的结论,即美国未能证明其三项联邦法律(有线通讯法、旅游法和非法赌博交易法)以与第 14 条前言要求的方式实施。至此,上诉机构对专家组报告中的关于几乎所有的主要问题的结论进行了修改或推翻。

案例启示

安提瓜诉美国网络赌博案是涉及服务贸易的一个典型案例,也是 WTO 争端解决机制审理的第一个涉及通过互联网提供服务的争端。虽然在中国对外服务贸易中并不包括任何形式的赌博,但是在本案中,WTO 争端解决机制首次对服务贸易具体承诺表、市场准入和一般例外进行了解释。这种解释将成为中国在未来解决服务贸易争端,尤其是在休闲体育、文化娱乐服务等方面的有用借鉴,而专家组的报告与上诉机构的报告也会为将来解决 WTO 成员间其他类似服务贸易争端提供参考。由于目前 WTO 争端解决机制的服务贸易争端解决实践相对较少,所以对服务贸易规模不断扩大的中国而言,由本案中获得的实践经验更显珍贵。

1. 对美国具体承诺表的解释

在本案中,根据上诉机构的分析,对于如何确定包括具体承诺表中的条款和条目的含义,应注意以下问题。

(1) 在确定具体承诺表的条款和条目的"通常含义"时,可以援引和参照词典中对相关措辞的定义,但不应将该方法作为唯一的方法。因为词典的主要目的是归纳词语的所有含义,所以,根据常用词典对同一措辞解释时,会出现既支持起诉方的主张,也支持被诉方主张的情况。因此,应对词典含义持谨慎态度,并需要进一步运用其他解释方法来确定相关措辞的正确含义。

(2) 如果在具体承诺表中标明"仅以某种文字作准",就不应运用其他文本来解释该承诺表的条文。一般来说,不同文字的文本法律效力应该是相同的。但语言不同有可能会导致对同一条目的解释偏差。因此,在服务贸易实践中应避免使用其他文本来解释承诺表。

(3) 在解释具体承诺表时,经常会援引的两个参考文件(具体承诺表指南和第 W/120 号文件)及其所"连接"的联合国核心产品分类(CPC)的法律地位应该是"补充手段",而不是"上下文"。

(4) 专家组与上诉机构在对具体承诺表的解释中,强调条约解释应依据缔约国的"共同意图",因而会对当事国产生无法预见的义务。

2. 对市场准入的解释

所谓市场准入,是指一国是否允许或在多大程度上允许其他国家的商品或服务进入本国市场。对无形的服务贸易而言,市场准入障碍主要体现在政府通过法律、法规和行政措施等对提供服务的活动、提供服务的机构和服务提供者等的管理方面。本案市场准入的解释主要是对 GATS 第 16 条的分析,专家组与上诉机构对美国市场准入障碍的论证及论证结果值得注意。

首先,由于美国的相关措施在形式上不是数量限制,所以专家组一方面肯定 GATS 第 16 条第 2 款下的 6 个子条款的完全性,另一方面将考察的重点从"禁止"措施的类别,即"以……形式"的审查转为"限制数量",即将禁止直接认定为"对数量的限制",从而得出美国的相关措施构成市场准入限制。其次,上述论证导致了对 GATS 第 16 条第 2 款的宽泛的解释,涵盖了可能本不应该涵盖的措施,从而可能构成各成员国对管理服务贸易的主权"侵蚀",限制了各成员国在服务贸易管理上的自主权。

3. 对一般例外条款的解释

在本案中,美国在被认定违反 GATS 义务后,援引 GATS 第 14 条(a)款和(c)款为其免责。该条规定,"如果下列措施的实施在相同条件下国家间不会构成任意的或无端的歧视,或者不会构成对服务贸易的被伪装的歧视,不得将本协定解释为妨碍任何成员国采取或实施的措施:(a)为保护公共道德或维护公共秩序所必需的措施……(c)为使与本协定的规定不相抵触的法律或法规得到遵守所必需的措施……"由于本案是 WTO 争端解决机制第一次审理 GATS 一般例外条款,也是第一次处理"公共道德"例外问题,因此对这一问题的解释具有非常重要的意义。首先,通过援引涉及关税及贸易总协定(GATT)第 20 条的案例来确定 GATS 第 14 条相关条款的含义,为解决未来涉及服务贸易的争端具有参考价值。其次,以"所必需的"这一要件的考查,不仅要考查相关措施与贸易自由化的相符程度,还应着力考查要实现的公共道德等公共政策目标,从有关措施实现相关政策目标的"可行性"与"相关性"入手来审查"必要性"。而在本案中,上诉机构推翻专家组关于美国基于 GATS 第 14 条不能免责的结论,也是维护了美国相关公共政策目标的实现权利。

② 中国集成电路增值税案

案情介绍

2003 年 10 月,美国半导体工业协会(Semiconductor Industry Association,简称 SIA)声称,虽然中国政府对进口和在中国国内生产的半导体和集成电路产品均征收

17％的增值税,但中国对其国内生产的一些集成电路产品实际税负超过3％的部分即征即退,使中国生产的集成电路产品相比进口产品更具成本优势,从而构成了对进口半导体产品的歧视,违反了中国在WTO体制下所承担的义务。根据GATT第3条,WTO的成员国对于进口产品所征收的税收不得高于国内产品。而中国的集成电路产品增值税退税政策只有国内设计和生产的集成电路才能享受,进口的同类产品却不能享受,违反了GATT第3条第2款的规定。此外,SIA还推断,这种不公平增值税政策的结果是保护国内企业,这一措施也违反了GATT第3条第1款的有关规定。半导体行业竞争十分激烈,不到1％的差异都会导致一份订单的流失。因此,中国实行与WTO要求不一致的税收政策,使外国企业比中国企业多14％的税负,从而导致了外国公司产品进入中国市场困难。上述不满最终升级为中美两国政府关于集成电路增值税的贸易争议。2004年3月18日,美国政府贸易代表佐立克宣布,就中国集成电路的不公平退税政策在WTO提出磋商请求。同日,美国常驻WTO使团大使戴利向中国常驻WTO使团代表孙振宇递交了磋商请求,要求与中国就集成电路增值税退税政策进行磋商,从而正式启动了WTO争端解决程序。2004年3月26日,中国通知美国,同意就集成电路增值税退税问题进行磋商,具体磋商时间和地点,由双方通过适当途径协商确定。后双方商定,首轮磋商于2004年4月27日在瑞士日内瓦WTO总部举行。欧盟、日本和墨西哥作为第三方参加。该次磋商主要就美国问题清单中涉及中国政策的事实问题进行了澄清。双方表示,愿意通过磋商解决争议。2004年7月14日,中美双方常驻WTO大使在日内瓦正式签署了"中美关于中国集成电路增值税问题的谅解备忘录"。谅解备忘录的主要内容为:① 中国将于2004年11月1日前修改有关规定,调整国产集成电路增值税退税政策,取消"即征即退"的规定,2005年4月1日起正式实施;② 谅解备忘录签署前享受上述政策的企业及产品可继续执行"即征即退"政策直至2005年4月1日;③ 中国将于2004年9月1日前宣布取消国内设计国外加工复进口的集成电路产品增值税退税政策,2004年10月1日正式实施;④ 谅解备忘录不影响中国和美国在WTO项下的权利和义务。谅解备忘录签署后,双方向WTO履行了通报义务,而美国表示撤回在WTO争端解决机制下的申诉。

案 情 分 析

本案涉及两项措施:国内产品增值税退税政策,国内设计国外加工复进口增值税退税政策。而美国在磋商请求中,提到了中国有关集成电路产业政策的六个文件:① 2000年6月24日,国务院发布《有关软件产业和集成电路产业发展若干政策通知》(下称"第18号文");② 2000年9月22日,财政部、国家税务总局、海关总署联合发布《关于鼓励软件产业和集成电路产业发展有关税收政策问题的通知》(下称"第25号文");③ 2002年3月7日,信息产业部发布《关于集成电路设计产业及产品认定管理办法的通知》(下称"第86号文");④ 2002年10月10日,财政部、国家税务总局联合发布《关于进一步鼓励软件产业及发展税收政策的通知》(下称"第70号文");⑤ 2002年10月25日,财政部、国家税收总局联合发布《关于部分国内设计国外流片加工的集成电路产品进口税收政策的通知》（下称"第140号文"）；⑥2003年12月23日，国家税务总局发布《关于发布享受税收优惠集成电路产品名录（第一批）的通知》（下称"第1384号文"）。在这些引发争议的文件中，"第18号文"将中国境内集成电路生产企业的增值税退税政策规定为，对增值税一般纳税人销售其自产的集成电路产品（含单晶硅片），2010年前按17％的税率征税，对实际税负超过6％的部分即征即退，由企业用于开发新的集成电路和扩大再生产。"第25号文"则进一步明确了"第18号文"规定的优惠政策，并规定境内集成电路生产企业享受的增值税退税款不作为企业所得税应税收入，不予征收企业所得税，并规定可享受增值税退税政策的集成电路生产企业的认证要求与年审制度。"第86号文"对上述要求与制度进行了详细的规定。"第70号文"则是将国内集成电路产品生产企业增值税的实际税负从6％下调到了3％。"第140号文"将在国内设计在国外生产的集成电路享受的税收优惠扩展到增值税退税领域。根据该文件，国内设计并具有自主知识产权的集成电路产品，因国内无法生产，到国外流片、加工，其进口环节增值税超过6％的部分实行即征即退。同样，通过与前述国内集成电路生产企业增值税退税政策相同的认定程序，这类集成电路产品的实际进口环节增值税税率为6％，而那些没有被认定为在中国境内设计的进口集成电路产品，其进口环节的增值税税率仍为17％。因此，美国在其磋商书中指控：中国的增值税退税政策不符合中国在GATT1994第1条和第3条、中华人民共和国加入WTO议定书（WT/L/432）和GATS第17项下的义务，存在违反货物贸易的最惠国待遇原则和国民待遇原则、服务贸易的国民待遇原则和中国加入WTO的承诺等问题。

在本案中，问题主要有两个：一是由于国产集成电路产品享受增值税退税政策而使进口集成电路产品承担较高的税负，因而构成对进口集成电路产品在税收上的歧视待遇；二是在中国国内设计国外制造的集成电路产品复进口与国外集成电路产品进口环节的增值税政策上的差别待遇。服务贸易问题主要涉及后者。"第18号文"和"第25号文"的规定，"当代集成电路生产企业"只有满足：①总投资额超过80亿元人民币，②生产的集成电路产品的线宽小于0.25微米，在进口设备和原材料时，才能免征关税和进口环节增值税。对此，外商投资企业很难通过国家相关部委的认定而享受上述优惠。中国集成电路产业发展迅速，并有大量的外商投资，中国进口的集成电路产品要被征收17％的增值税，自己生产的产品却可以获得部分退税。中国在国内设计国外生产的产品也被允许享有部分退税。因此，美国认为，中国自集成电路增值税退税政策不仅直接歧视了美国产品，而且影响世界投资的流向。接下来，本文就本案所涉及的服务贸易问题进行分析，具体包括三个方面问题：一是中国有没有对集成电路设计服务作出具体承诺；二是中国的增值税退税政策的实施是否对服务贸易产生影响；三是中国的政策是否对美国的服务与服务提供者产生较不利的影响。

首先，根据GATS第17条第1款规定，对于列入减让表的部门，在遵守其中所列任何条件和资格的前提下，每一成员"在影响服务提供的所有措施方面给予任何其他成员国的服务和服务提供者的待遇，不得低于其给予本国同类服务和服务提供者的待遇"。根据该规定，WTO成员可以经过谈判，自主进行开放服务贸易市场的具体承诺。

GATS 的国民待遇原则适用于各成员国列入具体承诺表的部门及子部门,那么,如果 WTO 成员在其具体承诺表中并没有对某项服务进行开放承诺,则没有必须遵守 GATS 第 17 条国民待遇的义务。在本案中,只有当中国对集成电路设计进行了具体承诺,才有给予美国集成电路设计服务及服务提供者相应国民待遇的义务。美国在其磋商请求报告中认为,中国违反了 GATS 国民待遇原则,因为中国对于"在中国国内设计,但因技术上的原因而在境外生产的集成电路可享受部分增值税退税利益,表明中国歧视其他成员的有关服务或服务提供者"。那么,中国是否进行了集成电路设计服务的具体承诺呢?根据中国加入 WTO 时的"服务贸易具体承诺减让表",中国没有直接对集成电路设计服务进行承诺,而是对工程服务(CPC8672)进行了承诺,明确包括在减让表的第二部分 A 项(专业服务)(e)款之中。那么工程服务是否包含集成电路服务呢?和大多数 WTO 成员方一样,中国的 GATS 具体承诺表中对服务的分类是以联合国的临时中心产品分类目录为依据的。在 CPC8672 包括的子分类(CPC86725)中所包括的工业生产和程序中的工程设计服务项可能与集成电路设计服务有关,但在内容上并未直接提到集成电路设计服务。因此,中国认为自己在集成电路设计服务上并没有作出国民待遇承诺,因而不存在违反服务贸易国民待遇问题。虽然 CPC86725 中提到的"为制造设备进行的可能结合计算机技术的步骤和程序控制设计"可能与集成电路设计相关,但是否包括该项服务并无证据。而美国磋商请求书中也没有指明中国是否对集成电路设计作出了国民待遇承诺,虽然在后来的磋商中提及了"系统设计服务",但并不能证明集成电路设计属于这项服务。此外,美国也没有指明中国增值税退税政策所涉及的服务是属于 GATS 第 1 条第 2 款规定的服务贸易四种类型中的哪一种。美国方面的主张是模糊的,因此,不能根据中国加入 WTO 时的"服务贸易具体承诺减让表"来确定中国违反了国民待遇承诺。

其次,在本案中,在中国境内设计,但在国外生产的进口集成电路产品所享受的增值税退税政策确实影响了货物贸易。但影响服务贸易只是一种假设,并没有足够的证据。尽管美国认为,中国采取的这种退税政策可能导致一些集成电路生产企业选择在中国境内进行设计,以享受优惠政策,进而影响美国集成电路设计服务的出口。但这只是一种设想而已,并没有提交美国集成电路设计企业受到中国退税政策损害的证据,当然也不存在对受损害服务贸易的详细分析与论证。因为,要证明中国对国内设计、国外生产的进口集成电路产品所实施的增值税退税政策,是如何影响美国集成电路设计服务的提供以及相关服务提供者的利益,需要进行详细的市场分析与数据支持。而这种论证,即便对于美国而言,也不是一件容易做到的事。因此,中国的退税政策对服务贸易可能产生的不利影响是不确定的。

最后,根据 GATS 第 17 条,国民待遇是给予同类服务和服务提供者的。但在本案中,美国的磋商请求书中没有指出,在中国适用增值税退税政策的情况下,哪类服务或哪些服务提供者受到了歧视待遇。根据本案争议的问题推断,服务指集成电路设计,而服务的提供者则是指外国集成电路设计企业。因此,受到歧视的服务应该是跨境提供和境外消费,而提供者位于中国以外。但在实践中,WTO 的专家组在认定同类企业的时候已经不再根据服务提供方式,即四类服务提供方式(跨境提供、境外消费、商业存在和自然人流动)所提供的服务均可认定为同类服务。这样,如果案件能够进入专家组审理阶段,那么,尽管中国与美国的集成电路设计企业提供服务的方式不同,也存在各自不同的市场,中国也很难将国内的集成电路设计企业与美国的集成电路设计企业提供的集成电路设计服务认定为非同类服务。但是,由于服务贸易范围的广泛性与复杂性,就美国集成电路设计服务与中国集成电路设计服务的可比性、美国集成电路设计服务提供者与中国集成电路设计服务提供者的可比性而言,对是否为同类服务和同类服务提供者的判断也不是一件容易的事情。但如果判定为同类服务,中国对在国内设计、国外生产的进口集成电路产品给予的增值税退税的优惠政策,将会鼓励集成电路设计服务的消费者在其他条件相同的情况下,选择中国的集成电路设计服务,以在产品出口中国时获取成本优势。这种退税政策实际上为中国国内的集成电路设计服务及其提供者提供了一定的优惠待遇,对美国同类服务与同类服务提供者必然构成歧视。

案例启示

这是中国在 WTO 的第一起被起诉的案件,虽然在较短的时间内就通过磋商解决了双方的争议,并没有真正进入 WTO 争端解决程序,但是本案仍引起了国内外的广泛关注。因为即便是现在,WTO 所积累的关于服务贸易争议的案件仍比较少,很难像货物贸易一样,按照已有的实践经验来判断相关问题。所以任何关于服务贸易争议解决的实践都是值得关注的。本案对于参与 WTO 争端解决机制时日尚浅,而服务贸易规模不断扩大的中国而言,意义更大。

首先,根据"案例分析"部分所述,由于中国的增值税退税政策是直接针对产品,而非服务的,所以在判断中国是否违反 GATS 第 17 条义务方面,有些因素的判断相对容易,有些因素的判断相对困难。由于本案是磋商解决的,因此双方都没有对相关问题进行详细论证。但如果本案继续进行到专家组阶段甚至上诉阶段,则中美双方都要找到支持自己立场的法律根据和相关事实,以使专家组做出有利于自己的结论。因此,如果本案未能达成谅解,专家组会得到出怎样的结论,还取决于双方的证据力量。对中国而言,可以从程序和证据两个方面为自己辩护;而作为申诉方的美国,将需要承担比较实质性的举证责任。

其次,增值税退税政策是中国鼓励产业发展常用的优惠政策之一。但利用增值税政策达到促进国内集成电路设计服务发展的目的存在违反 WTO 规则的潜在危险。在WTO 争端解决实践中,增值税退税政策常被指控违反国民待遇和最惠国待遇。那么,中国在鼓励国内集成电路设计服务发展时,应尽可能避免采用这种敏感的增值税政策,宜采用不容易产生争议的其他优惠政策,如所得税政策、补贴等。中国自入世前就经常给予一些特定企业一定时期的所得税优惠政策,并没有成员国对此提出异议。如果中国对境内集成电路生产企业实施所得税优惠政策,则美国的指控便会失去其法律意义。由于国外的出口商不受进口国所得税制的管辖,所得税优惠政策在实践中很难被认定违反国民待遇原则。为降低违反 GATT 与 GATS 的风险,还可以将增值税退税明确为以补贴与反补贴措施协议(SCM)第 27 条认可的发展中国家的优惠待遇为基础的一种补贴,并向 WTO 的相关委员会进行通报采取这种补贴。除此之外还可以在融资便利等方面采取措施鼓励中国集成电路产业的发展。

3 美国诉墨西哥影响电信服务措施案

案情介绍

美国和墨西哥间的国际电信业务量很大,在各自的全球电信业务总量中占有较大比例。仅在国际长途电话项上,由美国呼往墨西哥的国际长途量占美国呼出的国际长途电话总量的 13%,多年来在美国呼往外国的国际电话量统计中排名第一。与众多发展中国家一样,墨西哥长期以来将电信行业作为公用事业,由一家墨西哥公司——Telmex 公司——垄断经营,基本上没有市场竞争。1994 年 1 月,美国、加拿大和墨西哥签署的北美自由贸易协定(简称 NAFTA)正式生效。根据 NAFTA,三国之间应相互开放电信市场,促进电信产业自由竞争。为此,墨西哥于 1997 年开始对电信管制体系进行了大幅度的改革。就国际长途电信服务市场而言,取消了 Telmex 公司垄断独占权,并授权多家公司用网络提供国际电信服务。但由于 Telmex 公司仍占有主要的市场地位,NAFTA 并没有让资金和技术实力雄厚的美国电信业获得预期的巨大商业利益。原因有三:一是墨西哥的电信服务商向美国电信服务商收取的互联费远远超过了在互联中实际发生的成本费率,从而使美国电信服务商的收益大幅下降。其二,墨西哥通过在长途电话规则中的"统一清算费率"和"按比例回馈"等本国政府措施,不仅抑制了墨西哥电信服务商之间的竞争,而且在事实上形成了对外的价格联盟,导致美国电信服务商的成本居高不下。最后,美国的服务提供者不能以合理的条款进入和使用墨西哥公共电信传输网络和服务,在墨西哥境内的美国公司也不能在墨西哥境内进入和使用专门的租用线路,以及将其线路与公共电信传输网络和服务或其他服务提供商的线路互联,极大阻碍了美国电信公司在墨西哥电信市场拓展业务。

2000 年 8 月 17 日,美国根据 DSU 第 4 条和 GATS 第 23 条的规定,就墨西哥政府在 GATS 项下有关基础电信和增值电信服务的承诺和义务,要求与墨西哥政府进行磋商。双方于 2000 年 10 月 10 日和 2001 年 1 月 6 日进行了两次磋商,但均未取得满意结果。2002 年 2 月 13 日,美国要求正式成立专家组。2002 年 4 月 17 日专家组成立。澳大利亚、巴西、加拿大、古巴、危地马拉、欧盟、洪都拉斯、印度、日本和尼加拉瓜作为第三方参加。2003 年 11 月 21 日,专家组提交了中期报告,2004 年 3 月 12 日完成了最终报告,并于当年 4 月 2 日散发。2004 年 6 月 1 日,美国和墨西哥经过再次磋商,正式接受了专家组 4 月 2 日提交的最终报告,并最终就本次电信服务争端达成协议。2004 年 6 月 1 日,争端解决机构(Dispute Settlement Body,简称 DSB)通过专家组报告,本案进入执行阶段。

案情分析

本案的争议涉及墨西哥国内有关提供电信服务的法律法规，以及墨西哥在WTO1997年《基础电信协议》和此后的《参考文件》项下有关服务业的WTO承诺表中对其义务的规定。墨西哥联邦电信法（Federal Telecommunications Law，简称FTL）规定，在国际电信市场上对外呼叫业务最多的运营商有完全垄断权利，来议定其他运营商在提供国际电信业务时的规定和条件，包括墨西哥国内的电信运营商和其他国际运营商。由于Telmex公司在墨西哥电信服务业的垄断地位，所以，尽管墨西哥联邦电信法允许外国投资者取得对公共电信网络的安装、运营与开发的权利，但外国电信网络与墨西哥国内电信网络的互联应根据相关利益方所签订的协议来进行，而且只有国际网关运营商才可以与外国公共电信网络直接互联以进行国际电信运输。这使得Telmex公司事实上拥有了排除外部竞争者的权力。美国认为，墨西哥电信规制对其基础电信和增值电信服务承诺的履行起阻碍作用，使美国电信服务运营商不可能按合理的、非歧视的规定和条件，进入和使用其公共电信传输网络和服务，违背了墨西哥在《参考文件》中的承诺。

首先，美国主张，在基础电信服务跨境提供方面，墨西哥没有履行它在《参考文件》中第2.1条和第2.2条的承诺。美国指出，墨西哥没有确保其境内最大的基础电信供应商Telmex公司以合理的规定、条件和以成本为基础的费率向美国基础电信供应商提供互联。墨西哥对此辩称，GATS具体承诺表中没有与《参考文件》第2条相关的具体承诺，而且《参考文件》中关于"互联"的含义都不该运用到来自国外的服务业中；即使"互联"在《参考文件》中的含义在以上情况下适用，Telemx也不算是《参考文件》第2.2条中规定的"主要供应商"；且在任何情况下，墨西哥向美国电信服务供应商提供的互联都是合理的，其费率也是以成本为基础的。但专家组通过对《参考文件》的解释和对相关市场的调查，得出以下结论：① 墨西哥在具体承诺表中承诺，会给予外国供应商自由进入墨西哥市场并租用电信设备，以提供跨境服务的权利，但是截至2002年4月，墨西哥只允许外国电信供应商以合资的形式租用电信设备并提供跨境服务，而对于非合资形式的外资企业，却仍未给予该权利。② 专家组确认Telmex公司对于本案涉及电信服务的定价具有实质性的影响力，并利用其在市场中的特殊地位，制定全墨西哥电信市场的统一价格，因此该公司确是墨西哥基础电信服务业的主要供应商。③ 专家组计算了墨西哥国内供应商和外国供应商使用电信网络的价格差异，比较了互联费用、墨西哥—美国线路的"灰色市场"价格以及其他国际线路的终端价格，并审查了国内运营商的"比例返还"程序，最终确定墨西哥规定的互联费用高于其成本价格；"比例返还"程序使美国电信供应商负担过高的成本而收益大幅受损。因此，在外国供应商与国内主要供应商进行互联时，墨西哥没能保证提供"合理的规定和条件"，违背了墨西哥在《参考文件》中第2.2条的承诺。

其次，墨西哥在《参考文件》第1条中，承诺将会采取"适当的措施来防止主要供应商进行或继续进行反垄断的行为,无论是单独的企业或是企业联合体"。美国主张,墨西哥事实上并未履行上述承诺。例如,墨西哥长途电信规则(ILD 规则)第 13 条要求,在特定的国际线路上,对外传输量最大的运营商必须与电信服务供应商协商,采取统一的安装费率,而 ILD 规则第 23 条则要求所有的运营商都服从第 13 条的规定;在 ILD 规则第 2 条第 13 款中,墨西哥要求运营商的对内传输量必须与对外传输量成特定比例。美国认为这已经构成了垄断行为。对美国的指责,墨西哥方面予以辩驳。墨西哥认为,《参考文件》中的承诺仅适用于其国内事务,美国提出质疑的 ILD 规则,实际上是促进竞争的。墨西哥指出,没有证据证明 Telemx 公司在墨西哥的国际电信服务市场上是一个"主要供应商",也就不能证明它的经营存在"反竞争行为"。专家组通过调查发现:① Telemx 公司就是市场上的"主要供应商"。与对《参考文件》第 2 条的分析类似,专家组认定 Telemx 在相关市场中对进入市场的规定拥有明显的控制能力,因而是"主要供应商"。而且,这种控制能力不仅为 Telemx 所独有,其他所有的墨西哥网关运营商也有。因此,那些既是电信服务供应商也是网关运营商的企业与 Telemx 公司一起被认定为市场上的"主要供应商"。② 一成员的国内法可能会导致歧视性行为的出现,其立法机关可能会使用法律的权力来限制竞争的范围;但是加入 GATS《参考文件》中"阻止供应商进行或继续进行反竞争行为"的条款属于国际承诺,目的就是为了限制 WTO 成员的规制权力。而且,墨西哥《参考文件》第 1 条也没有保留任何允许 WTO 成员单方面实施反竞争措施的权利。③ 尽管墨西哥认为统一定价能够避免掠夺性定价引起的价格竞争,但是并不能证明现有的竞争法无力对抗掠夺性定价行为,也不能证明如果取消 ILD 规则中的统一安装费率规定,就会引起外国投资方的掠夺性定价或其他不公平行为。但也没有证据表明,墨西哥不能采用除统一安装费率规定外的其他电信规制来对抗掠夺性定价行为。在"比例返还"体制方面,专家组认为,以法定的方式许可墨西哥电信供应商协商签订财务补偿协议,而非依靠市场自由调节电信传输来分配对内呼叫量和市场份额的方法是不能保证其公平性的。因此,统一的安装费率和比例返还体制都属于《参考文件》第 1 条中的"反竞争行为"。④ 墨西哥在电信规制中以反竞争行为作为法定行为,从逻辑上来说不能属于"适当"地"制止"反竞争行为的措施。墨西哥的这种做法与《参考文件》第 1 条是相违背的。

最后,美国主张,墨西哥没有承担其在 GATS 附录中第 5 条的义务。根据附录第 5 条,墨西哥应在基础电信服务业中,保证美国供应商自由取得并使用墨西哥的公共电信传输网络和服务。但墨西哥并没有以合理的规定和条件向美国供应商提供互联,而且美国供应商也得不到私人线路的租用权,这违背了附录第 5 条(a)款与(b)款。墨西哥则辩驳:GATS 的附录不适用于基础电信服务供给中电信传输网络的获得与使用。并且墨西哥重申它没有对跨境供应作出任何承诺,因此,墨西哥不该承担相应的义务。专家组则认为,《参考文件》第 1 条并没有特别表明基础电信服务的供应被排除在附录的适用范围之外;第 2 条(a)款指出,附录适用于 WTO 成员影响电信传输网络、服务可获得性和使用的所有措施,并没有特别指出这种影响电信传输网络、服务的措施仅限于提供某种服务或仅限于服务部门;附录第 5 条(a)款指出,"保证电信传输网络的自由获得和使用"的义务应适用于任何其他成员的服务供应商提供任何已列入减让表的服务,并没有特别指出基础电信服务的供应商应排除在外。因此,附录适用范围为所有影响公共电信传输网络的可获得性与使用的措施,包括基础电信服务的供应在内。专家组还指出,墨西哥在《参考文件》的部门承诺与减让表中都没有将商业机构跨国提供服务排除在外,因此墨西哥对商业存在的承诺中应当包括对基础电信服务的承诺,其中既包括墨西哥以商业存在的形式对外提供基础电信服务,也包括其他成员以商业存在的形式对墨西哥提供基础电信服务。而且墨西哥已经承诺允许商业机构租用电信设备提供服务,任何建立于墨西哥的商业机构都可以自由地提供本地、长途和国际电信服务。因此,墨西哥没能完成在附录第5条中的承诺。墨西哥ILD规则要求只有被授权的运营商才可以成为网关运营商并享有与外国公共电信传输网络互联的权利,而商业机构无法得到该授权。因此ILD规则对商业机构与其他国家的公共电信网络连接起阻碍作用,与墨西哥的入世承诺是不一致的。

在本案中,专家组支持了美国的大多数主张,仅否定了墨西哥违反了WTO中有关基于成本的互联互通费用、公共电信网络的接入,以及关于"非设置传输机线设备"运营商与私人出租线路互联互通的规则的主张。专家组报告建议墨西哥将措施修改为与其在GATS项下的义务一致。

案例启示

本案是第一个由WTO争端解决机制审理的关于电信服务的案例。随着全球服务贸易规模的不断扩大,世界各国的竞争与贸易摩擦将越来越多地表现在服务贸易领域。随着中国电信市场的逐步开放,中国电信服务企业将越来越多地面对在资金、技术和管理等方面都优于自己的外国电信企业的竞争。如何进行和完善与WTO规则相适应的电信服务立法,在国际电信服务争端中保护本土电信企业的成长,是摆在中国电信服务业面前的重大课题。而本案必将对中国电信服务业立法和未来处理国际电信服务纠纷有重大意义。

1. 电信服务业的特殊性

在WTO的法律文件中,对电信服务业的承诺十分特殊。大多数的服务业均以具体承诺的方式,要求各缔约方在规定时日内进行某种程度的市场开放或规制建立。而电信服务业只给出了参考文件,而对参考文件的不同理解正是引发本次争端的重要原因。另外,根据WTO的规则,一旦对协定作出修改或解释,其影响范围不仅限于争端的双方或其他相关利益方,而是上升到多边范围内,被所有参与此协定的成员接受。美国正是希望通过WTO的争端解决机制对《参考文件》作出解释,进而影响多边范围内电信服务贸易的义务。

2. 电信服务业"反竞争行为"的界定

通常来说,反竞争行为表现为不正当竞争行为、限制竞争行为、垄断行为等。《参考文件》规定,反竞争行为包括不向竞争者提供必要的设施(互联互通方面)、交叉补贴、垂直价格挤压、掠夺式定价、使用错误信息、锁定用户、捆绑销售、不公平差别对待和滥用知识产权等。本案的焦点之一就是如果一种行为属于政府的法定行为,那么该行为也可以算做"反竞争行为"。本案专家组报告指出,加入 GATS《参考文件》中阻止供应商进行或继续进行"反竞争行为"的条款属于国际承诺,其目的是为了限制 WTO 成员的规制权力。这就说明一成员的国内法可能会导致歧视性行为的出现,即使是成员国内的法定行为,也有可能是"反竞争行为"。因此,成员在《参考文件》中作出的承诺是应该对其他所有 WTO 成员履行的义务,"一成员的国内法中关于主要供应商的要求不能与该成员在《参考文件》中'防止主要供应商进行反竞争行为'的国际承诺相违背"。

3. 美国在本案中的意图

美国在电信服务领域拥有强大的竞争力,为美国电信企业开拓更大的市场是美国政府义不容辞的责任。而利用 WTO 争端解决机制打破其他国家的贸易壁垒,也是美国惯用的做法。但在本案中,美国还有更深一层的意图。与货物贸易不同,服务贸易的规则相对不成熟,GATS 的文本中并没有多少具有约束力的一般性规则,服务贸易的开放主要体现在各成员就国民待遇和市场准入的具体减让承诺上,而且这些具体承诺都是只针对作出承诺的个别成员的,不具有普遍性。电信服务则有所不同,《基础电信协议》中包含的《参考文件》是一个对所有成员都具有约束力的文件,而该文件对确保各成员开放电信服务市场又具有重要的意义。如果能够对该文件进行有利于自己的更精确的法律阐释,那对今后以此来促使各成员更大地开放电信市场,将是十分主动的。显然,美国通过这一争端案件,已经实现了这一目的。本案的主要争议均集中在对《参考文件》的解释上,特别是对反竞争行为的解释上,这有助于美国打开那些尚未实行电信市场化改革的国家的市场。也就是说,将来如果中国与美国发生同类国际电信服务争端,这些解释将成为解决争端的重要依据。

4 美国诉印度违反 TRIPS 协议案

案情介绍

在印度独立以后的相当长的时间内,印度制药业市场份额和所有权的 90% 以上仍掌握在外国公司手中。为了培育民族医药业、维护国民健康,印度政府采取了一系列鼓励民族医药业发展的政策措施。其中,1970 年的印度专利法的第五节,确认了程序专利(给予某一制造合成药物的程序以专利),但并未确认产品专利(给予产品自身以专利),即对于食品、药品的物质不授予专利,仅对制造方法授予专利。这鼓励了印度地方公司以发展自身流程继而进行批量药品生产的方式制造仿造药品,以便促进医药的进口替代。1994年,在世界贸易组织成员国商讨签署《与贸易有关的知识产权协定》(TRIPS)的时候,印度的医药界人士就对TRIPS对印度的影响进行了评估。印度药品制造商协会(IDMA)1994年称TRIPS将导致药品价格上涨5到20倍。因此,印度政府对TRIPS协议也有一些保留,但它仍签署了这份协议,主要是权衡考虑乌拉圭回合谈判结果的全部协议还是有利于印度利益的。与此同时,印度也意识到从1970年开始实施的专利法必须根据TRIPS规则进行调整,由于当时印度议会休会,总统便颁布了《1994年专利(修订)条例》,以临时适应TRIPS的要求。1995年3月,印度临时适用的行政条例到期失效,而永久条例又因议会被解散而没有建立起来,由此形成的对知识产权保护不力造成了印度与一些发达国家(如美国)的矛盾。

1996年7月2日,美国依据《关于争端解决规则与程序的谅解》(Understanding on Rules and Procedures Governing the Settlement of Dispute,简称DSU)第4条和TRIPS第64条要求与印度进行磋商,理由是印度没有给予药品和农用化学产品专利保护,违反了根据TRIPS应承担的义务。1996年7月27日,美、印双方举行了磋商,但未能达成一致。11月7日,美国要求争端解决机制(DSB)成立专家组以审查它所提交的事宜。1997年2月5日,由三人组成的专家组成立。1997年6月27日,专家组做出了临时报告并分发给各方,报告认为印度违反了其承担的TRIPS第63条第1款和第2款、第70条第8款和第9款的义务。1997年10月15日,印度向DSB提起上诉,并于10月27日提交了上诉报告。1997年11月14日,美国和欧盟也分别提交了被诉方材料和第三方材料。同日,上诉庭举行了口头听证会,在会上双方及第三方均阐述了自己的理由并回答了相关提问。在分析听证会上各方提出问题的基础上,上诉庭于1997年12月19日公布了终局报告,推翻了专家组关于印度违反了TRIPS第63条第1款、第2款的调查结论,同时维持了专家组关于印度违反了TRIPS第70条第8款和第9款的调查结论。1998年1月16日,DSB通过了上诉庭的报告以及经修改的专家组报告。1999年4月28日,印度通告了它执行专家组报告的情况,宣布已经通过立法建立了专家组建议的保护机制。

案情分析

本案主要涉及TRIPS第27条、第六部分对药品和农用化工产品特别规定的"过渡性安排",以及第70条第8款和第9款对过渡性安排的限制性规定。根据TRIPS第27条规定,除了某些例外或条件,对一切技术领域内具有新颖性和创造性,并能付诸工业应用的任何发明,不论是产品还是方法,均有可能获得专利。而且,专利的保护和专利权的享有,不能因发明地点、技术领域、产品是进口或在本地制造而有任何歧视。成员可以为了保护公共秩序或公德,包括保护人类、动物或植物的生命和健康,或者为了避免对环境的严重破坏,不授予某些发明以专利权;并且可以制止这类发明在其领域内进行商业性使用,只要这种排除并非仅由于该成员的域内法律禁止该发明的使用。此外,各成员还可对以下各项授予专利:① 为人类或动物的治疗所用的诊断方法、治疗方法和外科手术方法;② 植物和动物(不包括微生物)以及生产植物或动物的主要是生物的方法。考虑到 TRIPS 在产品专利保护方面有许多超前保护的内容,对发展中国家成员的执行有可能构成一定的困难,TRIPS 协议在第六部分对药品和农用化工产品特别规定了"过渡性安排":如果一个发展中国家成员根据 TRIPS 规定必须扩大其产品专利保护的技术领域,那么它在该技术领域适用 TRIPS 第二部分关于专利保护的规定可再延迟 5 年,即一共可延迟 10 年在该技术领域适用 TRIPS 关于专利保护的规定。但是,如果在《建立世界贸易组织协定》生效之日(1995 年 1 月 1 日),某成员尚未在医药化工产品及农用化工产品的专利保护方面,符合协定第 27 条(专利保护的客体)规定的义务,那么,即使该成员属于可以享受协定第六部分过渡性安排的发展中国家,他也应根据协定第 70 条第 8 款和第 9 款建立所谓的"邮箱制度"和可授予"独占销售权的制度"。TRIPS 第 70 条第 8 款规定:如果在《建立世界贸易组织协定》生效之日,某成员尚未在医药化工产品及农用化工产品的专利保护方面,符合本协定第 27 条(专利保护的客体)规定的义务,则不论协定第六部分(过渡性安排)如何规定,该成员均应自《建立世界贸易组织协定》生效之日起制定使上述发明的专利申请案可以提交的措施。根据这一规定,对于那些原先专利制度不保护药品和农业化学产品的成员,即使根据协定"过渡性安排"可以延迟承担授予这些产品专利的义务,但也应在 1995 年 1 月 1 日建立一个"邮箱",存放这方面的专利申请,并保证存放中的申请不会丧失新颖性。一旦这些国家的专利法开始保护药品和农用化学产品,存放在邮箱中的专利申请就可以立即进入专利审查阶段。TRIPS 第 70 条第 9 款规定:对于已由其一成员批准专利并且已在该成员国内销售的药品和农用化学产品,其他成员均应授予其在本国境内的"独占销售权",而不管该成员是否根据协定"过渡性安排"尚不承担授予这些产品专利的义务。TRIPS 规定"独占销售权"的期限是获得市场准入后 5 年,或是持续到该产品的专利申请被授予或被驳回之日,两期限以较短的为准。印度正好属于必须在过渡期内建立这两项制度的发展中国家成员。

由于在 WTO 协定生效时正值印度国会休会。因此,为履行 TRIPS 第 70 条第 8 款和第 9 款项下的义务,根据印度宪法第 123 条,印度总统于 1994 年 12 月 31 日发布了专利(修正)条例,在原专利法中加入保护食品、药品和农用化学产品的发明的内容,明确规定这些产品发明可向专利机关提交专利申请,并且规定了随后专利机关的审查程序以及建立一种制度授予这些产品独占销售权。同时,将这一条例通知了 WTO 的与贸易有关的知识产权理事会。然而,根据印度宪法,总统的上述临时行为在国会复会后 6 个星期到期。因此,随着 1995 年春印度国会复会,该临时条例在 1995 年 3 月 26 日失效。在国会复会以后,为能继续实施该条例,印度政府于 1995 年 3 月向国会提交修正案,但 1996 年 5 月 20 日国会被解散,专利法修正案也随之搁浅。在上述期间,印度从未向外界(包括知识产权理事会)宣布过该专利修正条例的有效期。由于印度最终未建立"邮箱制度"以及可授予"独占销售权"的制度,美国和欧盟先后向 DSB 提起争端解决要求,认为印度违反了 TRIPS 第 70 条第 8 款和第 9 款的义务。

在本案的审理过程中,专家组的报告对 TRIPS 第 70 条第 8 款的"邮箱制度"和第 9 款"独占销售权的制度"都作了进一步的阐释,有一定的指导意义。印度引用了 TRIPS

第1条第1款（成员有自由确定以其域内法律制度及实践实施本协定的恰当方式）和第70条第8款（1）项（根据印度的观点，该条没有规定必须选择特定的方式予以实施），认为成员可以自由决定本国提交"邮箱申请"的方式。由于通过法令及议会法案的方式加以规定均未取得成功，所以印度最后决定通过行政手段来解决，即命令专利局继续接受涉及医药和农用化学产品的发明专利申请并单独加以保存，以满足TRIPS第70条第8款的要求。而事实上从1995年1月1日至1997年2月15日，印度专利局一共接受了1 339件此类邮箱申请。这充分说明印度当时规定的提交申请的方式已经符合"邮箱申请"制度所有必须符合的条件。在这个问题上，专家组认为知识产权制度中程序必须具有一定的可预见性，以使成员能够作出合理的预测以及正确的贸易和投资决定，因此专家组最终认同了美国的观点，认为印度确实有义务于1995年1月1日后采取法律手段实施TRIPS第70条第8款，这样才能消除任何可能的对于邮箱申请是否会被驳回，以及基于邮箱申请授予的专利权是否会被宣告无效的猜疑。同时，专家组还指出，按照印度1970年的专利法第15条第2款，任何医药或农用化学产品的专利申请由于缺乏可专利性，应由印度专利局予以驳回。而通过行政手段建立的"邮箱申请"制度显然与专利法的上述规定冲突，因此这种"邮箱"制度的法律效力是不稳定的，这就不能保障提交申请的其他成员国民的利益。

在本案中，印美双方关于第70条第9款"独占销售权"制度的争论焦点是实施该条款的时间，以及"独占销售权"的范围。印度认为其没有违反该条款的义务，理由是：第一，印度尚未收到任何要求"独占销售权"的申请，所以也未曾驳回任何要求这一权利的申请；第二，考虑到就药物化学产品获得专利权和市场准许所必需的时间，还需要有几年的时间才会有人真正需要获得这项权利，所以印度目前没有必要建立"独占销售权制度"；第三，由于第70条第9款要求成员授予"独占销售权"的期限最多不超过5年，所以，成员只需在2000年1月1日之后建立该项制度。因为除非"独占销售权"的期限届满以后紧接着便得到专利权，否则获得5年的"独占销售权"没有任何商业价值。例如，假如药品的发明人于1997年获得"独占销售权"，并使该产品在印度广为人知以及广为应用，则在2002年"独占销售权"期限届满时，其竞争者便可以自由经营该产品，而直到2005年发明人才可能作为专利权人禁止该未经许可的经营行为。专家组没有采纳印度的上述观点。首先，专家组认为是否需要建立"独占销售权"制度与是否实际存在此类请求无关，问题在于如果印度不明确地将这项制度规定在法律中，其他成员便不能作出合理的预测。其次，针对印度提出的"还需要有几年才会有人真正需要获得这一权利"的观点，专家组举出了美国ELI.LILLY公司的例子。该公司于1995年1月1日之后在美国就两个药物产品获得了专利权和市场准入。之后，该公司开始考虑是否在印度申请"独占销售权"，于是，向美国政府要求获得有关程序的信息，但由于不知晓印度的制度中是否包括相关程序，美国政府表示无能为力。最后，针对印度的第三个观点，美国方面认为，对于任何其他公司而言，在"独占销售权"届满后，专利权获得之前经营该产品是毫无意义的。因为如果其在2002年开始经营，却要在2005年停止经营，将会付出更大的代价。专家组采纳了美国的观点。针对双方关于TRIPS第70条第9款的争议,专家组总结说:第70条第9款的义务与TRIPS的其他义务一样,都要求印度改变相关法律。因为如果印度不建立这样的制度,其他成员的国民即使有意也不可能申请这项权利,当然也就不会因为确信可以获得这一权利而采取任何贸易措施。

案例启示

作为发展中国家,在面对知识产权保护问题时往往处于两难境地:一方面,作为世界贸易组织的成员,国内的法律与世界贸易组织的规则必须一致,这是成员的基本义务。成员国的国内法律、法规确实是该国国内的事情,但"尺寸"却要由世界贸易组织来规范。另一方面,法制、法规的变革和政策的调整又必然会影响国内的某些经济利益和社会利益。1975年,当时的印度总理英迪拉·甘地曾经说过,"医疗发明将不设专利权,生死之间不能牟利"。当时印度担心特许权使用费的支付和产品价格的上升会提高药品的成本,使得穷人无法承担就医的费用。有些国家,如美国,为了保护知识产权,不惜将其与国际贸易结合、挂钩,对违背知识产权保护的国家进行交叉报复,即对知识产权保护的问题用限制贸易来报复。世界贸易组织有关知识产权保护的案件,尤其是涉及关系人们生计的医药化工产品、农用化工产品的知识产权的诉讼,申诉方几乎都是发达国家,而被告则几乎清一色是发展中国家。

作为发展中国家,较高程度的知识产权保护将提高它们维持人们健康(医药化工产品),甚至维持温饱(农用化肥产品)的成本,因此大多对于知识产权保护持有一定的保留态度。中美1992年达成的知识产权谅解备忘录,1993年中国的医药、化工所进行的知识产权保护的行政规定,已经基本达到了世贸组织有关规定的保护水平。但是,由于世界科技水平的高速发展,世界经济形势的不断变化,知识产权保护也随之不断变化,不仅有新问题产生,老问题也在以各种不同的方式不断重现,也使中国在入世十年后的知识产权保护方面,仍然存在很多矛盾。中国知识产权保护体系的建立只用了十几年,走完了一些国家几十年要走的路,但该体系和WTO的冲突仍大量存在。因此,印度的问题也是当今中国正面临的问题,即如何调整知识产权法律体系,使制度层面的冲突降到最低,并减少与知识产权有关的贸易纠纷。知识产权保护问题是中国对外经济贸易中的老大难问题,一方面要调整与完善中国的知识产权保护法律体系,使之与WTO体系尽可能一致;另一方面,要尽可能降低这种调整在经济上对不同层面或不同行业产生的负面影响。

5 加拿大专利保护期案例

案情介绍

1999年5月6日,美国根据WTO《关于争端解决规则与程序的谅解》(DSU)中的相关规定,就加拿大现行《专利法》第 45 条未能按《与贸易有关的知识产权协定》(简称 TRIPS)的要求为专利权提供最低保护期的问题,要求与加拿大进行磋商。但双方经磋商未果。于是,美国于 1999 年 6 月 15 日向 WTO 争端解决机构(DSB)提出了申请,要求成立专家组对争端进行调查和审理。

美国认为,按照 TRIPS 第 65 条的规定,所有发达国家包括加拿大,应于 1996 年 1 月 1 日起开始实施其在 TRPIS 协定项下的各项义务。根据 TRIPS 第 33 条和第 70 条的要求,WTO 各成员方自 TRIPS 实施之日起,应对在 TRIPS 实施之日所有尚存续的专利给予最低保护期——保护期自专利提交之日起不少于 20 年。然而,根据加拿大现行《专利法》第 45 条的规定,凡在 1989 年以前申请并获取的专利权,其保护期限为自专利权授予之日起 17 年。美国认为,自专利权授予之日起保护 17 年与自专利申请提交之日起保护 20 年是两个完全不同的概念。因为按照加拿大现行《专利法》第 45 条的规定,凡在 1989 年以前申请并获取的专利权,其保护期限为自专利权授予之日起 17 年,这显然与至少 20 年保护期的要求相违背。因此,加拿大现行专利法第 45 条与 TRIPS 第 33 条和第 70 条规定的各成员方应当承担的义务是不一致的。由于加拿大未能履行 TRIPS 项下的义务,给许多在加拿大境内获取专利权的美国拥有者造成了巨大的损失。据美国统计,在加拿大境内提交的专利申请中有近 50% 来自美国的申请人,而且约有 33 000 多美国专利权拥有者享有的专利保护期不足 20 年。

根据美国的要求,DSB 受理了此案,并于 1999 年 9 月成立了专家组对该案进行调查和审理。1999 年 10 月 22 日,美国向争端解决机构提交了申请,要求按《关于争端解决规则与程序的谅解》第 49 条的规定加速对本案的调查和审理。专家组接受了该申请,并制定了审理该案的最短期限,表示在美国和加拿大双方进行实质性会谈后尽快提出专家组报告。专家组报告于 2000 年 5 月 2 日发布,裁定加拿大《专利法》第 45 条违反了加拿大据 TRIPS 的相关义务。2000 年 6 月 19 日,加拿大对专家组报告提出上诉。2000 年 9 月 18 日上诉庭发布上诉报告,维持了专家组的裁定和结论。2000 年 10 月 12 日,争端解决机构通过了专家组报告和上诉机构报告。

案情分析

本案的争端起源于加拿大《专利法》第 45 条。该条规定:除第 46 条规定外,1989 年 10 月 1 日前提起的专利申请,授予的专利期是自授予之日起的 17 年。加拿大《专利法》第 45 条的根本性内容,是在 1986 年 11 月 6 日国会 C-22 法案第一次加入的。1987 年 11 月 17 日,由"专利法修改法"制定为法律。然而,为解决一些过渡性问题以及给予一定的时间适应这一新制度,大多数"现代化"的修订,包括对专利期限的修订,直至 1989 年 10 月 1 日才生效。第 45 条中提及的基准申请日期,具有从"授予起之日 17 年"制度向"申请日起 20 年"变化的过渡作用。但它并没有规定一个制度向另一制度转变的机制。C-22 法案包括另外一个过渡规定,明确规定该法适用于基准日前的申请。这一规则体现在法案的第 27 条:在第 33 条第 1 款所指的本法规定(包括 17 年期限的规定)生效前提出的专利申请,应据这些规定生效前的专利法处理。适用于这些申请的法律,通常称为"旧法"。对在 1989 年 10 月 1 日前提出的申请授予的专利,称为"旧法专利"。对在 1989 年 10 月 1 日或在此之后提出的申请所授予的专利,称为"新法专利"。根据争端方提出的主张,本案争端具体只涉及满足下列情况的加拿大专利:① 提起专利申请是在 1989 年 10 月 1 日之前;② 在提起申请后 3 年内授予的旧法专利,1992 年 10 月 1 日后授予的旧法专利不包括在内;③ 1996 年 1 月 1 日生效现在仍有效的旧法专利,不包括 1979 年 1 月 1 日前授予的所有专利。

本案主要涉及 TRIPS 第 33 条、第 41 条、第 62 条和第 70 条。本案涉及对专利的保护期限和受保护客体两大方面。

对于专利的保护期限问题。美国认为,根据 TRIPS 第 33 条,加拿大对所有的旧法专利提供最低的保护期,应自申请之日起不少于 20 年。美国主张,加拿大《专利法》规定的授予日起算的 17 年的保护期与 TRIPS 第 33 条不相符,因为旧法专利经常在申请之日起的 20 年之前到期。加拿大提出,《专利法》第 45 条与 TRIPS 第 33 条是一致的,旧法专利授予的"专有特权和财产权"的 17 年的"有效"保护,与 TRIPS 第 33 条提供的"专有权和财产权"的期限是"等同的或更高的"。加拿大提出这一主张是基于这样的事实:在保护期是从申请日开始计算时(如第 33 条的情况),从申请日到专利授予日的期限必然减损专利保护期。由于申请日和授予日之间的期限在加拿大平均是 5 年,因而专利权人据申请之日起 20 年的保护期制度只享有 15 年的"专有特权和财产权",而加拿大专利法却成功地为专利权人提供了 17 年的专有特权和财产权的保护。而且,假设权利人交纳维持费,那么 1989 年 10 月 1 日前提出的申请所授予的,并在 1996 年 1 月 1 日(TRIPS 对加拿大适用日)仍存在的专利中,60% 以上的旧法专利在申请之日起 20 年期限届满前不会终止。对于美加上述争端,专家组在审理过程中,支持了美国的主张,并在专家组报告中裁定加拿大《专利法》第 45 条与 TRIPS 第 33 条不符。首先,专家组引用了 TRIPS 第 33 条的条文。TRIPS 第 33 条要求成员提供自申请之日起不早于 20 年终止的专利保护期。"不早于"一词的使用表明,从申请日起的 20 年期限是成员提供的最低保护期。对第 33 条的这种解释,获得了调整版权、商标、工业设计、集成电路的外观设计的保护期的最低标准用语的支持,这些用语分别使用了"不低于 50 年"、"不低于 7 年"、"至少 10 年"和"从申请注册之日起 10 年期届满前不终止"。将 TRIPS 第 33 条解释为保护期届满的最低标准,也为 TRIPS 第 1 条第 1 款所证明,该款构成了 TRIPS 第 33 条上下文的一部分。"成员可以但没有义务在其国内法中实施比本协议要求的更广泛的保护。"专家组指出,TRIPS 第 1 条第 1 款确认 TRIPS 在知识产权保护方面,是一个最低标准协议。根据这一条款,成员可以但没有义务实施更严格的保护标准,只要该措施不与 TRIPS 的规定相冲突。这意味着,成员应赋予 TRIPS 第 33 条以更高效力:对专利提供不低于从申请之日起 20 年的保护期的义务。而且,即使只有一件专利在申请之日起 20 年前届满,加拿大专利法第 45 条也被视为与 TRIPS 第 33 条不符。其次,加拿大将 TRIPS 第 33 条的用语解释为"有效"保护,要求条约的解释者加入条文中没有的用语,与"解释应首先根据条约条文"的规则相违背。虽然加拿大主张可以根据 TRIPS 第 1 条第 1 款授予成员自由,在国内的法律制度和程序内确定实施协议的适当方法,从而维持从授予之日起的 17 年的保护期。本案中相关的"协议规定"只要求可变的有效保护期,而这一期限可以通过结合 TRIPS 第 33 条和第 62 条第 2 款的解释确定,取代了与开始日或届满日有关的义务。但是,TRIPS 第 33 条含有最早的专利届满日的义务,而 TRIPS 第 62 条第 2 款含有独立的禁止导致不合理削弱保护期的程序义务。专家组承认,这两项规定的条文允许某种削弱。TRIPS 第 1 条第 1 款给予了成员确定适当的方法实施这两项具体要求的自由,但这种自由不是无视任一要求,实施有关有效保护期限的另外的假定义务。最后,TRIPS 第 62 条第 2 款也不支持加拿大提出的可变的有效保护期的主张。TRIPS 第 62 条第 2 款只涉及知识产权权利的获得和授予或注册程序,这些都是指保护期限的开始而不是届满日。该条款承认较晚的开始日会产生对期限的某种削弱,但却不是这一期限内任何其他时间(包括届满日)的期限缩短。因而,专家组裁定,加拿大基于期限的"等同"所提出的抗辩不改变加拿大《专利法》第 45 条与 TRIPS 第 33 条不符的裁定。

关于受保护的客体问题。美国主张,TRIPS 第 70 条第 2 款的简明语言,要求加拿大将其据 TRIPS 的义务适用于 1996 年 1 月 1 日存在的所有专利发明。加拿大则主张,1996 年 1 月 1 日之前根据专利委员会的行政"行为"授予的旧法专利不受 TRIPS 义务的约束,其依据是 TRIPS 第 70 条第 1 款规定的非追溯适用原则。加拿大依据这样的事实:专利,不同于保护的客体产生于两个行为——提交申请的行为和发布专利的行为——在旧法专利的情况下,这两个行为都发生在 TRIPS 适用日之前;因而为第 70 条第 1 款所包括。美国也指出,"行为"一词可包括授予专利的"行为",这些行为发生于 1996 年前时,不受 TRIPS 义务的约束。"行为"一词的通常含义是"做过的事",用于 TRIPS 第 70 条第 1 款时,可包括第三方的行为。从广义来看,"行为"也可指 TRIPS 第 58 条反映的成员主管当局的行为。加拿大还主张,TRIPS 第 70 条第 2 款不适用,因为 TRIPS 第 70 条第 1 款是一个但书条款,"协议另有规定的"优先于 TRIPS 第 70 条第 2 款。加拿大声称,即使可授予专利的客体被定义为满足 TRIPS 第 27 条规定的标准的发明,在协议适用日存在的发明有权享有协议的义务的利益,也受到 TRIPS 第 70 条第 2 款开头部分"除非另有规定"所含限制的约束。"另有规定"是指 TRIPS 第 70 条第 1 款,并使 TRIPS 第 70 条第 2 款在本争端中无效。但是,专家组报告仍支持了美国的主张。首先,专家组引用了 TRIPS 第 70 条第 2 款的条文。专家组指出,TRIPS 第 70 条第 2 款引起了在该协议适用日存在的所有的"客体"方面的义务。在第 70 条第 2 款中,"客体"一词后紧接"受保护的"一词。虽然"客体"一词在协议中没有定义,但用于协议第二部分第 1 节至第 7 节中不同的小标题和条款,其前面或后面都有"受保护的"或其变形"可保护的"、"保护",来描述"客体"能或应"受保护"。争端方对本案涉及专利没有争议,相关的条款规定于 TRIPS 第二部分第 5 节:"可以获得专利的客体"是发明。而新颖性、创造性和实用性是发明获得保护的要求;专利是保护的相关形式。这一观点也被协议第二部分涉及其他客体的其他条款从上下文方面所确认。专家组认为,"客体"一词指具体的"物质"(material),包括文学艺术作品、设计、地理标志、工业设计、发明、集成电路的外观设计和未披露的信息,如果满足了第二部分的相关要求,即获得第 1 节至第 7 节规定的相应的知识产权形式的保护。专家组因而裁定,第 70 条第 2 款中提及 TRIPS 适用日"受保护的客体"包括 1996 年 1 月 1 日在加拿大受专利保护的"发明"。专家组也裁定美国初步确立第 70 条第 2 款适用于旧法专利所保护的发明。专家组认为,对本案而言,没有必要决定"行为"的含义的广义观点是否正确,因为即使用于第 70 条第 1 款中的"行为"包括专利委员会授予专利的行政行为,仍然与第 70 条第 2 款中使用的"受保护的客体"存在不同。即使第 70 条第 1 款可以从 TRIPS 的范围中排除 1996 年 1 月 1 日前授予专利的行政行为,也不能基于这一事实,得出第 70 条第 1 款的非追溯原则调整 1996 年 1 月 1 日存在的旧法专利保护的发明的结论。因此,专家组确认,TRIPS 第 70 条第 2 款,而不是 TRIPS 第 70 条第 1 款,适用于 1996 年 1 月 1 日旧法专利保护的发明。其次,专家组认为"行为"和"客体"是不同的概念,有不同的含义。第 70 条第 1 款中使用的"行为"仅指协议适用日前的没有联系的行为,而不指适用协议的随后行为,包括协议适用日没有停止存在的情形,因此第 70 条第 1 款和第 2 款之间没有不一致处。第 70 条第 1 款并不属于这一例外,并不使第 70 条第 2 款无效。因此,专家组不同意第 70 条第 2 款"除非本协议另有规定"可以解释为指第 70 条第 1 款。最后,在专家组看来,成员应遵循 TRIPS 规定的所有相关义务,包括第二部分第 5 节中的义务,这些义务要求成员对协议适用日"受到保护的现有客体"提供与第 33 条规定的要求一致的专利保护期。第 5 节的条文或上下文的理解也不支持这样的概念:一种义务可以与授予权利人的专利相独立,或该成员不必遵循与它们相关的 TRIPS 义务。TRIPS 适用日有效的专利的持有人,对协议规定的所有权利,有权获得与第 33 条的要求一致的期限的保护。专家组的解释被 TRIPS 脚注 3 所确认,该脚注构成了第 70 条第 2 款的整个上下文的一部分。基于上述理由,专家组裁定加拿大应将第 33 条的义务适用于旧法专利保护的发明。

案例启示

TRPIS 是乌拉圭回合谈判中达成的一项新的重要协定。该协定为 WTO 全体成员制定了一系列统一的知识产权保护的最低标准,其目的在于协调成员的知识产权政策与立法,从而进一步加强对知识产权的法律保护。本案属于 WTO 成员之间在贯彻实施 TRPIS 过程中产生的纠纷。

首先,从本案可以看出包括 TRIPS 在内的 WTO 法律制度本身具有一定的模糊性和原则性,这为各国从其自身利益出发进行有利自身的解释和适用提供了条件,同时也容易滋生国际争端。这些争端不仅发生在发达国家和发展中国家之间,而且在发达国家之间也时有发生。但是,TRIPS 毕竟在知识产权保护方面提供了一整套新颖的国际标准,开辟了知识产权的新领域,扩大了保护范围,而且协议争端解决机制趋于便捷、严厉。

其次,作为争端方的美国和加拿大都是发达国家,并且都是中国重要的贸易伙伴,也是在对外贸易中与中国发生知识产权保护问题较复杂、涉案较多的两大市场。通过本案,可以比较清楚地了解美国和加拿大对 TRIPS 规则的理解,以及 WTO 专家组对

TRIPS 相关规则的解释和争端的裁决,这对中国将来处理与美国和加拿大贸易中的知识产权争端,维护自己的合理权益具有非常重要的意义。

最后,由于协议植入了原 GATT 的争端解决机制,适用 WTO 的争端解决机制(DSU),使得与协议有关的争端可以通过专家组和上诉机构加以解决,使交叉报复成为各成员维护其权利的有力武器,这大大提高了解决纠纷的效率。本案的顺利解决体现了 TRIPS 争端解决机制的优越性。同时,由于协定为成员国提供了解决争端的机制和平台,一定程度上有效地抑制了发达国家在国际贸易中的霸权行为(如美国经常使用"特别 301 条款"、"超级 301 条款"制裁别国),为减少国际贸易的摩擦和促进国际贸易的发展起了推动作用。

6　欧盟诉美国版权法案

案情介绍

1998 年 10 月,美国通过了《版权保护期限延长法》(Copyright Term Extension Act)以及《音乐作品许可合理使用法》(Fairness in Music Licensing Act),并作为版权法的修订法。根据这些修订法,美国版权法规定的版权保护期限延长为作者有生之年加死后 70 年,从而与欧洲的标准相同。导致欧盟与美国发生争端的是《音乐作品许可合理使用法》(修订后版权法的 110 条第 5 款)的规定。该规定把美国此前的相关判例直接规定为制定法的内容,从而将小企业对电台、电视台播放的音乐作品向公众播放的行为给予免责。现行的美国版权法是 1976 年制定的,1998 年 1 月美国国会又制定了《音乐作品许可制度下的合理使用法》部分修改了 1976 年的版权法,并于 1999 年 1 月 26 日生效。修改后的美国版权法生效的同一天,欧盟及其成员国依据 DSU 第 4 条和 TRIPS 第 64 条第 1 款向美国提出了有关美国修改后版权法的磋商请求。由于欧盟与美国在 60 天的磋商期中没有取得成功,欧盟遂要求指定专家组作出裁决,从而启动了由 DSB 专家组就双方争议作出裁决的程序。2000 年 6 月,WTO 争端工作组公布最终报告,对欧盟起诉美国有关美国版权法修订内容违反 TRIPS 协定以及伯尔尼公约一案作出了不利于美国的裁决,并建议美国将其法律规定与其根据国际法所承担的义务保持一致。WTO 仲裁小组确定的赔偿金额是每年 110 万美元,欧盟可以通过贸易制裁的方式来强制执行的。该争议在 2003 年暂时得到解决,美国同意向欧盟的表演权协会支付三年的赔偿金,并将修改版权法第 110 条第 5 款(B)项,以遵守 WTO 的裁决。

案情分析

本案中,双方争议涉及的是经修改后的美国版权法第 110 条第 5 款。美国版权法

第 106 条规定了作者对其作品享有排他性的权利,包括向公众表演或展示其作品的权利。同时,第 106 条又规定了这些排他性权利受第 110 条的制约,而第 110 条第 5 款分别规定了"家用型例外"和"商业例外"两种情况。在这两种例外情况下使用受版权保护的作品不构成对版权者在第 106 条项下拥有的权利的侵犯,无须经得版权者授权,不用向版权者支付报酬。① "家用型例外":公众收听收看时,使用私人家庭中普遍使用的单一接收器传送的作品的演出或展示的广播节目,但下述情况除外——(A)对收听、收看广播节目直接收费;(B)将接收到的广播节目再向公众转播;② "商业例外"(美国版权法 1998 年修改后新增的条款):由商业店铺传送的演出或展示非戏剧性音乐作品的广播或再广播,并且这种广播或再广播旨在被公众收听、收看。本案的焦点在于:美国修改后的版权法设立的两种例外情况是否符合 TRIPS 第 13 条"例外与限制"的规定,如果不符合则侵犯了 TRIPS 赋予版权所有者的排他性权利。

根据 TRIPS 第 9 条 1 款的规定,除有关作者精神权利的保护之外,《伯尔尼公约》第 1 至 21 条及附录均被纳入 TRIPS 中,约束 TRIPS 各成员。本案中,美国版权法被指侵犯版权所有者的排他性权利见诸《伯尔尼公约》第 11 条的 1~2 款和第 2 条的 1~3 款。这两款分别规定了"戏剧、歌剧和音乐作品的作者享有向公众播放其作品的"排他性权利,以及"文学与艺术作品的作者享有利用扩音器或其他类似工具,通过声音或图像、符号向公众传送其作品的广播的排他性权利",同时也规定了"暗示的小范围例外"。在本案中,专家组依据《维也纳条约法公约》的标准,分析并证明了《伯尔尼公约》中存在"暗示的小范围例外",并可以适用于公约第 11 条。该条同《伯尔尼公约》其他条款一样也通过 TRIPS 第 9 条第 1 款被纳入了 TRIPS 协议,成为 TRIPS 协议的"上下文"。TRIPS 第 13 条规定:"成员国应将对排他性权利的限制与例外局限于一定的特殊情况,并与该作品正常的利用不抵触,亦不能无理地损害权利人的合法利益。"在本案中,欧盟主张:TRIPS 第 13 条只能适用于乌拉圭回合制定的 TRIPS 条款,不适用于《伯尔尼公约》中被纳入 TRIPS 的条款,因为《伯尔尼公约》第 20 条规定成员之间可以订立特殊协议,以给予版权所有人比《伯尔尼公约》规定的更广泛的权利。TRIPS 第 13 条显然不是给予版权人更广泛的权利保护,反而降低了权利保护程度。对此,美国抗辩称:TRIPS 第 13 条应用适用于 TRIPS 的所有条款,并且这种适用没有违反的《伯尔尼公约》第 20 条和 TRIPS 第 2 条第 2 款的规定,因为这符合《伯尔尼公约》允许的"小范围例外"。对此,专家组同意了美国的观点:"小范围例外"不仅构成了《伯尔尼公约》的"上下文",而且已经纳入了 TRIPS 协议,所以只要基于 TRIPS 协议下的例外与限制符合"小范围例外"的规定,就不被认为是减损或降低了版权的保护力度。本案中,美国版权法规定"家用型例外"和"商业例外"情况下使用作品不经授权,不付报酬,这种情况显然是由 TRIPS 第 13 条管辖。只要这两个例外条款满足上述 TRIPS 第 13 条的三个条件,便可认为没有违反《伯尔尼公约》。美国还强调,美国版权法第 110 条规定了作品专有权的例外,只是让在日常生活中,为个人使用需要的人们,仅仅打开了某种在市场上随处可购得的电视或广播接收器,从而收听收看到了受版权法保护的作品的演出或展示。这种使用作品的行为的影响是如此之小且微不足道,以至于不能认为是侵权。但专家组否定了美国的主张,认为 TRIPS 第 13 条对专有权的限制与例外应作严格解释,应当包括三个条件:① 只限于特殊事例;② 与作品的正常使用不相冲突;③ 不会对权利人的合法利益造成不合理的损害。

条件一:例外限于一定的特殊情况。在本案中,专家组首先解释该条件的三个关键措词的含义。"一定的"是指虽然不要求列举出每一种可能发生的情况,但例外情况的范围必须界定清楚。"特殊的"是指在数量上和质量上的适用范围必须狭窄。它与"正常情况"相对应,体现出了"例外性"。"情况"指事实、事件和情势。"一定的特殊情况"绝不等于"特定的目的"。美国在版权法中制定的两个例外是出于公众政策目的,显然就是想把上述两者等同起来。统计数据表明,按照美国的标准,符合"商业例外"店铺所占的百分比实在太大,餐饮类店铺符合标准的最低占比高达 65% 以上,以致很难有理由认为"商业例外"规定满足上述分析的 TRIPS 第 13 条"一定的特殊情况"的要求。而"家用型例外",无论是符合家用型例外店铺的数量,最低占比仅为 13%,还是家用型接收设备的使用,以及播放广播类别都满足了 TRIPS 第 13 条第一个条件。

条件二:与作品的正常利用不抵触。专家组分析 TRIPS 第 13 条规定的第二个条件时,首先从一般意义上的条约解释角度分析了第二个条件的具体含义与适用范围。"利用"是指版权法所有者行使法律赋予他的排他性权利以获得经济利益;"正常的"意味着允许例外的存在;"作品"在此处的含义较特别。专家组分析后认为,"作品"的含义是"版权所有者享有的排他性权利"。正常利用作品的目的,在 TRIPS 中就是使得版权所有者获得经济上的报酬;"抵触",专家组认为潜在的冲突必须给予考虑。对于使用了一定的扩音设备播放音乐作品的店铺,尽管顾客没有为此而付钱,但欧盟和美国都承认这种行为给店铺带来了一定的商业利益。从单个店铺角度看,这种商业利益微不足道,但数千个这样店铺的商业利益累加起来,数量就不少了。此外,店铺使用扩音设备以使公众都能听到广播,这种行为无疑扩大了能够收听到广播的听众范围,这种行为在一定程度上已经类似于广播受版权保护的作品,而不仅仅是"用家庭中普遍使用的接收设备"(如收音机)收听广播那么简单了。这对音乐作品作者的版权经济收入构成了潜在影响。因此,"商业例外"影响了作者对作品的"正常利用"。最后专家组认定,美国版权法中的商业例外"与作品的正常利用"发生冲突,从而没有满足 TRIPS 协议的第二个条件。专家组注意到,美国众议院很好地解释了设立家用型例外的目的。此外,众议院对家用型例外在面积上的规定,以及实际满足这个要求的店铺占同类店铺的百分比都很好地表明,这种例外不与"作品的正常利用"冲突。专家组暗示,即使对店铺收取报酬,报酬的金额也是很少的。家用型例外只适用于戏剧、歌剧性质的音乐作品。在美国,这类作品不存在许可证授权使制度,从而专家组不认为家用型例外"与作品的正常利用"发生了"经济利益上的争夺",即它没有从版权所有者手中夺去所有者本来预料到应有的收入。最后,专家组认定家用型例外符合 TRIPS 第 13 条的第二个条件。

条件三:不能对权利人的合法利益造成不合理的损害。专家组认为,这个条件的关键在于认定例外条款对合法利益造成的损害至什么程度才能被称为"不合理"。结合双方争议,专家组指出,这里考虑的合法利益主要是经济上的利益,因为经济利益损失是估算出的,而精神权利的损失因为难以量化,所以不予考虑。专家组认为,判断损害是否到"不合理"程度的标准为"是否实际造成或潜在可能造成版权所者收入的不合理损失"。TRIPS 第 13 条第三个条件要求的损失评估不仅仅局限于投诉方欧盟的损失,还应包括所有成员国的损失,并且根据 GATT/WTO 以往的一贯实践,这种损失既包括实际发生的,也包括潜在可能。随后,专家组按上述标准分析了商业例外和家用型例外两种情况。对于"商业例外",美国和欧盟都举证了大量的数据以支持自己的主张,美、欧和专家组都承认"商业例外"无疑给音乐作品的版权所有者造成了经济上实际的或潜在的损失,但本案的关键在于这些损失究竟是否达到"不合理"的程度,而不是损失的具体数量。本案专家组没有囿于对这些纠缠不清的数据在事实上的查证,只是把双方的主要数据列出来,并指出,本案中美国负有最终的举证责任,证明其版权法中的商业例外符合 TRIPS 第 13 条例外条款的规定。在此处美国就应当充分举证证明,其"商业例外"没有"不合理地"给版权所有者的合法经济利益造成实际的或潜在的损害。专家组认为美国未能有效举证证明这点,所以认定美国版权法中"商业例外"的规定不符合 TRIPS 第 13 条的第三个条件。而对于"家用型例外",专家组采用了上述的在判断"家用型例外"是否满足 TRIPS 第 13 条第二个条件时的理由,并指出,从经济利益的角度考虑,无论实际的还是潜在的,都很难说"家用型例外"给版权所有人的合法(经济)利益造成了损害。从而,专家组认定美国版权法的家用型例外满足 TRIPS 第 13 条的第三个条件。

案例启示

　　任何一个国际条约都规定了例外条款,其中的原因既与立法技术有关,也与该条约规范的内容有关。其关键不在例外条款本身的规定是否合理,而在于怎样合理有效地把好例外条款的关,使之既照顾到不同缔约方在立法和文化等方面的差异与利益上的分歧,又不违背订立条约的目的与宗旨。随着对外贸易规模的不断扩大,中国要面对的知识产权保护问题已经越来越多,问题的种类与复杂程度不断加深,解决的难度也越来越大。详细了解和深入研究 WTO 争端解决机制及已有案例是熟悉解决争端国际规则的最好方式。因为,国际贸易争端的解决在绝大多数情况下,并不取决于如 TRIPS 等协议本身,而取决于对协议条款的理解与释义。本案为中国研究 TRIPS 协议第 13 条"限制与例外"条款提供了很好的资料。本案专家组对第 13 条规定的三个条件中肯的分析,无疑给 WTO 争端解决机构今后解决版权争端确立了一个范本,同时也是我们研究 TRIPS 的宝贵资料。本案有以下两点特别值得关注。

　　首先,通过本案,我们发现在知识产权争端的裁决中,实证分析非常重要。本案专家组在认定 TRIPS 第 13 条的三个标准时,就明显对美国版权法中两个例外实际适用范围的百分比和具体影响表示关注,并以此为主要理由认为商业例外不符合 TRIPS 第 13 条第一个条件"一定的特殊情况"的要求。这是由知识产权自身特性决定的,知识产权与生活、生产联系紧密,操作性较强,在解决知识产权纠纷时,必然要涉及具体的数据和事实。但是,专家组也没有囿于对数据的无尽查证与探讨。本案专家组在就两个例外是否符合 TRIPS 例外的三个条件进行个案分析之前,一定对涉及的条款进行了理论上的分析、推理与解释。理论分析加上个案数据事实探讨的方法是本次判案的特点之一,也将成为今后解决知识产权争端的方法。

其次,尽管 1995 年 12 月 WTO 和 WIPO 在日内瓦达成了一项合作协议,但到目前为止,两者的合作"比较有限",两者的一切活动仍是"各自独自的",将来具体合作在深度和广度上很难说有重大进展。而专家组的判案在 WTO 与 WIPO 合作方面有两点值得我们注意和思考。① 专家组按照 1995 年 WTO 和 WIPO 合作协议的规定,于 1999年 11 月向 WIPO 国际局(负责管理有关知识产权国际条约的日常机构)要求提供有关《伯尔尼公约》和《WIPO 版权条约 1996》的相关资料和文件,WIPO 国际局如期提供了这些资料和文件。专家组在判案中,把这些资料作为《维也纳条约法公约》规定的解释条约的"上下文"频繁使用,解决了《伯尔尼公约》中的"小范围例外",TRIPS 纳入了《伯尔尼公约》条款等一系列影响本案裁决结果的重要问题。② 专家组强调了在两个国际组织管辖下的不同国际条约的解释协调一致原则。关于《伯尔尼公约》和 TRIPS 协议,专家组认为两者共同构建了版权保护的国际法律框架,并且 WTO 成员大多是《伯尔尼公约》的缔约国,WTO 在解释 TRIPS 协议时应避免与《伯尔尼公约》产生冲突,除非TRIPS 条款明示允许这种冲突存在。这种协调一致解释原则既是国际公法上的原则,也为实践证明是 DSB 专家组和上诉局判案的一贯实践。上述这两方面虽然仅仅是WTO 下属的 DSB 的专家组的实践而已,但是专家组这种以平等地位对待 WIPO 与WTO 管辖下的国际条约的态度,无疑有助于版权国际保护的协调。此外,专家组强调两个不同国际组织管辖下的国际条约共同构建起版权国际保护的法律框架,而没有单单突出 TRIPS 这一级的作用,这种做法体现了今后知识产权保护争端解决的方向,值得我们特别关注。

第三章 贸易政策措施

1 美国等对中国无缝钢管"双征"案

案情介绍

2009 年 9 月,美国商务部应美国钢铁公司、V&M Star 公司、TMK IPSCO 公司以及美国钢铁工人联合会的要求,对从中国进口的无缝钢管进行反补贴立案调查。他们在一份声明中表示,从 2006 年至 2008 年,美国从中国进口的无缝钢管量增加了131.52%,金额约增至 3.82 亿美元。这是自 2007 年以来美国向中国钢管产品发起的第六起"双反"调查,也是 2009 年以来美国商务部对中国出口商品发起的第七起"双反"调查。据悉,此案涉及的中国输美商品包括碳钢与合金钢标准管、管线管和压力管,总金额达 3.8 亿美元。对此,中国商务部原新闻发言人姚坚表示,中方一贯反对美国滥用贸易保护手段的做法,反对美国在不承认中国市场经济地位的同时对华实施反补贴调查;盲目指控自中国进口的产品存在倾销或者补贴,缺乏事实依据,中方对此坚决反对;并表示将密切关注此案进展,对其中存在的问题将积极与美方交涉,并敦促其严格按照WTO 规则进行调查。

2010 年 2 月,美国商务部初裁对中国产无缝钢管征收 11.06% 至 12.97% 的反补贴关税,同年 4 月又初裁对中国产无缝钢管征收 32.39% 至 98.37% 的反倾销关税。美国商务部表示,初步调查发现,中国制造商以低于公允价值的价格将其产品销售给美国的进口商,对美国的同行业造成了损害。

2010 年 9 月 13 日,美国商务部作出终裁,决定对中国产无缝钢管征收13.66% 至53.65% 的反补贴关税以及 48.99% 至 98.74% 的反倾销关税。显而易见,两相对比终裁确定的"双反"关税均高于初裁确定的关税。紧接着,9 月 27 日作出终裁,决定对中国产无缝精炼铜管征收 11.25% 至 60.85% 的反倾销税。2010 年 5 月,美国商务部曾初裁对中国产无缝精炼铜管征收反倾销税,当时确定的税率是 10.26% 至 60.50%。

在此之前,2009 年 10 月,欧盟部长理事会已经决定对中国输欧无缝钢管征收17.7% 至 39.2% 的最终反倾销税。

2009 年 9 月墨西哥经济部宣布,对原产中国的无缝钢管进行反倾销立案调查。该部已接受利害关系方的申请,对原产中国的无缝钢管反倾销立案调查,涉案产品税号为7304.1902、7304.1999、7304.3906 和 7304.3999。本案调查期为 2008 年 4 月 1 日至

2009 年 3 月 31 日,起诉方为 TAMSA 公司。2010 年 5 月 25 日,墨西哥政府表示,由于自中国进口的无缝钢管在墨西哥国内市场存在不公平竞争行为,因此对原产于中国的成本低于每吨 1 561 美元的无缝钢管征收临时反倾销税,税率不超过 36%。2011 年 2 月 24 日,墨西哥经济部国际贸易惯例总局在《官方日报》上发布公告,结束对原产于中国的无缝钢管(涉案税号为 7304.1902、7304.1999、7304.3906 和 7304.3999,产品外径为 5～16 英寸,不含不锈钢材)的反倾销调查,当涉案产品进口价格低于 1 772 美元/公吨时,对其征收税额为进口报关价与上述限价之间的差额乘以进口单据上注明的进口产品数量(公吨),但所征收反倾销税不得高于海关从价完税价格的 56%。

2010 年 1 月,印度也对我国的无缝钢管发起反倾销调查。印度商工部反倾销局发布公告,对原产于我国的无缝钢管发起反倾销调查。这是印度 2010 年对我国发起的第二起反倾销调查。《中国冶金报》刘航指出,此次印度提起反倾销调查申请的企业为 ISMT 有限公司,涉案产品为外径不超过 273 毫米或 10 英寸的无缝钢管或空心异型材,包括石油工业用的锅炉管和管线管、油气开发钻探用套管等,海关编码为 7304。此次印度反倾销调查的倾销调查期为 2008 年 4 月至 2009 年 6 月,损害调查期为 2005 年 4 月至 2009 年 6 月。此外,申诉方声称不应给予中国市场经济地位。

案情分析

1. 全球金融危机背景下,贸易保护主义抬头

2008 年金融危机以来,受危机和经济衰退的影响,以美国为首的西方国家,频繁地使用贸易救济措施。世界银行负责国际贸易研究的高级经济学家查德·布朗向新华社记者提供的一份最新研究报告显示,仅 2009 年,全球实施的反补贴、反倾销、特保等贸易限制政策数量比 2008 年增加 29.5%。贸易保护主义措施已成为影响世界经济复苏的一个重要隐患。针对美对华商品频繁设限,中国政府已多次严正谴责美贸易保护主义倾向。原商务部新闻发言人姚坚表示,金融危机后各个国家都遇到经济放缓问题,中美两国的就业矛盾都很突出。在此背景下,中国感到美国政府部门包括国际贸易委员会均受到利益集团特别是相关利益方的压力。据统计,2009 年美对华共发起 23 起反倾销、反补贴和特保调查,涉及中国出口规模 7.6 亿美元,案件数量激增了 53%,金额更是蹿升了 8 倍。姚坚说:"试设想一下,如果全球都效仿美国模式,会是一幅什么样的图景。"美国应认真检讨自 2009 年以来采取的贸易救济措施,在今后要减少使用、克制使用,不用贸易保护主义措施,这样方能加强与包括中国在内的有关国家的合作,扩大对其他国家的出口。

2. 警惕欧美等国对中国无缝钢管"双征"带来的示范效应

近年来,欧美国家肆无忌惮地对来自中国的商品实施"双征",开了一个极坏的先例。如,2010 年印度首次对中国无缝钢管发起反倾销调查。这无疑将对中国无缝钢管行业产生重大的影响。从全球角度来说,从 2008 年初开始,美国、加拿大和欧盟等主要

进口国家和地区已经先后对我国无缝钢管发起反倾销或"双反"调查。对我国的生产企业来说,北美和欧洲主要出口市场已经近乎关闭,拉美市场也极度萎缩。目前,亚洲、中东已经成为我国无缝钢管仅存的出口市场。此次印度对我国无缝钢管发起反倾销调查,有可能带动其他国家的效仿,从而导致我国无缝钢管产品全面退出国际市场,严重冲击国内的无缝钢管产业。因此,我国应警惕欧美等国对中国无缝钢管"双征"带来的示范效应,相关企业更应高度重视,积极应诉,用法律武器捍卫企业自身的合法权益。

3. 国内市场饱和,市场竞争日益加剧

截至 2010 年底,中国有近 3 000 家钢管企业。面对美国、欧盟等国实施的"双反",目前至少有 7 成的无缝钢管企业处于限产、停产状态。

中国庞大的无缝钢管产能正在艰难地向内销转向,与过去较为广阔的国际市场相比,今天的产能过剩已成为一把悬在中国无缝钢管业头上的"达摩克利斯"之剑。

据悉,中国钢管出口市场集中在美国和欧盟,这部分市场份额占出口总量的比例高达 50% 以上。美欧等国对中国出口无缝钢管的"双征"将对宝钢、鞍钢、天津钢管等多家大型钢厂的出口产生巨大影响。试想将 50% 的出口急速转移到国内,国内市场将在短时间内极度饱和。据中国联合钢铁无缝钢管协会人士表示,在未来几年无缝钢管产量至少要过剩 1 000 万吨左右。

案例启示

1. 规范无缝钢管出口秩序,积极应对国际"双反"调查

长期以来,我国无缝钢管生产企业和贸易企业都在出口,且中间贸易环节形式多种多样,很多企业由于缺乏与国外用户的直接沟通,并不了解国际终端市场需求的变化,由此导致的盲目生产、盲目出口现象较为严重。此外,金融危机爆发以来,由于外需市场萎缩,无缝钢管市场价格十分混乱,原有的定价体系被破坏,也导致中国的无缝钢管产品屡屡成为其他国家反倾销的主要对象。

从无缝钢管出口目的地来看,北美市场是利润最高的地区,价格比中东、东南亚等地区高出 10%~20%,更高于内销,所以根本不存在国内企业出口产品低于成本价格倾销的问题。因此,国内生产和销售企业在面对倾销诉讼时,应积极行动起来,随时准备应诉。据介绍,美国在"双反"调查中设置了许多陷阱:首先,不承认中国的市场经济地位,产品成本数据要用第三国的对比计算,数据庞杂混乱,常常很难弄清;其次,在不承认中国市场经济地位的同时,美国又进行反补贴调查,双重控制、双重打压;最后,看似公平的调查,实际结果常常取决于如何选取替代数据和计算,而在计算时往往存在机关,一点瑕疵都有可能被当做重大问题,最终征收惩罚性关税。所以最终结果往往是由政治操控的。因此,要有效地防范和抵制"双反",我国要建立和完善应对贸易摩擦的政府、企业联动机制,共同积极有效地应对"双反"调查和裁决,维护企业利益;要充分利用世贸组织贸易争端解决机制;同时,从国家层面尽可能地采取强有力的政策协调手段,

据理力争。

2. 中国无缝钢管生产和贸易企业需从自身利益出发，规范市场行为

大家一致的看法是，由于钢管行业产能过剩导致行业内恶性竞争。如前所述，近年来我国钢管产量迅猛扩张，出现了严重的整体产能过剩和结构性过剩，于是大家纷纷挤进出口市场，这是我国钢管频频遭到"双反"调查的主要原因。

我国的钢管行业分为焊接钢管和无缝钢管两大类。近几年来，钢管行业的快速发展一方面使得国内钢管企业在技术、质量、产量上有明显提高，同时也使新增投资持续进入，各地产能快速扩张，造成目前钢管生产总量过剩。尤其是前些年无缝钢管总体盈利水平较高，刺激了一些地方和企业纷纷上马新项目，导致产能过剩、供大于求。一哄而上造成产能过剩，短期内受损失的是单个企业，但最终受损失的则是整个行业。无缝钢管生产和贸易企业面对日益激烈的国内外市场竞争，接下来的就是大洗牌了。我们认为，对于为数众多的中小企业来说，要么通过技术创新，走品牌发展的道路去占有市场的一席之地；要么通过联合、兼并及重组走产业集聚、规模化经营之路，成为大企业的有机组成部分。只有如此，中国的无缝钢管企业才能在一个更高的平台上得到健康发展，并在世界市场上有一席之地。

总之，作为贸易保护主义的最大受害者，中国一方面要从自身利益出发，认真地规范市场行为并对各种不合理的贸易限制加强沟通磋商或进行反制，支持鼓励相关企业积极应诉、上诉，据理力争；另一方面也要充分地认识到改变贸易结构与产业升级和技术创新才是最终出路。

3. 加强制度建设，促进钢管行业可持续发展

专家学者指出，我国钢管行业面临的困境暴露出我国经济发展中的突出问题，长远来看应以合理的制度保障行业的健康发展、科学发展和可持续发展。钢管行业面临的困境，暴露出我国经济发展中存在的三个方面问题：

首先，经济增长方式不合理。目前我国正处于工业化中期发展阶段，重化工业快速发展，对基础原材料和能源的需求旺盛。部分企业片面追求生产规模和眼前利益，一些地方不顾资源环境的承载能力单纯追求 GDP 增长，一些行业市场准入门槛低、落后产能退出机制不健全等，都是形成产能过剩的诱因。

其次，地方决策存在片面性。近些年来，几乎所有省市都把钢铁冶金、汽车、装备、化工等列为支柱产业。虽然从每个局部看有其合理性，但整体上已出现严重的重复建设和浪费。2009 年，国家发展和改革委员会等部门公布《关于抑制部分行业产能过剩和重复建设引导产业健康发展的若干意见》，不仅钢铁、水泥等产能过剩的传统产业仍在盲目扩张，风电设备、多晶硅等新兴产业也出现了重复建设倾向，亟待采取有效的宏观调控手段。

最后，市场受宏观政策影响出现偏差。中国钢结构协会的负责人透露，截至 2010 年底我国有无缝钢管生产厂家 110 多家，焊接钢管生产企业 2 000 多家，如此多的企业

不仅难以形成市场合力,且极易导致产能低水平过剩。而全球金融危机以来,国家放松银根,贷款难度降低,部分大型无缝钢管企业积极筹划和上马高水平新生产线,致使无缝钢管行业正在出现高水平生产过剩的苗头。

我们认为,中国钢管行业要想彻底摆脱困境,必须苦练内功,进一步加强对钢种的研究,在特殊钢的冶炼、轧制工艺以及特殊钢的热处理工艺等方面下大力气进行研发,以更好地满足国内外市场的需要,甚至满足未来中国国防工业发展的需要,使中国钢管行业在科学研究、新产品开发水平方面真正达到世界尖端水平。

2 中国木地板企业遭遇美国"337调查"一波三折

案情介绍

2005年7月,荷兰Unilin公司、爱尔兰地板工业公司和美国Unilin北卡罗来纳地板公司(后两位是荷兰Unilin公司的关联公司),联合向美国国际贸易委员会(ITC)提出"337调查"申请,指控全球38家地板公司的地板锁扣专利侵权,其中包括中国木地板出口量名列前茅的上海菲林格尔、四川升达以及国内"地板一哥"圣象等国内18家知名企业。据了解,Unilin集团旗下三家公司提出的诉状称,中国18家地板企业的锁扣侵犯了其拥有的四项专利,简称486专利、836专利、292专利、779号专利。控方要求禁止这些企业的产品进入美国市场。按照Unilin公司提出的要求,对中国每年出口的3 000万平方米复合地板征收每平方米1美元的专利许可费。如果败诉,中国企业每年将要承担1 950万美元的专利费用,而该行业的平均利润仅为7元人民币/平方米,这将大大削弱中国地板的国际竞争力。

从2005年下半年开始,中国涉案企业先后组成四个小组,在各自律师的带领下进行抗诉。据专家介绍,为应对"337调查",抗辩途径至少有三种。一是法官裁定专利无效;二是裁决专利有效,但产品并未侵权;三是法官裁定专利有效,产品侵权,但裁定绕道设计产品不侵权。此前,中国的圣象、菲林格尔、升达三家企业聘请了美国的地板专家及两家芝加哥工程公司根据德国一项名为TERBRAK的40年前失效的地板锁扣技术,绕道设计出了新的产品。

2006年7月,经过律师团、应诉企业及专家证人整整一年的艰苦工作,在列举了大量证据的情况下,美国国际贸易委员会行政法官对中国地板企业锁扣专利侵权案作出初裁——荷兰Unilin公司的779号地板锁扣专利无效。此外,这次应诉还取得了另外三项成果:836号专利部分无效;中国企业绕道设计产品"第七号锁扣"不侵权;在中国企业应诉过程中,Unilin公司主动撤出了对486号专利侵权的起诉。自此,中国企业突围"337调查"首次打破最坚硬的贸易壁垒。当时,绝大多数中国木地板企业都相信,这场耗时一年有余的"锁扣"官司,最终将以我方胜利而告终。然而4个月后,终裁结果却令人大失所望。

2007 年 1 月，美国国际贸易委员会对包括中国圣象等 18 家中国企业在内的全球 38 家木地板企业的"337 调查"作出终裁，裁定这些企业在美国销售的地板侵犯了荷兰 Unilin 公司、爱尔兰地板工业公司和美国 Unilin 北卡罗莱纳地板公司的地板锁扣专利。在终裁结果宣布的同时，ITC 还签发了普遍排除令，美国海关随后将根据该令要求限制相关产品的进口。按照程序，终裁结果将由美国总统在 60 天内进行政策审查然后生效，美国海关可据此对中国地板进行进口限制。这也就意味着圣象、菲林格尔和升达等中国企业在初裁中获胜的"第七号锁扣"专利被推翻。据美国一家地板代理商驻北京办事处负责人介绍，荷兰 Unilin 公司在申诉中指出，"第七号锁扣"专利仍包含在该公司起诉的三项专利之内，不属于发明专利，因而要求推翻初裁判决。

终裁结果出来后，虽有部分企业依旧不言放弃，号称将上诉至美国联邦法院，最终一搏。但据了解，当时 Unilin 公司已经在全世界收取了超过 30 亿美元的专利费，且在 20 多场官司中无一失利。

中国林产工业协会称，进入 21 世纪以来，中国每年出口到美国的强化木地板约为 3 000 万平方米。败诉后，这些木地板企业若还想继续在美国市场销售，就必须向荷兰 Unilin 集团一次性支付 10 万～12 万美元（最终谈判的结果）。此外，每销售 1 平方米还需另付 0.65 美元的专利许可费。据业内人士分析，我国出口到美国的地板以中低端为主，价格最低曾经跌破 3.5 美元/平方米，生产企业也就仅仅图个走量、挣个加工费而已。原本地板基材连续两年平均 10% 以上的涨价，就已经大大削弱了中国地板的国际竞争力，征收专利费无疑更是雪上加霜，使部分企业根本无利可图。

案情分析

1. 关于美国的"337 调查"

"337 调查"源于美国《1930 年关税法》第 337 节，指对不公平竞争尤其是侵犯专利、商标等知识产权的进口产品发起的调查。违反"337 条款"，将被签发排除令和停售令。当排除令生效，美国国际贸易委员会将指示美国海关禁止该产品的进口，严重时甚至会导致整个行业的相关产品都无法进入美国市场。当停售令生效，则要求被投诉人停止不正当行为，禁止其销售在美国的存货。此外，"337 调查"在企业刚刚开始出口产品时即可启动，而反倾销只能在产品实际出口具有一定规模后才能进行调查，因此，与反倾销相比，"337 调查"对中国出口企业的威胁更大。

2. 客观、辩证地看待国外专利持有人频频对我国木地板生产商发难的原因

进入 21 世纪以来，中国木地板产业进入快速发展时期，已逐步成为世界木地板的生产大国和销售大国，且产销量逐年递增。近年来，在基本满足国内市场需求的情况下，一些地板生产企业纷纷将产品市场由国内拓展到国外，并取得了不菲的成绩，占领了相当份额的国际市场，同时也对国外同类企业和产品的生存空间造成了挤压。这一

方面说明,中国地板产业的崛起,它已成为世界地板行业的生力军。同时,它的崛起也表明,这一行业的国际竞争将更加激烈,由此带来的必将是整个行业的国际大洗牌。谁在未来的世界市场上能占有更大的市场份额、切得更多的蛋糕,绝不是看谁做得大(产量大),而是看谁做得强(技术高)。我们所看到的专利战,就是未来国际竞争的前沿之战。

此案例给我们一个重要的启示是,国外专利人的频频发难并不绝对是坏事。事实上,它起到了警示作用。告诫中国的企业,要想长远发展,要想最终在世界市场上有一席之地,必须静下心来搞研发,必须有自己的核心技术,有专利、有自主品牌。只有这样,才能成为世界市场的佼佼者。

3. 中国企业应学会如何应对美国"337 调查"

如前所述,"337 调查"是对不公平竞争尤其是侵犯专利、商标等知识产权的进口产品发起的调查。一直以来,在这种"调查"中,中国企业总是站在被告席上,也就是说在发生的知识产权诉讼案中,大多数是国际公司起诉中国公司。值得高兴的是,近年来这种状况有所改观。如 2006 年年底的深圳市朗科科技公司诉索尼专利侵权案。朗科公司以闪存盘基础性发明专利——"用于数据处理系统的快闪电子式外存储方法及其装置"——被侵权为由,将索尼电子(无锡)有限公司推上被告席,同时索赔人民币 1 000万元。此案以和解结案,这充分表明中国 IT 企业维权意识的增强。以前发生的知识产权诉讼,都是国际 IT 公司起诉中国公司,而这次朗科公司起诉索尼,算得上是第一起由中国 IT 公司发起的针对跨国公司的知识产权侵权诉讼。更具有深远意义的是,2008 年中国本土企业珠海炬力赴美起诉美国 MP3 芯片制造商矽马特公司侵犯炬力一项核心技术专利——关键数字音频信号处理技术专利,最终双方达成全面和解协议。2007 年 6 月,珠海炬力集成电路设计有限公司,向深圳市中级法院起诉,指控矽马特及其子公司专利侵权。此案不得不提到的一个细节是,早在 2005 年初,矽马特公司为了打败强有力的竞争对手中国珠海炬力公司,使自己在市场竞争中胜出,就拿出了美国企业应对中国企业竞争时的杀手锏——美国国际贸易委员会的"337 调查"。通常应诉一件"337 调查"案子的花费至少在百万美元以上。因此,很多国内企业在遭到"337 调查"后都因高昂的应诉费用而放弃应诉,被迫退出美国市场。这一次,美国矽马特公司以珠海炬力侵犯了其多项用于 MP3 播放器的芯片专利为由,向美国国际贸易委员会提起诉讼,要求 ITC 利用"337 条款"对珠海炬力进行制裁。对此,珠海炬力积极应诉,宣称将准备 1 500 万美元来打赢这场官司。同时,珠海炬力开始积极调整知识产权策略,不仅申请大量自主专利,还开始收购相关专利。到 2006 年年底,炬力申请的专利已超过 40项,获得的证书有 10 余项,这才使得赴美起诉达成了全面和解协议。

案例启示

1. 通过技术创新走品牌发展之路是未来中国木地板行业发展的出路

国内专家学者一致认为,中国木地板企业遭遇美国"337调查"凸显中国木地板行业不重视通过技术创新树立自己的品牌、获得自己的专有技术。中国现有5 000多家木地板生产商,除了为数不多的大企业拥有自己的品牌,还有少部分企业购买了国外专利外,绝大多数企业均从事低档次加工或仿冒生产。微薄的利润使企业无力持续进行研发投资、技术创新、技术改造,这使得相当一部分企业缺乏发展的后劲。德国贸易保护学说的集大成者弗里德里希·李斯特在100多年前就指出:"一个国家可以很穷,但他若是有创造财富的生产力,他的日子就会越过越富。因为,财富的生产力比之财富本身不知道要重要多少倍。"各国的实践都证明,技术创新是人类创造财富和积累财富的根本所在。没有哪个国家的科学技术十分先进而经济发展落后;也没有哪个国家经济发达而科学技术水平十分落后。技术创新更是企业的生命力所在。不创新,企业就不能生存;不持续创新,企业就难以发展。对于今天的企业来讲,这是一条铁律。对于中国的地板生产企业来说,更是如此。

2. 培养专利意识,确立专利发展战略

如果说中国的木地板企业屡遭美国"337调查"给予我们一个重要的启示话,那就是,面对全球化背景下的世界市场,中国企业必须有专利意识、品牌意识,要注重培养自己的专业人才,确立适合自身特点的专利发展战略。要充分地认识,市场开拓到哪里,就会看到专利战火"烧"到哪里。事实上,市场开拓专利为先。企业要开拓海外市场,最好是拥有海外专利武器,这既能使自己发展壮大,又能打击竞争对手。因此,企业不仅要开发专利、申请专利,还要积极申请国外专利,并运用这些专利武器向竞争对手发起进攻。

专家给企业提出了这样的建议,当企业遭遇侵权诉讼时,要积极应诉,以扭转不利局面。具体地讲,如果是自己的专利被侵犯了,胜诉的关键是专利产品的质量高,或者说稳定性强,并且使用得当。如果要打赢侵权诉讼,准备工作不是出现了侵权时才做,而是在申请专利时就要做,甚至做得更早,在进行技术研发时就要做。其目的是研发时不要做重复劳动,要提高创新质量;同时,在申请专利时要提高申请文件的质量,要用专利权来保护创新技术。而要提高创新质量,就要建立并利用好全球专利数据库,要充分利用他人专利所体现的创新启示和留下的未受保护的空间,也就是合理、合法地利用他人的专利。这一工作做好了,充分了解了他人的专利,那么企业在上新项目、新产品时,就不会因盲目而侵犯他人专利成为被告,即使成了被告也能十分清楚对方专利是否有效,有没有可以利用的"盲点",做到心中有数,从容应诉。总之一句话,企业要有自己的专业人才,要建立自己的专利发展战略。

3. 企业要从自身发展情况出发,制定应对危机的对策措施

专利战的本质是市场争夺战,专利本身就是合法的垄断。专利是一种武器,本土企业应该运用这一武器,与国际公司尤其是大型跨国公司斗智斗法,才能在竞争中取得主动权。

中国木地板企业屡遭美国"337调查",给中国木地板行业发展带来的影响是深远的。但由于国内木地板企业的经营模式不同,所以专利危机对国内企业的影响深度是不同的,因此他们应对的方式也不尽相同。

业内人士一致认为,本次终裁对常州市相关生产企业影响最甚。常州市是全国强化复合木地板的主要生产基地,其中仅横林镇就有130多家生产企业,生产能力约占全国的1/3强,出口约占全国的40%。据报道,中国企业败诉后,该市充分发挥木地板协会作为政府助手和企业参谋的作用,利用江苏常州地板协会服务平台,政府和企业共同研究和制定应对危机的长效机制。政府方面制定了相关政策鼓励企业技术投入、技术创新;鼓励政府部门和中介机构提供更多高质量的国内外经济信息;鼓励企业通过兼并、重组、联合,走产业集聚发展道路。企业方面着力加大研发投入,不仅做大,更要做强;产品销售走多元化发展道路。总之,从宏观和微观两方面制定了未来发展战略。

3 中国二氯甲烷反倾销案例

案情介绍

1999年,四川自贡鸿鹤化工股份有限公司、浙江衢化氟化学有限公司与相关法律界人士经过客观、详细的初步分析,运用国际惯例和国际贸易准则,决定对来自英国、美国、荷兰、法国、德国、韩国等六国出口到中国的二氯甲烷产品提起反倾销申诉。经过两年多的努力,最终于2002年6月20日终裁获胜。这是中国加入WTO后第一例反倾销终裁胜诉案例。

该案始于1997年亚洲金融危机对国内市场的巨大冲击。当时,由于人民币坚持不贬值,导致国内产品的出口受到严重的阻碍,大量的出口产品开始由国际市场退回到国内市场,并挤占了有限的国内市场空间,国内市场由此经历了由短缺经济向相对过剩经济转变的考验。与此同时,国外同类产品为了寻找市场,开始大幅度地向中国市场进军。1997—2000年,二氯甲烷的进口总量从1997年的2.4万吨/年迅速扩大至2000年的约12万吨/年。这种增速导致国外同类产品对以四川省自贡鸿鹤化工股份有限公司、浙江衢化氟化学有限公司为代表的国内二氯甲烷产业产生了巨大冲击。其具体表现为:国内厂家的市场份额急剧下降、产品价格持续下降、产品库存增加、资金周转不灵、企业效益下滑等。而美国国内的二氯甲烷销售价格在800美元/吨左右,到达中国

口岸的曾经最低价格是300美元/吨左右;同时中国二氯甲烷的进口在成倍的增长,按照国际惯例,一般进口量递增超过15%以上就可以认定有倾销的嫌疑。据此,两企业提出了包括英国、美国、荷兰、法国、德国、韩国六国在内的二氯甲烷产品对中国市场出口存在倾销嫌疑,并于2000年5月,由律师代理申请人将二氯甲烷反倾销申请书递交至外经贸部和经贸委。

外经贸部于2000年12月19日发布公告,决定对原产于上述六国的二氯甲烷进行反倾销立案调查。本反倾销调查涉及的二氯甲烷在海关的进口税则号为29031200,产品种类为有机化工产品类,产品规格为纯度≥99%的二氯甲烷产品。根据《中华人民共和国反倾销和反补贴条例》(简称"条例")的规定,外经贸部将从即日起会同海关总署对从原产于以上国家的进口二氯甲烷的倾销及倾销幅度进行调查。国家经贸委会同国务院有关部门就进口二氯甲烷对我国相关国内产业的损害及损害程度进行调查。

2001年4月,经贸委产业损害调查局本案的核查组先后到自贡鸿鹤化工股份有限公司、浙江衢化氟化学有限公司进行实地核查,对企业的生产经营情况进行了大量、详细的调查工作,对企业的受损情况掌握了重要的证据。8月16日,外经贸部发布初裁公告,裁定二氯甲烷倾销成立、实质性损害成立,倾销与损害之间具有因果关系,并决定自公告发布之日起,对原产于上述六国进口的二氯甲烷开始实施临时反倾销措施。

初裁公告后,外经贸部与经贸委继续调查工作。外经贸部公平贸易局核查组分别前往上述被控国家进行实地核查。依据中国海关统计,本案倾销调查期内自法国进口的二氯甲烷数量占该类产品中国进口总量的2.6%。外经贸部认定,该出口数量属可忽略不计,决定终止对原产于法国进口的被调查产品的调查。

经贸委对中国境内产业的受损害及损害程度进行了调查。根据中国海关统计,1998—2000年英国、美国、荷兰、德国、韩国向中国出口的总量分别为19 649吨、43 798吨和54 869吨,分别比上年增长27%、122%和25%,年均增长53%,总体呈逐年上升趋势。2000年比基期增加39 411吨,增幅达255%。同时,被调查产品在中国市场所占份额逐年呈上升态势。1998—2000年从上述五国进口的二氯甲烷占国内市场份额分别为42%、40%、52%,分别比上年增加8%、-2.5%和11.8%。上述五国出口到中国的二氯甲烷的价格总体呈下降趋势,2000年与基期相比,英国降低了6.9%,美国降低了27.3%,荷兰降低了18.3%,德国降低了41.3%,韩国降低了37.1%。被调查产品价格的下降抑制了国内同类产品的价格。1998—2000年,国内申请企业二氯甲烷的销售价格分别比上年下降9.6%、23.8%和4.8%,年均下降幅度为10.8%。

根据上述调查结果,2002年6月20日外经贸部发布终裁公告:裁定上述五国出口到中国的二氯甲烷存在倾销,对中国二氯甲烷产业造成了实质损害,倾销和损害之间存在因果关系。公告对原产于上述五国的进口二氯甲烷征收4%~66%的反倾销税,实施期限自2001年8月16日起为5年。

2006年6月15日,四川鸿鹤精细化工有限责任公司、浙江衢化氟化学有限公司代表中国二氯甲烷产业,正式向中华人民共和国商务部递交了反倾销期终复审调查申请。申请人请求商务部对原产于英国、美国、荷兰、德国和韩国的进口二氯甲烷所适用的反倾销措施进行期终复审并裁定维持该反倾销措施。申请人提出的初步证据表明,提出申请的两家国内企业以及支持申请的其他国内企业 2005 年、2006 年第一季度二氯甲烷产量之和占同期全国总产量的比例分别为 71.79% 和 60.77%,符合"条例"相关规定,申请人有资格代表国内产业提出申请;申请书中包含了"条例"相关规定的反倾销复审调查立案所要求的内容及有关的证据。根据上述审查结果及"条例"相关规定,商务部决定,自 2006 年 8 月 15 日起,对原产于英国、美国、荷兰、德国和韩国的进口二氯甲烷所适用的反倾销措施进行期终复审调查。

案 情 分 析

在反倾销案例分析中,要点在于认定产品是否造成倾销,产业是否造成损害,倾销与损害之间是否存在直接关系。而在此之前,应该分清楚反倾销调查中涉及的产品与国内产品之间的关系,反倾销调查的对象。

1. 被调查产品、国内同类产品和申请人的代表资格

本次终裁的被调查产品为原产于英国、美国、荷兰、德国、韩国的二氯甲烷。二氯甲烷在中华人民共和国海关进口税则号中列为 29031200。

(1) 国内同类产品与被调查产品在物理特性上没有区别。

(2) 被调查产品和国内同类产品在包装、规格上没有差别。

(3) 国内同类产品与被调查产品的用途基本相同。

(4) 被调查产品没有可替代产品。

本案初步裁定后,有关利害关系方提出中国国内不能生产 99.9% 以上纯度二氯甲烷,中国国内不存在该类产品的同类产品,故应将这部分二氯甲烷排除在被调查产品之外。他们同时认为,如果对这部分产品采取反倾销措施,将影响下游医药产业的需求和发展。经过调查,国家经贸委认为有足够证据表明中国国内有关企业能够生产纯度超过 99.9% 的二氯甲烷,且能够满足国内医药行业的需要。中国国内二氯甲烷用于医药行业的数量约为二氯甲烷总销售量的 15%～20%。同时,医药行业至今尚无一家企业提出对二氯甲烷采取反倾销措施将会对其生产造成不利影响的意见。因此,纯度超过 99.9% 的二氯甲烷应包括在本案调查之中。国家经贸委在考察了相关证据后认为,从英国、美国、荷兰、德国、韩国进口的被调查产品之间的竞争条件以及这些被调查产品与中国国内同类产品之间的竞争条件相同,且进口数量和倾销幅度不属于可忽略不计的范围。根据相关规定,国家经贸委认为,对来自上述五国的进口二氯甲烷对国内产业的影响进行累计评估是适当的。

2. 产业损害及损害程度

国家经贸委对中国境内产业所受损害及损害程度进行了调查,具体如下:

(1) 被调查产品进口数量和市场份额的变动情况。根据中国海关统计,1998 年至 2000 年,英国、美国、荷兰、德国、韩国向中国出口的二氯甲烷总量总体呈逐年上升趋势。与此相联系,被调查产品在中国市场所占份额呈逐年上升态势。

（2）被调查产品进口价格及其对国内同类价格的影响。英国、美国、荷兰、德国、韩国出口到中国的二氯甲烷的价格总体呈下降趋势。被调查产品价格的下降抑制了国内同类产品价格。

（3）被调查产品对中国国内产业的影响极其严重,主要体现如下:① 国内产业的产量虽逐年呈增长态势,但就整个调查期来看,其总体增幅明显低于国内需求量的增幅。同时,国内产量的增长更低于被调查产品进口量的增长。因此,可以认定在调查期内国内产业产量的增长受到被调查产品大量进口的抑制。② 在调查期内,国内产业的销售量和销售收入总体虽呈增长态势,但与国内需求量的增长相比,其增长明显不足。同时,销售量和销售收入总的增长幅度也明显低于产量的增长幅度,表明调查期内国内产业的库存和价格指标处于不断恶化之中。③ 国内企业严重亏损。④ 投资收益率逐年降低。⑤ 倾销幅度较大,给中国国内产业造成的负面影响是非常严重的。⑥ 国内产业增长较为缓慢。⑦ 劳动生产率降低。⑧ 筹资能力和投资能力下降。

本案调查组对申请企业与二氯甲烷有关就业和现金流量等指标也进行了调查。申请企业提出,二氯甲烷与其他甲烷氯化物通常由同一生产装置生产,有些生产经营指标不能与其他相关产品清楚地分开,部分指标较难统计或统计不够准确,国家经贸委认为其理由正当。根据以上证据,国家经贸委认为认定二氯甲烷产业已受到被诉国二氯甲烷低价倾销的实质损害。

3. 倾销与损害的因果关系

（1）英国、美国、荷兰、德国、韩国大量低价向中国出口二氯甲烷造成中国国内二氯甲烷产业受到实质损害的原因。调查表明,1998—2000 年,来自上述五国二氯甲烷的进口数量有较大增长,大大超过中国国内二氯甲烷产量的增长速度。来自上述五国的进口量占中国国内总进口量的比例也在不断提高,在中国国内市场所占的份额不断扩大。同时,由于上述五国二氯甲烷与中国国内同类产品之间质量相当,竞争程度高,其出口价格的不断下降直接抑制了中国国内同类产品的销售价格,使得销售收入、税前利润不能与产量同步增长,致使中国国内产业主要经营指标恶化,受到实质性损害。

（2）对其他因素的调查表明,以下因素并未造成损害。① 国内需求的变化对国内产业的发展没有带来负面影响。② 消费模式的变化:没有出现由于其他替代品的产生而导致的二氯甲烷市场的萎缩。③ 申请人经营管理的变化:国内申请企业的管理状况良好,成本、质量管理严格,没有经营管理不善的迹象。④ 在调查期内没有遇到国外或国内二氯甲烷生产企业限制贸易的做法。⑤ 技术进步因素:中国国内的二氯甲烷产业生产装置与英国等五国基本处于同一技术水平,国内产业所受损害并非由技术落后造成。⑥ 国内同类产品出口的影响:在调查期内,国内申请企业生产的二氯甲烷没有出口记录,对国内产业没有影响。⑦ 来自其他国家或地区进口同类产品的数量:由于中国国内需求的不断增长,来自其他国家或地区的二氯甲烷进口量占总进口量的比例总体呈下降态势。⑧ 不可抗力因素:在调查期内未发生自然灾害及其他不可抗力事件,生产经营正常,未受到意外影响。

根据上述调查证据和分析,国家经贸委最终裁定:英国、美国、荷兰、德国和韩国出口到中国的二氯甲烷存在倾销,对中国二氯甲烷产业造成了实质损害,倾销和损害之间存在因果关系。于是,根据相关规定,有必要立即采取反倾销措施。

案例启示

反倾销胜诉后,申请企业恢复了原有的市场份额,因为实行反倾销措施期限是 5 年,因此在一定时期内使国内产业的市场趋于稳定。面对日益频繁的国外反倾销,国内企业、行业协会和有关政府部门应该加强分工和协作,建立政府、企业和行业协会"三位一体"的反倾销应对机制。

从本案例不难看出,在某种程度上,反倾销更类似于一套行政程序,复杂程度和涉及面要明显胜于一般的司法诉讼程序,所以要在针对中国的反倾销案的应诉中获胜,仅靠企业的力量是不够的。中国政府应该积极主动地与有关国家就反倾销问题进行谈判,争取相互达成友好协定,并努力尽快使有关发达国家充分认识和承认中国市场经济国家的地位,争取尽快使中国应诉企业摆脱因"非市场经济国家"这一因素而招致的歧视性待遇;另外,在必要的时候,中国政府有关部门应当出面与反倾销国有关当局进行交涉,努力为中国企业争取公正裁决。中国还应该进一步强化反倾销法律、程序、常识等的宣传教育工作,加强这方面的研究和专业人才的培养工作,在重点国家、地区建立反倾销信息中心,及时搜集国际市场信息,密切注意分析行情变化,向国内提供信息咨询。当中国某些出口产品有被诉倾销的危险时,应及时将情况通知国内相关方面,以尽快对生产和出口作出必要的调整。

4 江苏紫菜协会发起"反贸易壁垒"第一案

案情介绍

2004 年 4 月,江苏省紫菜协会代表其下属的 107 个会员单位,向国家商务部公平贸易局正式提出申请,请求调查并认定日本政府在紫菜进口方面存在贸易壁垒,希望日本方面取消对原产于中国的条斑紫菜的进口限制措施。此次由江苏省紫菜协会牵头,向国家商务部申请反贸易壁垒调查并得到支持,被列入中国加入 WTO 后向国外提出的"反贸易壁垒"第一案。

中国、韩国和日本是世界主要的条斑紫菜生产国,三方对于条斑紫菜的养殖加工方式和生产标准等基本相同。江苏紫菜的年产量达 4 000 多吨,22 亿张,占全国产量的 95%,世界产量的 10%,主要产于连云港、南通等地。2003 年 2 月,连云港、南通等地的 107 家紫菜加工骨干企业牵头自发成立了江苏首家新型行业协会——紫菜协会。协会采取了一系列措施,如控制全行业生产规模,在连云港、如东、海安三个主产地建立统一的交易市场,借鉴吸收日本的经验,制定全省统一规范的市场交易规则,制止压级压价的无序竞争行为等,取得了一定的成效。

日本是世界最大的紫菜消费国,年消耗紫菜约在100亿张,同时,日本人食用的紫菜是世界上最昂贵的紫菜,就产地价格而言是中国干紫菜的3倍以上,但日本多年来从来没有进口中国的紫菜,明显违反了WTO中"无歧视、无差别"贸易对待的相关规定,构成了对中国紫菜出口日本的贸易壁垒,给中国尤其是江苏紫菜产业的发展、调整,解决沿海渔民就业,执行中日、中韩渔业协定等方面造成了实质性损害。

与此同时,国内的紫菜约有1/3由日本有关紫菜商社低价采购后,再转销到其他国家和地区,造成国内紫菜价格低廉,整体效益受到严重冲击。江苏紫菜协会会员企业所使用的紫菜加工设备、零配件基本都是从日本引进的。日本作为世界上最大的紫菜消费国,一方面向中国出口大量的生产设备;另一方面,日方又采取非关税贸易壁垒等手段禁止中国紫菜出口到日本,让人费解。

2003年8月,江苏省紫菜协会组织考察团代表下属的107个会员秘密奔赴日本,进行了为期15天的专题调查。他们为了打赢国内"反贸易壁垒"第一案搜集了大量证据,高薪聘请律师,针对日本政府违反WTO相关协定的规定,向中国商务部申请"反贸易壁垒"。江苏紫菜协会和律师事务所交给国家商务部公平贸易局的申请资料多达1000页,足以见得行业协会在国际贸易纠纷中所起的不可替代的作用。

在调查期间,商务部进出口公平贸易局采取了多种方式向利害关系方了解情况,核实信息。应调查机关的要求,有关行业主管部门和行业中介组织就调查中涉及的技术性和事实性问题向调查机关提供了信息和建议。在此期间,商务部与日本政府有关部门举行了三轮磋商。在2004年10月举行的第三轮磋商中,日方承诺将采取切实措施积极解决中方关注的问题。为使中日双方能够继续通过磋商达成双方满意的解决方案,依据《对外贸易壁垒暂行规定》第22条,商务部于2004年10月21日发布第65号公告,宣布中止本次调查。调查中止后,中日双方就解决中方关注的具体措施进行了多次磋商。江苏省紫菜协会还进一步提出了中国烤紫菜无法进入日本市场的问题。他们认为烤紫菜也属于调味紫菜范围,请求调查机关对此进行调查,并根据调查结果与日本政府进行磋商,解决中国烤紫菜出口日本的问题。经调查,烤紫菜是以干紫菜为原料、经烤制后形成、未添加任何调味料的紫菜加工产品。对此,日方承诺将就包括进口烤紫菜问题在内的紫菜贸易技术性问题与中方继续磋商,争取尽快解决问题。

2005年2月21日,日本经济产业省在日本《经济产业公报》和《通商鸿报》上登载了经济产业省第19号"进口通告",正式公布2005年的紫菜进口配额方案,宣布取消对进口干紫菜和调味紫菜原产国的限定。随后,中国商务部于2月28日决定终止对日本紫菜进口管理措施的贸易壁垒调查。

事隔不过两年,日本政府又于2006年5月29日开始实施"肯定列表制度"。这一新的技术壁垒再次给江苏紫菜对日出口蒙上了阴影。如果日本"肯定列表"的检测标准长期施行,将使之前江苏紫菜反贸易壁垒案争取到的成果化为乌有,并威胁整个江苏紫菜行业的生存。针对日本"肯定列表制度"中紫菜扑草净残留最高限量为 0.01 ppm 的苛刻要求,江苏省商检部门立即深入到苏北沿海紫菜主产区了解紫菜中扑草净的来源。经对同一海区紫菜样品、养殖海区水样和养殖海区底泥样抽样检测,结果显示紫菜中扑草净污染存在普遍性。从这一调查中有关专家得出以科学数据作保证的结论:日本"肯定列表制度"中输日紫菜扑草净残留最高限量 0.01 ppm 的标准背离实际情况,是不合理的要求。

在历时半年的多个谈判回合中,江苏省紫菜协会依靠自身储备的丰富的有利证据,以整个行业的利益为导向,反复与日方据理力争,终于在 2007 年年初打赢了这场备受关注的国际贸易战。2007 年 1 月 16 日,日本政府宣布撤销对我国出口紫菜的自主检验,同时将"肯定列表"里紫菜中扑草净限量标准由 0.01 ppm 放宽到 0.14~0.19 ppm,为今后江苏紫菜顺利出口日本,打下了良好的基础。江苏紫菜再次"破壁",又一次成为中国出口企业破除技术性贸易壁垒的成功范例,从而彰显了行业协会在反贸易壁垒中不可替代的作用。

案情分析

1. 中国农产品为何屡遭贸易壁垒

(1) 虽然本案无法直接反映中国农产品存在质量安全标准低、生产技术水平低、规模化水平低等问题,但是有间接地体现。正是由于中国紫菜生产水平与先进国家的水平相差无几,采用的加工设备、加工模式、机械制造、二次加工生产线都是日本的,这场贸易壁垒的反击战才能够如此顺利地取得胜利。中国很多农产品都存在上述问题,它们难以适应国际市场的要求,导致大量的传统特色农产品失去了在国际市场上本应有的优势和地位。

(2) 生态环境的污染和破坏。以本案中涉及的紫菜为例,紫菜养殖海域的水质以及农药、化学制剂的使用都会影响紫菜的品质,相关化学物质含量的超标也成为对其最易采取的技术壁垒。改革开放以来,中国在经济高速增长的同时也为生态环境的污染和破坏付出了昂贵的代价。食品中的化学成分污染、城市排污量日益增加、农业生产中大量使用农药问题异常严重。一些发达国家的企业受本国法律法规的制约,把不准在其本国生产的污染严重的项目转移到积极吸引外资的中国。这种把发展中国家看做"污染天堂"的做法,无疑加速恶化了中国的生态环境。

(3) 农产品市场信息系统不健全。对国际市场信息的了解甚少并且滞后,缺乏一个行之有效的组织机构专门搜集国际市场信息。在现实中,经常某家企业在遭遇安全壁垒造成较大损失后的一段时间内,国内还有许多企业重蹈覆辙,陷入无法挽回的地步。

(4) 中国制定的环境标准过低,内容不明确。环境标准是控制污染、保护环境的根本依据所在,中国制定的环境标准与国际标准差别很大。中国的标准相对落后、周期长,同时规则中存在漏洞,容易被不法企业钻空子。

2. 反贸易壁垒成功之所在

(1) 主动出击，变被动为主动

国内以往的反倾销调查主要是针对进入国内的外国产品的一种"自卫"行为，而贸易壁垒调查与此相比则具有一定的"进攻"性。江苏紫菜协会的"破壁"三年两胜的重大意义在于，这是国内农产品协会在国际贸易争端中的主动出击。本案中江苏省紫菜行业协会主动向商务部申请，第一次主动地采取积极的措施，最终为紫菜的出口创造了更为广阔的市场。

(2) 行业协会作用得以充分体现

本案例中，江苏省紫菜行业协会是发起者，由于其对自身行业的了解，调查目标和范围都十分明确，做到了有的放矢，极大地节约了时间和资金成本。行业协会在收集到充分的证据并做好充分的准备后，通过与政府部门联系，在政府职责范围内，利用政府的力量与日本进行磋商、谈判，问题最终得到圆满的解决。紫菜行业协会在本案中起到了非常重要的作用，功不可没。

(3) 政府支持促成胜利

在本案中，中国政府与日方多次磋商，最终使得双方达成一致的意见取得胜利。在本案中，我国政府积极参与其中，充分发挥了政府相关部门特有的职能，江苏紫菜反贸易壁垒案成功的关键之一就在于政府的权威以及政府的干预。加入 WTO 后，政府的这种协调作用变得更加重要，一方面，政府可以利用现有的 WTO 机制，要求一些国家取消或者修订违反 WTO 原则的、不合理的技术性法规和标准；另一方面，可以通过参与 WTO 新一轮多边贸易谈判，促进建立严格、公平合理的技术性贸易壁垒，约束发达国家越来越多的技术性限制措施。

(4) 先进生产标准打开日本市场

在本案中，中国紫菜得以成功出口日本与其达到世界标准的生产水平和生产工艺密不可分。江苏省紫菜行业协会企业生产的紫菜所用的生产加工设备都是从日本引进的，加工方式和加工标准基本与日本、韩国相同。

(5) 熟悉 WTO、TBT 的专门人才成为新宠

由于过去长期的外贸垄断，中国众多的企业并不了解国际贸易规则，而且 WTO 法规的复杂性和高度专业性也让许多企业难以理解，熟悉这两者的人才也很匮乏。很多企业现实中遭遇到了技术性贸易壁垒，但却没有意识到自己的贸易损失是由此造成的。中国巨大的贸易量和频繁遭遇的贸易纠纷更使得此类人才的需求量激增，人才的匮乏和需求量的增大导致了矛盾的产生。无论是在此案中的调查还是磋商的过程中，很明显熟悉 WTO 以及相关法规的人才也是案件成功必不可少的因素，从去日本秘密调查到案件资料的整理，搜集有理、有力的证据到磋商中协商的达成，无疑要靠这些人去运作。

案例启示

欧盟、美国、日本等一些发达国家一直孜孜不倦地加入到国际标准化活动中。欧盟在实现统一市场过程中,积极采用国际标准作为消除成员国之间技术贸易壁垒的重要手段;美国对待国际标准的态度不仅是采用,而且是更加广泛地参与国际标准的制定,并尽可能地将美国标准变成国际标准。这些都表现出了国际标准化的重要性和必要性。

1. 积极采用国际统一标准,提高农产品质量安全水平

逐渐将中国的标准制定成国际标准或国外的先进标准,这样可以不断提高中国产品质量,增加产品的技术含量,从而增强出口产品的竞争力,跨越国外的技术性贸易壁垒。为此,政府应更多地参与食品法典委员会等标准的制定工作,及时调整我国农产品进出口贸易策略。企业要组织专门的力量,重点跟踪国际标准组织以及主要农产品贸易国农产品质量标准体系和质量安全水平的发展动态。不仅应当建立与国际统一的产品标准,还应当尽量使用国际统一的安全标准,要强调食品供应链上各个环节的全面参与和采取预防性措施,而非传统地依靠对最终产品的测试与检验来避免食品中的物理性、化学性和生物性危害物,或使其减少到可接受的程度。

2. 建立完善的环境标志制度

环境标志被称为进入国际市场的"绿色通行证",是表明产品从生产到使用以及回收处理的整个过程中符合特定环保要求的标志。为了使环境标志的管理规范化,把有利于环境保护的产品推向国际市场,我国在推行环境标志认证制度时,应尽快制定环境标志管理条例及具体实施办法。

3. 加强绿色认证工作

1995 年 4 月国际标准化组织开始实施《国际环境监察标准制度》,要求企业产品达到 ISO9000 系列质量标准。欧盟也启动了名为 ISO14000 的环境管理系统,产品达不到相关标准就无法进入市场。地方各级政府要结合农业产业化工作,抓好农产品出口企业 ISO14000 的认证工作,提高中国农产品的国际竞争力。同时,要按照国际标准的要求进一步加强 ISO14000 认证机构的建设,提高认证机构作为独立的第三方认证主体的服务功能,扩大认证范围,提高认证工作在国内外的影响力和权威性,加强与更多国际权威机构的交流与合作,建立与国外权威机构认证的相互认可机制,实现国际间的互认。

4. 做好检疫和防疫工作

要按照进口国标准做好检验检疫,制定有关农药残留、激素、食品添加剂、消毒剂等使用和管理的办法及规定,并尽快开展农药残留、兽药残留、重金属、放射性、微生物等

有较高难度项目的检测和有关标准方法的研究。

5. 建立农产品标准的贸易保护预警机制

政府应尽快建立国外技术性贸易壁垒的预警机制,加强对国外环保认证标准的研究。要加强通报咨询网站建设,及时发布信息,为企业提供信息咨询服务,及时向企业提供 WTO/TBT、WTO/SPS 通报,主要贸易对象国的技术法规,以及国际上技术性贸易措施的发展动态等信息。在获取国外技术性贸易措施信息方面,要充分利用驻外经(商)参处、科技参赞处等机构收集相关信息,以便为国内农产品出口企业提供信息资料,以保证中国农产品的顺利出口。

6. 鼓励技术创新,积极把中国的标准推向世界

政府和企业应达成共识,采取有力手段,增加科技投入,加强技术创新,发展可持续农业技术,提高农产品质量,开发和生产优质的绿色产品,以扩大在国际市场中的贸易空间。国家应对具有国际竞争力的产品给予扶持,实行优惠政策,鼓励其加入国际竞争的行列。

5 从中国鞋频遭反倾销来看 WTO 规则漏洞

案情介绍

西班牙小城埃尔切 2004 年的那场焚烧中国鞋的熊熊大火让很多中国人仍记忆犹新。如今,中国鞋类产品引发的反倾销诉讼依然是当前中欧贸易关系的一个敏感话题。

十几年来,欧盟一直采取各种措施对其鞋企进行保护。2005 年 7 月 7 日,欧盟对输欧华鞋进行反倾销调查,并于 2006 年 10 月 5 日裁决,除一家中国企业获得市场经济待遇,被"从轻处罚"裁以 9.7% 的反倾销税外,其他所有企业都被裁征收 16.5% 的反倾销税,期限 2 年。这引起 1 200 余家中国鞋企的强烈不满。2007 年 1 月,奥康、泰马、金履、新生港元等中国鞋企向欧盟法院起诉,要求对裁定进行司法审查(其他上千家鞋企放弃努力)。遗憾的是,中国鞋企的起诉没有达到预期目的。2008 年 10 月,这个反倾销裁定进入期满复审阶段。2009 年 12 月,欧盟以 14 票支持、13 票反对的表决结果,决定延长这个裁定的效力 15 个月,对华鞋以同样的税率继续征收反倾销税。

2010 年 2 月 4 日,中国起诉欧盟,言辞慷慨激昂:欧盟 2006 年的裁决和 2009 年的期满复审违反了 WTO《反倾销协定》几乎所有的核心条款(含实质性条款和程序性条款)。具体包括以下内容:

(1)根据欧盟反倾销规则,对"非市场经济"国家产品征收反倾销税,税率针对整个国家,不针对具体的供应商,除非这些供应商证明它完全符合欧盟规定的市场经济条件。中国认为欧盟的做法违反了 WTO《反倾销协定》要求对具体供应商分别确定反倾销税率的规定;同时,欧盟对"非市场经济"国家产品的征税方法是歧视性的,违反了WTO 最惠国待遇原则。

(2) 欧盟 2006 年的裁决,没有按照 WTO《反倾销协定》和《中国入世议定书》的要求,对某些中国供应商要求给予市场经济待遇的申请进行核实;在确定倾销的存在和倾销幅度时,计算方法错误;在确定欧盟鞋企所受的损害时,没有进行客观、公正的评价;在反倾销调查期间,没有给中国合理的举证机会,透明度不够,以及取样方法不合理;裁决结果没有充分陈述事实和引用的法律。

除此之外,对欧盟鞋类出口自由化本来是中国根据《中华人民共和国加入世贸组织议定书》应当享受的权利,因为在"议定书"(附件七)《WTO 成员的保留》中欧盟承诺从2005 年起对中国鞋取消进口配额。而且,早在取消配额之前的 1998—2004 年,欧盟皮鞋生产能力就已经从 11 亿双下降到了 7 亿双;因此将欧盟鞋业的没落归咎于中国同行的"不正当竞争",实在是没有什么依据。欧盟 2009 年的期满复审启动程序不合法,取样不合法,没有客观地核实证据,重复了 2006 年的错误做法。2010 年 5 月 8 日,WTO成立专家组审理中国诉欧盟对华鞋反倾销一案,澳大利亚、巴西、日本、土耳其、美国、越南和哥伦比亚作为第三方参加诉讼。

2011 年 1 月 13 日,西班牙鞋业协会(FICE)在其网站上公布了欧盟鞋业联合会(CEC)关于皮鞋复审案新闻通报,决定放弃寻求对自中国进口皮鞋正在实施并即将于3 月 31 日到期的反倾销措施的日落复审。正如预期一样,针对中国皮鞋的反倾销措施,已于 2011 年 3 月 31 日如期终止。这是个好消息,但是对中国鞋业起到的作用却是有限的。

案情分析

中欧"鞋战"最初是被 2004 年"西班牙烧鞋事件"点燃的。2009 年 12 月 22 日,欧盟决定对中国皮鞋续征 15 个月反倾销税。自 2006 年欧盟开征反倾销税以来,中国出口欧盟的皮鞋数量一路从 2006 年的 1.9 亿双,降到 2007 年的 1.81 亿双,2008 年的 1.56 亿双。22 日的决议出台之后,中国商人的心头蒙上了更多的阴霾。

继欧盟之后,巴西于 2008 年 12 月 31 日决定对中国鞋进行反倾销调查;2009 年 9月 16 日决定征收 12.47 美元/双的临时反倾销税;2011 年 3 月 4 日决定征收 13.85 美元/双的反倾销税,有效期 5 年。效仿者纷至,阿根廷政府也于 2009 年 2 月对中国鞋进行反倾销调查,同年 7 月开始征收临时反倾销税,规定进口的中国鞋价格不应低于15.5 美元/双。而加拿大早在 2000 年就对中国塑胶防水鞋及鞋底征收 33% 的反倾销税;2009 年 10 月 21 日,决定对该类产品再次进行反倾销调查,除 6 家中国企业幸免外,其他企业均被征收 49% 的反倾销税。

"围剿"之下,中国鞋出口量锐减。据中国轻工进出口商会统计,2009 年我国鞋类产品累计出口金额为 280.1 亿美元,同比下降了 5.54%,其中皮鞋下降幅度最大,达14.83%。据中国鞋网统计,欧盟对华鞋采取反倾销措施之后,华鞋输欧总金额下降了

15％；3 年来收入从高峰时期的 20.8 亿欧元降至 17.8 亿欧元。中国皮革工业协会的统计显示,反倾销税导致中国输欧皮鞋产量降低 20％,减少约 4 000 万双,仅此一项造成中国约两万名工人失去工作。

中国鞋屡遭反倾销诉讼的主要原因是 WTO《反倾销协定》客观存在的漏洞和瑕疵。按照 WTO《反倾销协定》,如果被调查的产品来自"非市场经济"国家,在计算生产成本时,不是根据生产国的实际数据,而是采用与该国相近的"替代国"(市场经济国家)的数据。制鞋业与纺织业一样,在中国是公认的最市场化的行业之一;与欧盟同行业相比,甚至可以说中国制鞋业在很多方面不是市场化不足,而是市场化过度。欧盟反倾销委员会却在 2006 年 1 月 12 日决定拒绝给予 13 家受调查中国企业市场经济地位,也拒绝了中国制鞋企业要求分别裁决的合理要求,初裁对全体中国制鞋企业实施了一刀切的反倾销税率。这次,欧盟就是根据巴西的生产成本来计算中国的制鞋成本。但由于国情不同,巴西的单位成本高于中国,加上也在对中国鞋进行反倾销,结果是人为地抬高了中国的生产成本,并相应地抬高了倾销幅度。这对中国非常不公平。我国在多哈回合谈判期间已多次建议取消这项规则,但是从 WTO 下发的修改草案来看,这个规则依然存在。又比如,商业活动是允许"零利润销售"和次品销售的,但是 WTO《反倾销协定》对此没有规定,调查国在计算生产成本时,不考虑次品,把所有的产品都视为优质品,并且都加上一个利润空间,同样人为地抬高了生产成本和倾销幅度。另外,协定在确定调查国的相似产业是否遭受损害时,没有计算"损害幅度"的规定;在调查程序方面,给予调查国很大的自由裁量权等。

这些漏洞和瑕疵,使反倾销案件数量大、问题多,成了最难啃的"硬骨头"。这些漏洞和瑕疵之所以存在,不是因为成员国不知道如何规范,而是因为以美国为首的发达国家不愿意改变现状,想利用这些漏洞及时对国内有关产业提供保护。因为美国在WTO 谈判中起着主导作用,加上美国国会的强硬态度,所以现有的反倾销体制还会持续很长一段时期。

当然,这并不是说我们可以抱悲观情绪,相反,积极应诉是非常必要的,欧盟的某些做法确实对中国构成了歧视,也违反了条约规定,败诉难免。更重要的是,诉讼的过程比结果更重要,至少可以让欧盟委员会以后对中国产品的反倾销调查有所收敛。还有一点需要注意,即使赢了这场官司,也并不说明中国鞋在欧洲就可以"自由旅行"。欧盟对本土鞋企还会继续保护,只不过程度不同而已。除了 WTO 规则的漏洞之外,欧盟疲软的经济形势以及全球化市场仇恨也是中国鞋频遭反倾销诉讼的主要原因。

案例启示

近年来中欧经贸发展迅速,中国是欧盟第二大贸易伙伴和最大的进口来源国。据欧盟官方网站报道,2008 年开始的中欧高层经贸对话进展顺利,2009 年中国向欧盟出口 2 147 亿欧元货物,进口 817 亿欧元,贸易顺差很大。这个大环境要求中国和中国企业处理欧盟反倾销案必须有理有节。

1. 应分化瓦解

欧盟对华鞋反倾销是以损害本土消费者和进口商的利益为代价的，后者必须为反倾销税买单，必然引起他们的反感。中国企业应充分利用这些进口商和消费者的情绪，与他们的商会多沟通、联系。与美国相比，欧盟的政策比较温和，多哈回合谈判中一直主张反倾销要考虑社会公共利益；再加上欧盟 27 个成员国之间分歧较多，这次就有 13 个成员国反对继续对华鞋反倾销。这些都说明分化瓦解有很大的运作空间。

2. 应"巧取制胜"

中国鞋企需要加大研发力度，推行品牌战略，积极参与国际标准的制定，增加应对技术壁垒的能力；或者通过第三国进入他们的市场；条件成熟时，也可以直接到欧盟办厂，不再受关税制约。这些建议也同样适用于对加拿大、巴西和阿根廷市场的开拓。

3. 中国工厂势必要走高附加值的道路

虽然有人认为中国的人口红利期已经过去，人工已经渐渐不再便宜，但中国制造业还是有自己的优势。中国有高素质的人力资源，有一些非常有经验的工人，供应链也很完整。而且即使之前有反倾销税，现在劳动力成本又上升，欧洲的那些公司还是要把产能外包出来，因为就算加上这些税负，在中国生产还是比较便宜。这个趋势是比较难用一些刚性的措施扭转的。当然有一些比较低端的鞋子会渐渐移到一些东南亚国家生产，这个也一直都在发生。最后留在中国的会是一些高附加值、高价位的产品。在中国的工厂势必要走上高附加值的道路。

4. 参与当地公益事业是治本之策

中国鞋商应该与当地政府部门谈判对话，通过参与公益事业来获取当地政府的支持，这才是治本之策。通过多种努力使得当地政府认可中国鞋商，让中国企业尽快融入当地社会。

5. 加强与当地多数族群的沟通、交流

中国华商的海外保护要提上日程，主导市场的华商与当地多数族群的沟通要提上日程，提高华商在当地的形象塑造和政治影响力也要提上日程。

6 中国水产品出口贸易中的"绿色壁垒"问题

案情介绍

水产品全球市场正在扩大,成为许多发展中国家创汇增长的来源。2008年,世界水产品出口额达创纪录的1 020亿美元,比2007年增长9%。尽管2009年有所下降,但2010年的数据显示水产品贸易正在恢复,水产品进入国际市场的比重不断增加。近年来,中国水产品产量一直处于世界首位,水产品出口贸易额也逐年上升,成为中国农产品出口的重要组成部分,同时提升了中国水产品出口的国际地位。

1. 中国水产品出口贸易总量分析

改革开放以来,中国的水产品产量有了大幅提高,水产品的对外贸易也取得了巨大的进步。水产品的出口贸易在中国农产品出口贸易中占有重要位置,其出口量位居农产品出口首位,其出口额占到了全部农产品出口总额的30%左右。有关数据显示,2010年我国的水产品出口额占农产品出口总额的比重达到28%,较2009年提高1%。

表3-1列出了2000—2010年中国水产品出口总量以及每年的增长幅度。可以看到,在这11年间,中国水产品的出口无论从数量还是金额上都有很大幅度的提高。2010年中国水产品出口数量是2000年的约2.2倍,出口贸易总额是2000年的3.6倍。总的来讲,中国水产品出口总量每年呈递增趋势,但增长幅度有较大的波动。

表3-1 2000—2010年中国水产品出口情况

年份(年)	出口数量(万吨)	增长幅度(%)	出口金额(亿美元)	增长幅度(%)
2000	153.4	13.8	38.3	21.97
2001	195.3	27.31	41.9	9.4
2002	208.5	6.76	46.9	11.93
2003	210	0.72	54.9	17.06
2004	242	15.24	69.7	26.96
2005	257	6.2	78.9	13.2
2006	301.5	17.4	93.6	18.7
2007	306.4	1.6	97.4	4.1
2008	276.5	−9.8	106	8.8
2009	294.2	−0.6	107	1
2010	333.88	12.6	138.28	28.09

资料来源:根据《中国水产》各期的数据整理。

2. 中国水产品出口贸易的市场结构分析

2010年中国水产品出口的国家和地区达到170个,主要出口市场基本格局没有发生大的变化,其中日、美、欧、韩等发达国家和地区依然是中国最重要的水产品出口市场。且2010年出口形势明显好于2009年,出口额呈两位数增长,中南美洲、非洲和大洋洲的一些国家和地区成为中国水产品出口的主要新兴市场,2010年对这些市场出口量(额)均明显增加。2010年前三季度,对日出口量为45.3万吨,出口额为23.2亿美元,同比分别增长6.8%和18.8%;对美出口量为38.9万吨,出口额为17.4亿美元,同比分别增长9.6%和21.4%。另外,由于准备充分、管理规范,2010年初欧盟开始实施的《关于建立共同体系统以预防、阻止和消除非法、不报告和不管制捕捞的条例》对我国水产品出口未造成太大影响,前三季度中国水产品对欧出口平稳增加,出口量为14.5万吨,出口额为15亿美元,同比分别增长14.5%和19.1%;对韩出口量为29.6万吨,与上年基本持平,出口额为9.1亿美元,同比增长30.2%;其他主要市场如东盟、中国香港和中国台湾也均有较好表现,出口额分别达到6.8亿美元、6.8亿美元和4.2亿美元,同比分别增长27.4%、31.1%和70.5%。

但是在中国水产品贸易额大幅增加的同时,也伴随着新的挑战。由于非关税贸易壁垒的影响,尤其是近年来中国在水产品出口贸易中所遭遇的绿色贸易壁垒问题,在一定程度上影响了中国水产品出口贸易的发展。

案 情 分 析

1. 有关"绿色壁垒"

(1) 所谓"绿色壁垒"也称为环境贸易壁垒,是指为保护生态环境而直接或间接采取的限制甚至禁止贸易的措施。目前,国际上经常使用的"绿色壁垒"主要有:① "绿色关税";② "绿色技术标准";③ "绿色检疫";④ 强制性措施;⑤ 环境贸易制裁;⑥ 环境保护许可制度、环境配额等其他形式。

(2) "绿色壁垒"的基本特征:① 名义上的合理性;② 形式的合法性;③ 保护内容的广泛性;④ 保护方式的隐蔽性;⑤ 较强的技术性。

(3) "绿色壁垒"的表现形式:绿色贸易壁垒主要包括国际和区域性的环保公约、国别环保法规和标准、检验和检疫要求、包装与标签要求、ISO14000环境管理体系和环境标志等自愿性措施、生产和加工方法及环境成本内在化要求等。目前与环境密切相关的绿色贸易壁垒措施主要有环境标志、生态(或绿色)包装、环境技术标准以及绿色卫生检疫制度等。其形式主要有以下几种:① 国际或区域性环境保护公约;② 国别环保法规;③ 绿色标志制度;④ 绿色包装制度;⑤ 绿色卫生检疫制度。

(4) "绿色壁垒"在WTO中的法律依据:① "绿色壁垒"在法律上的依据,此依据可以追溯至1947年的《关税及贸易总协定》(后被《关贸总协定1994》代替);② 《补贴与反补贴协议》(SCM);③ 《卫生与动植物检疫措施协议》(SPS);④ 《技术贸易壁垒协议》

（TBT）。

2. 中国水产品出口贸易遭遇"绿色壁垒"分析

所谓水产品的"绿色壁垒"实质为技术壁垒的一种，主要是发达国家以保护其国民健康为借口，对水产品中有害物的含量制定较高的质量指标。近年来，中国水产品频繁遭受国际上"绿色壁垒"的冲击，并对中国水产品出口造成了巨大的影响。

（1）中国水产品遭遇"绿色壁垒"的典型案件

① 水产品"氯霉素"事件

水产品"氯霉素"事件起源于2001年初，奥地利消费者在食用冻虾仁后，产生过敏反应，从而引发对货源国中国、印度和越南的虾原料进行检查。结果显示，从中国进口的虾仁中部分产品超过欧洲制定的"氯霉素"含量在1ppb以下的标准。欧盟委员会以此为由，决定"自2002年1月31日起禁止从中国进口供人类消费或用做动物饲料的动物源性产品"。

② 烤鳗的"恩诺沙星"事件

"恩诺沙星"事件实质上是"氯霉素"事件的继续。因"氯霉素"事件，2002年2月欧盟开始禁止进口中国的动物源性产品后，日本随即在2002年3月中旬，宣布对中国出口到日本的动物源性产品实行严检，同时公布11种药物的最大残留限量。2003年3月，日本厚生省检测到在由中国进口的两批烤鳗中含有"恩诺沙星"残留。极为严格的检验标准以及日本媒体的炒作，导致中国鳗鱼在日本市场上的销量急剧减少，严重影响了中国鳗鱼对日本的出口。

③ "孔雀石绿"事件

"孔雀石绿"事件源于2005年6月5日，英国食品标准局在英国一家知名的超市连锁店出售的鲑鱼体内发现一种对人体有致癌、致畸、致突变等副作用的名为"孔雀石绿"的成分。而在中国很多地方尤其是河南、湖北等地的水产养殖业和水产品贩运中，普遍使用"孔雀石绿"。这个问题被国内媒体曝光后，欧盟、日本、韩国等国对中国出口的鳗鱼等水产品实行强制检测"孔雀石绿"。

（2）中国水产品遭遇"绿色壁垒"问题的特点

"绿色壁垒"涉及的水产品种类有增加的趋势。自2001年初奥地利从进口中国的冷冻虾仁中检出"氯霉素"事件起，各国纷纷开始对中国出口的水产品进行严格的检测。

涉及检验的项目越来越多，检验标准越来越严格。自水产品"氯霉素"事件后，引发了多个水产品进口国对中国水产品的严格检验。

涉及的出口国家呈扩大趋势。由于中国水产品出口主要集中在发达国家，而发达国家的消费者对商品的质量要求和指定的检验检测标准较高，使中国部分水产品及其加工品由于质量指标，特别是药物残留达不到要求，而被退回或封关。

有向水产品以外品种延伸的趋势。受中国水产品的出口面临"绿色壁垒"的影响，中国生产和加工的食品被检测范围也逐渐扩大。2002年1月，欧盟以中国出口的小龙虾所含"氯霉素"超标为由，宣布全面禁止中国动物源产品进口，这不仅使中国水产品向欧盟国家出口困难,同时中国畜产品、禽产品以及像蜂蜜等与动物有关的产品也无法出口到欧盟。日本除对由中国进口的水产品实行严格检验外,蔬菜、水果、稻米等农产品和畜产品,甚至食品也借此被列入严格检查的范围。

(3)中国水产品出口贸易遭遇"绿色壁垒"的原因

第一,中国水产品出口增长快,出口市场过于集中。近几年来,我国水产品总产量大幅度增长,渔业综合生产能力明显提高。由于出口量大,目标市场又相对集中,易给上述国家或地区造成大额进口逆差,引起对方强烈关注,从而针对我国情况采取相应的绿色措施限制我国水产品出口。

第二,各国对贸易和环境的双重保护。"绿色壁垒"不仅是为了保护一国公民人身健康和国内环境,也意在保护国内市场免受我国水产品的冲击。日韩等国家在水海产品检疫、检验程序和手段上设置了重重障碍,制定高指标限制农药残留、有害物含量等;甚至对水产品的包装也作了限制,必须有代表高质量、多营养、生产和消费处理过程均符合环保要求的绿色标签。1995年,美国将HACCP应用于水产品,要求向美国输入水产品的加工企业经美检验机构评审,必须实施HACCP管理,取得HACCP检验证书。从2006年5月29日开始,日本实施针对进口农产品的新规定——《食品中残留农业化学品肯定列表制度》。

第三,我国水产品质量跟不上发达国家越来越严格的检验标准。水产品质量是顺利出口的第一保证,否则无法通过"绿色壁垒"。其一,我国水产品加工企业大多还是小规模企业,生产工序和设备达不到先进水平,对水产品开发、技术改造和人员培养投入少。科研开发能力不够,加工层次就上不去,造成粗加工产品多,这样水产品质量就难以跟上越来越严格的标准。其二,也确有一些企业在生产过程中滥用添加剂、色素等污染物。

案例启示

面对国际上越来越纷繁复杂的"绿色壁垒",我们必须做好充分准备,避免被"绿色壁垒"绊倒。为此,我们应积极研究突破"绿色壁垒"的有效对策。

第一,提高我国水产品质量,大力推进渔业品牌效应。提高水产品质量是确保我国水产行业外向型发展的基础,也是冲破他国"绿色壁垒"的必经之路。这就要求政府与水产养殖业生产者及加工企业相互协作。政府应加强对水域、鱼苗、鱼用饲料、鱼药的生产管理和监督,随时监控沿海主要港湾和渔区以及内陆河流的环境卫生情况,及时清理消除区内海河污染,禁止用药物杀害海生物。加工企业要优化产业结构,引进先进科学管理,将渔业产品收获、储藏、运输、加工、销售等整个过程都纳入质量管理范畴;掌握国际标准,对药物残留、重金属含量和微生物及添加剂严格控制;树立渔业的名牌产品,形成一些有实力的水产企业,使其品牌起到龙头带动作用,保住现有市场;积极地寻找其他出口市场,为自己创造更广阔的生存空间。

第二,坚持"科技兴渔"战略,逐步加大渔业产品开发科技投入。加快数量型渔业向质量型渔业转变,重在加大对渔业的科技投入。在这个过程中,定期及不定期地对专业人才的培养和对企业的培训尤为重要。要完善现有渔业基础设施,建立重点实验室和基地,政府支持渔业从业者,加工企业协作开发新产品,如绿色水产品、无公害水产品和有机水产品,创造新养殖和捕捞方法。还要引进国外先进的加工包装设备,将保鲜技术应用于我国水产品,并能随市场变化改进,这样可以提高我国出口产品的附加值和整体质量档次。最重要的是要全世界消费者认可我们的产品,从根本上实现"科技兴渔"的战略。

第三,完善我国环境保护法规和检验标准,推进我国水产企业国际标准化认证。目前,有关我国渔业的生态及产品质量安全的法律法规已经颁布实施,但仍需要根据国际新情况不断修订、填补空白,逐渐充实完善立法体系,用以规范和引导政府人员和渔业企业。加快渔业质量标准化,在产品安全、卫生质量、饲料安全限度、水域环境、农药残留限量等检测技术及方法的制定上下工夫,多与发达国家相关专家交流请教。同时,适当增加水产品检测检疫机构数量,最好使企业能在一个检疫机构接受一次性权威检测,包含所有主要检测项目,为企业节省时间费用。鼓励水产企业取得安全卫生方面的HACCP 认证、环保上的 ISO14000 系列认证、企业管理方面的 ISO9000 系列认证。政府可把取得认证作为评定企业获得出口优惠资格的条件之一。

第四,建立有效的水产品绿色预警机制,为企业出谋划策。我国政府已经建立了一些预警网站,各地区行业协会也建立了信息网,但是信息发布不及时。我国必须尽快完善水产品出口信息发布机制、进出口预警机制和外贸争端应急处理系统。① 做好渔业信息的收集,包括对与水产品相关的国内外生产销售信息、检验监测的标准更新、新认证体系的颁布与实施情况、某些国家对我国水产品检验的结果等。这方面可以与国外检疫机构合作,跟踪国外"绿色壁垒"新措施。建立、完善信息中心和数据库,通过核心预警网站发布信息,第一时间将信息反馈给我国企业和渔民。② 对得来的信息作系统分析,政府建立研究室对国际水产品环保认证标准进行研究,设立咨询中心,并组织对新标准的培训。

第五,政府积极参与区域多边贸易谈判和双边磋商。WTO多哈回合多边谈判进展缓慢,表明中国要谋取自身利益,应多寻求与水产品目标出口国家和地区双边协商谈判的机会。可以与这些国家签订双赢的双边水产品出口协议,包括简化我国水产品通关手续和时间,获得标准化检验结果的相互承认,建立水产品养殖、捕捞、研制的合作项目等。

7 中美电池 337 专利案

案情介绍

2003 年 4 月 28 日,美国劲量公司与旗下的永备电池公司,以其无汞碱性电池专利遭到侵权为由,向美国国际贸易委员会(ITC)提出申请,要求 ITC 根据美国《1930 年关税法》的第 337 节,对包括十多家中国公司在内的世界 26 家电池公司展开调查,要求禁止这些企业生产的无汞碱性电池进入美国市场,并对所有涉案侵犯专利的无汞碱性电池及使用这些电池的下游产品实施普遍排除。同年 5 月,ITC 就此立案。

2003 年 6 月 2 日,ITC 对无汞碱性电池侵权的"337 调查"正式启动。2004 年 10 月 4 日,ITC 正式公布最终裁决,认定申请人劲量公司的 709 专利无效,中国电池应诉企业不侵权。此后,劲量公司又连续三次上诉至美国联邦巡回上诉法院,要求认定 ITC 裁决有误,但美国联邦巡回上诉法院均否决了劲量公司的请求。2008 年 10 月 30 日,劲量公司向美国联邦最高法院递交请求调卷令的申述状,对美国联邦巡回上诉法院的终审判决提起申诉。2009 年 3 月 23 日,美国联邦最高法院发布公告,拒绝劲量公司的申诉。至此,由劲量公司提起的针对中国电池企业的"337 调查"以原告劲量公司的 709 专利被判决无效而告终,由双鹿电池领衔的国内应诉企业取得最终胜利。

近几年,中国产品频频遭遇美国"337 调查","337 调查"成为继反倾销、反补贴外,高悬在中国企业头顶的另一把"达摩克利斯剑"。截至 2009 年 5 月,中国收到美国发起的"337 调查"共 91 例,其中 76 例集中于 2002 年以后,中国已经连续 6 年成为被"337 调查"最多的国家。仅 2007 年,美国就对我国提出 17 起"337 调查",占其同期调查案件的 50% 以上,涉案金额超过 20 亿美元。受"337 调查"影响的行业和产品比较集中,主要针对的是中国有出口成长潜力、技术密集型和高附加值的产品,60% 以上案件涉及机电产品。而这些"337 调查"的案由,88% 涉及专利,其余为商标。

与反倾销等其他形式的贸易壁垒相比,"337 调查"对中国产业的影响更为严重和深远。由于"337 调查"的制裁结果可能涵盖该产品的整个生产环节,所以,"337 调查"打击的对象不仅是某项产品,而是整个产业链。被判侵权的产品被处以的是"普遍排除令",美国市场对被判侵权的产品实行的是"关门政策"。中国产业结构的调整及高科技产品出口的增加是"337 调查"案件直线上升的重要因素。近年来,涉案产品如半导体、光驱、音频处理集成电路、药品、化工产品等高科技产品占到被诉侵权产品的 50% 以上。商务部公平贸易局副局长余本林也认为,近年来,不少"337 调查"涉案产品都是中国企业的自有产品,具有较大的市场潜力,具有高附加值或高技术含量。国外竞争对手往往选择在这些企业出口尚未形成规模时提起调查,企图以高昂的应诉代价迫使中国企业放弃或退出美国市场。计算机设备、打印机设备、网络控制器、半导体芯片、监控设备、电池等产品都成为"337 调查"的重点"关照"对象。在我国涉案的诸多产品中,机电产品占 2/3。

　　同时,由于“337 调查”时间短、程序复杂、诉讼费用高,很多中国企业望而却步。据悉,“337 调查”程序时间一般为 12～15 个月;专利类案件的诉讼费用为 120 万～150 万美元,商标类案件的诉讼费约为 20 万美元。除了应诉门槛制约企业应诉能力外,企业普遍缺乏完善的知识产权管理体系和对中美知识产权立法差异的了解,以及加工贸易方式等,都制约了企业应诉的主动性。此次“337 调查”最终取得胜利给众多遭遇“337 调查”的企业以信心和鼓励。而中国电池企业的抱团应战更成为中国企业抵御“337 调查”的典范。

案情分析

1. 美国“337 条款”

　　美国“337 条款”是美国《1930 年关税法》第 337 节的简称,因最初见于美国《1930 年关税法》第 337 节而得名,其前身是《1922 年关税法》的 316 条款,后经修改为《1930 年关税法》第 337 条。《1988 年综合贸易与竞争法》和《1995 年乌拉圭回合协议法》确立了现行“337 条款”的实体架构与运作程序,该条款成为美国重要的贸易保护手段。该条款主要针对美国法院无权管辖的外国人从事不公平的贸易竞争行为,为美国产业提供行政救济手段。

　　(1)“337 条款”的主要内容:“如果任何进口行为存在不公平竞争方法或者不公平做法,可能对美国产业造成抑制,ITC 可以应美国国内企业的申请进行调查。”

　　(2) 适用“337 条款”的实体要件:法定保护对象——版权、专利权、注册商标、掩膜作品;这些不公平竞争方法或者不公平做法的主体既包括所有人、进口商或者承销人,也包括上述主体的代理人;存在相关的美国产业;存在不公平竞争方法或者不公平做法;对美国的相关产业或贸易造成了破坏或破坏的威胁。

　　(3)“337 条款”将美国进口中的不正当贸易分为两类:一般不正当贸易和有关知识产权的不正当贸易。

　　(4)“337 调查”的程序。“337 条款”授权美国国际贸易委员会(ITC)调查。美国企业如果认为进口产品触犯了“337 条款”,可向美国国际贸易委员会提起诉讼。ITC 在接到申诉后,立案调查。在裁决存在违反“337 条款”的行为之后,ITC 可发布排除令以禁止侵权产品进入美国,如果涉及专利侵权问题则可以考虑在原、被告之间达成许可使用协议。

　　(5)“337 条款”的救济。美国“337 调查”是指美国针对进口贸易中不公平的竞争行为,主要是知识产权侵权采取的一种措施。美国“337 条款”调查可以由厂商向 ITC 提起,也可以由 ITC 自行发动。遭遇“337 调查”的企业一旦被裁决侵犯了申请人在美国的有效知识产权,被诉企业将面临驱逐令和制止令。ITC 就“337 条款”的裁决包括:① 有限排除令;② 普遍排除令;③ 禁止令;④ 没收。申请人可以提出以上若干救济方法,尤其是有限排除令和普遍排除令没有期限的限制。“337 调查”的杀伤力很大,对贸易的影响不容忽视。

"337调查"被诉方必须在很短的时间内举证抗辩,抗辩主要针对以下几项:申请人的专利效力、自己不侵权、证明专利不可实施。双方在抗辩时要邀请有关技术专家作证。开庭前的大量相互披露义务使被诉方的压力很大。

2. 对本案的分析

(1)形式条件打赢官司全凭资深律师

ITC裁决:争议专利的权利要求1～7违反《美国法典》第35章第112条第1款规定的"书面描述要求",应予无效,被告不侵权。原告遂再次上诉到联邦巡回上诉法院。后者在2008年4月21日判决被上诉人胜诉。三名法官中Newman明确表示反对,并撰写了异议文件。尽管该案是ITC历史上第一次根据专利撰写的形式条件判决专利权人败诉,但是上诉法院明确规定,该案不作为先例使用,不能进入美国判例法。专利权人遂上诉到联邦最高法院。2009年3月23日,联邦最高法院驳回了专利权人的上诉,历时近6年的无汞碱性电池专利案宣告终结。

(2)中国非商业理性、非常规出牌的攻击力很强,屡败屡战,震惊美国

专利侵权诉讼的防火墙依次是程序瑕疵抗辩、专利不可执行抗辩、专利新颖性瑕疵抗辩、专利创造性瑕疵抗辩、专利撰写瑕疵抗辩、侵权豁免抗辩、在先使用权抗辩、不侵权抗辩等。中国公司依次提出了三个抗辩,输掉两个,赢了一个。

2004年6月2日,ITC宣告中国企业败诉,裁定侵权成立。其他地区立即有三个被告与原告签署保密协议,退出诉讼。2004年10月1日,ITC推翻原来的裁决,认定原告的专利权利要求1～7违反《美国法典》第35章第112条第2款规定的"确定性要求",应予无效,裁定侵权不成立。该裁定后来被联邦巡回上诉法院推翻,并发回重审。

在2004年10月1日的裁决中,ITC认为:商业电池包含三个基本部分——阴极、阳极、连接阴极到阳极的电导体。电池阴极包含还原剂、电子释放化合物。电池阳极包含氧化剂、阴极释放电子的接收化合物。电导体连接阴极和阳极时,电子经过导体,创造能供电子设备使用的电流。商业碱性电池原来包含二氧化锰作为阴极有效成分,锌作为阳极有效成分。但是,锌容易腐蚀,产生氢气,造成电池泄漏。为了解决这个问题,电池制造商们发展了一项新技术:采用汞齐锌粉做阳极有效成分。这样,电池腐蚀和氢气泄漏问题都得到了解决。但是,含汞电池的环保处理难题应运而生。科学家为探索减少汞使用量的碱性电池付出了大量精力。争议的专利发现高纯度锌粉可以降低腐蚀。如果发明人撰写高纯度锌粉制备碱性电池的用途发明,也许可以获得权利更稳定的专利;专利描述和撰写难度也更小。但是,发明人尝试撰写一个更难描述的产品设计主题:商业电池用这种锌粉,减少汞添加剂用量的产品。于是,权利要求1写成了:一种化学电池,包含碱性电解液,包含二氧化锰作为有效成分的阴极,包含锌有效成分的凝胶阳极,其中电池包含的汞低于电池重量的50%,而且所述锌阳极在2.88A放电161分钟到15%放电深度,凝胶膨胀不超过25%。关于专利权利要求的"确定性",ITC说,权利要求1中"所述锌阳极"没有明确的在先引述基础。如果"凝胶阳极"被解释为"所述锌阳极"的在先基础,那么这个权利要求就变得毫无意义,因为仅仅测试电池,而不是用在确实完成的商业电池中的阳极经受了权利要求1描述的放电过程。如果"所述锌阳极"被解释为测试集成到电池中的锌,那么"所述锌阳极"中的阳极就是多余的。ITC认为,对"所述锌阳极"在先引用基础的任何解释都无法导致本权利要求能够被理解。因此,ITC认为权利要求1不确定,应予无效,其余从属权利要求也一并无效。但是,法院认为:在判例法上,"不确定"是解释不通或者模糊性无法克服的意思。权利要求的确定性取决于相关词汇能否给出合理的意思,使该领域普通技术人员能够理解发明人主张保护的主题。法院认为,本案专利的权利要求可以解释得通;凝胶阳极就是"所述锌阳极"的前引基础。因此法院裁定,ITC关于专利无效的判决错误,命令发回重审。

在第三轮审理中,中方主张,争议专利的权利要求1~7违反《美国法典》第35章第112条第1款规定的"书面描述要求":说明书应当包含对权利要求中发明主题的书面描述,描述发明主题实施的方式和过程。此轮,ITC裁决书指出:根据法院对权利要求1的解释,凝胶阳极就是"所述锌阳极"的前引基础,那么权利要求1缺乏对发明主题的书面描述。ITC的这个判断采用了两步分析法:① 按照法院的解释,如果凝胶阳极是完成的商用化学电池的阳极,那么"放电后"明确需要阳极按照规定的方式放电。该权利要求1没有引述其他阳极。ITC强调,说明书的测试电池或者其阳极在权利要求1中都没有被叙及,权利要求1中没有对化学电池的阳极与测试电池的阳极建立任何关系。说明书按照权利要求描述的放电方式唯一描述的电池是测试电池,而不是可商用的电池。② 对于说明书,ITC认为,说明书没有描述按照权利要求1描述的方式放电的化学电池阳极,它仅仅描述了按照权利要求1描述的方式放电的测试电池的凝胶阳极。这种测试电池必须把体积做得很大,根本没有商用价值,不可能是权利要求1描述的商用电池。由此,历时近6年的无汞碱性电池专利大案宣告终结。

(3) 中国企业实现知识产权崛起的目标已落空

从2003年开始,美国吉列、科博等企业釜底抽薪,发起金融大决战,一举占领中国各省市60%~80%的市场,北京等发达地区外资电池占有率超过90%,中国出口的电池产品也改旗易帜,改由外资产品主导,这使中美专利大战演变为中方全行业支付诉讼费和律师费,美方个别电池巨头受惠的美国本土专利大战。由此看来,中国电池行业通过一次战略决战,实现知识产权崛起的目标已经落空。在大部分企业出口长期停滞,全行业凑钱打官司,骨干企业控股权纷纷旁落的情况下,中国企业仅仅在战术上打赢了一个337诉讼,但实际上已经在战略上输掉专利、金融两大决战。

案例启示

"337调查"是美国单方面保护行为,由于其本身具备的特点,已逐渐成为美国在反倾销、反补贴、保障措施之后遏制中国技术密集型和高附加值产品对美国出口的重要手段。近年来"337调查"已经给国内很多企业造成了重大的影响,成为制约中国产品出口增长的重要因素。由于国内企业缺乏知识产权维护方面的意识,同时缺乏相关的专业知识人才,有的案件虽然最后赢得了胜利,但却付出了过多的时间、精力和资金成本。

因此,和解不失为一种好的方式。和解并不意味着放弃,只有应诉才能争取到更符合中国企业利益的和解条件。一般来说,企业应诉有三种方式,即"作不侵权抗辩"、"打专利无效"和"规避设计"。用前两种方式打官司非常不易,而如果被诉企业可以在调查期间绕开专利权人的专利进行规避设计,则可一次性解决问题。

在此次案件中,以双鹿为主体的中国企业,抱团应诉并顽强地坚持到最后取得胜利可谓一大壮举,它鼓舞着中国国内企业以更加积极的姿态应对涉外知识产权纠纷。同时,中国企业应建立起自己的知识产权保护战略并增强自我保护的意识,以便为中国企业在未来知识产权竞争中提供更加有力的支撑,为中国企业走出去的步伐迈得更加坚定打下基础。

下篇 国际贸易实务

国际贸易术语

数量、质量及包装

运输与保险

付款方式

检验、索赔、不可抗力及仲裁

合同的成立及履行

国际贸易方式

第四章 国际贸易术语

1 CIF 或 CIP——内陆地区产品出口贸易术语的选择

案情介绍

2000年5月，美国某贸易公司（以下简称进口方）与我国江西某进出口公司（以下简称出口方）签订合同购买一批日用瓷具，价格条件为 CIF LOS ANGELES，支付条件为不可撤销跟单信用证，出口方需提供已装船提单等有效单证。出口方随后与宁波某运输公司（以下简称承运人）签订了运输合同。8月初出口方将货物备妥，装上承运人派来的货车。途中由于驾驶员的过失发生了车祸，耽误了时间，错过了信用证规定的装船日期。得到发生车祸的通知后，出口方即刻与进口方商洽，要求将信用证的有效期和装船期延长半个月，并本着诚信原则告知进口方两箱瓷具可能受损。进口方回电称同意延期，但要求货价应降5%。出口方回电据理力争，同意受震荡的两箱瓷具降价1%，但其余货物并未损坏，不能降价。但进口方坚持要求全部降价。最终出口方还是作出让步，受震荡的两箱降价25%，其余降价1.5%。为此，货价、利息等有关损失共计15万美元。事后，出口方作为托运人又向承运人就有关损失提出索赔。对此，承运人同意承担有关仓储费用和两箱受损货物的损失；利息损失只赔50%，理由是自己只承担一部分责任，主要是由于出口方修改单证耽误时间；但对于货价损失不予理赔，认为这是由于出口方单方面与进口方的协定所致，与己无关。出口方却认为货物降价及利息损失的根本原因都在于承运人的过失，坚持要求其全部赔偿。3个月后经多方协商，承运人最终赔偿各方损失共计5.5万美元。出口方实际损失9.5万美元。

案情分析

本案中，出口方耗费了时间和精力，损失也未能全部得到赔偿，这充分表明了 CIF 术语的缺陷，以及内陆地区出口方在应用此术语时"心有余而力不足"的心情。在采用 CIF 术语订立贸易合同时，出口方要承担货物越过船舷前的一切风险和损失，尤其是从内陆地区装车到港口越过船舷，中间要经过一段较长的时间，会发生什么事情，谁都无法预料。本案中，出口方货物在承运人掌管之下发生了车祸，造成了货物受损、延迟装船、仓储费用等损失，但有关货价损失、利息损失的承担双方却无法达成协议，使得出口方遭受重大损失。

内陆地区使用 CIF 术语还有一笔额外的运输成本。CIF 价格中包含的运费是从装运港到目的港的运费,但从内陆地区到装运港装船前还有一部分运输成本,如从甘肃、青海、新疆等地区到装运港装船前的费用一般要占到出口货价的一定比例,有些货物出口中这一比例会达到 20% 左右。江西虽然沿江近海,但毕竟属于中部省份,到港口的运输成本也不会太少。发生意外情况时,这部分成本会使损失变得更大。

从以上分析可以看出,CIF 术语在内陆地区出口中并不适用。事实上,对于更多采用陆海联运或陆运出口的内陆地区来说,CIP 比 CIF 更适合。

CIP 术语是 Carriage and Insurance Paid to(... named place of destination)的缩写,它与 CIF 有相似之处,主要表现在:价格构成因素中都包括了通常的运费、保险费,运输合同、保险合同都由卖方负责订立;交货地点均在出口国的约定地点;出、进口清关责任划分都是出口方负责出口通关、进口方负责进口通关;风险在交货地点交货完成而转移给买方,而运费、保险费却延展到目的地(港)。但两者也有明显不同,也正是这些不同使 CIP 术语比 CIF 术语更适合内陆出口业务。

(1) 从适用的运输方式看,CIP 比 CIF 更灵活,更适合内陆地区出口。CIF 只适用于水上运输方式(海运、内河航运),CIP 却适合任何运输方式。而对于内陆地区而言,出口时运输方式也是多种的。比如出口到美国、东南亚地区,一般是陆海联运;出口到欧洲,一般是陆运。

(2) 从出口方责任看,使用 CIP 术语时,出口方的风险与货物的实际控制权同步转移,责任可以及早减轻。CIF 术语下,出口方是在装运港交货;买卖双方是以船舷为界划分风险,在货物越过船舷之前,不管货物处于何方的实际处置之下,卖方都要向买方承担货损等责任。CIP 术语下则比较灵活,责任转移地点由双方约定,可以在港口,也可以在内陆地区。但无论在哪里,出口方责任以货物交承运人处置时止,出口方只负责将货物安全移交承运人即完成自己的销售合同和运输合同项下的交货任务,此后货物发生的一切损失均与出口方无关。

(3) 从使用的运输单据看,使用 CIP 术语有利于内陆出口业务在当地交单结汇。CIP 涉及的运输单据范围要大于 CIF,因具体运输方式不同,可以是上面提到的 CIF 使用的海运提单,也可以是陆运运单、空运单、多式联运单据等。承运人签发后,出口方即可据以结汇。这样,缩短了结汇和退税时间,提高了出口方的资金周转速度。

另外,迅速发展的集装箱运输方式也为内陆地区出口使用 CIP 术语提供了便利条件。目前我国许多沿海港口如青岛、连云港都在争取"把口岸办到内地",发展内陆地区对沿海陆运口岸的集装箱直通式运输。这势必会减少货物装卸、倒运、仓储的时间,降低运输损耗和贸易成本,缩短报关、结汇的时间,有利于 CIP 术语在内陆地区出口中的推广。

案例启示

内陆地区的出口企业在选择贸易术语时要从本地区、本行业和所经营产品的实际出发,适当选择贸易术语,千万不要被"出口 CIF"的定式迷惑。

2 CIF 合同性质改变致损案

案情介绍

　　1996 年,某出口公司对加拿大魁北克某进口商出口 500 吨三路核桃仁。合同规定价格为每吨 4 800 加元 CIF 魁北克;装运期不得晚于 10 月 31 日,不得分批和转运;并规定货物应于 11 月 30 日前到达目的地,否则买方有权拒收;支付方式为 90 天远期信用证。

　　加方于 9 月 25 日开来信用证。我方于 10 月 5 日装船完毕,但船到加拿大东岸时已是 11 月 25 日,此时魁北克已开始结冰。

　　承运人担心船舶驶往魁北克后出不来,便根据自由转船条款指示船长将货物全部卸在哈利法克斯,然后从该港改装火车运往魁北克。待这批核桃仁运到魁北克已是 12 月 2 日。

　　于是进口商以货物晚到为由拒绝提货,提出除非降价 20％以弥补其损失。几经交涉,最终以我方降价 15％结案,出口公司共损失 36 万加元。

案情分析

　　本案中的合同已非真正的 CIF 合同。CIF 合同是装运合同,卖方只负责在装运港将货物装上船,越过船舷之后的一切风险、责任和费用均由买方承担。

　　本案在合同中规定了货物到达目的港的时限条款,改变了 CIF 合同的性质,使装运合同变成了到达合同,即卖方须承担货物不能按期到达目的港的风险。

案例启示

　　(1) 在 CIF 合同中添加到货期等限制性条款将改变合同性质。

　　(2) 像核桃仁等季节性很强的商品,进口方往往要求限定到货时间,卖方应采取措施减少风险。

　　(3) 出口方应对货轮的在途时间作充分的估算,同时应对魁北克港口冰冻期的情况进行充分的了解。

3 FOB 术语船货衔接案

1996 年 11 月,我国 F 省粮油进出口公司与巴西某公司签订一份出口油籽的合同。合同采用 FOB 价格术语,买方需于 1997 年 2 月派船到厦门港接货。合同还规定:"如果在此期间不能派船接货,卖方同意保留 28 天,但仓储、利息、保险等费用皆由买方承担。"

1997 年 3 月 1 日,卖方在货物备妥后电告买方应尽快派船接货。但是,一直到 3 月 28 日,买方仍未派船接货。于是卖方向买方提出警告,声称将撤销合同并保留索赔权。买方在没有与卖方进行任何联系的情况下,直到 1997 年 5 月 5 日才将船只派到厦门港。这时卖方拒绝交货并提出损失赔偿,买方则以未订到船只为由拒绝赔偿损失,双方争议不能和解,卖方起诉到法院。

法院经取证调查,认为买方确实未按合同规定的时间派船接货,因此法院判决:卖方有权拒绝交货,并提出赔偿请求;后经双方协商,卖方交货,但由买方赔偿仓储、利息、保险等费用。

案情分析

本案例是涉及 FOB 价格术语下船货衔接的问题。按照 FOB 术语成交的合同属于装运合同,这类合同中卖方的一项基本义务是按照规定的时间和地点完成装运。然而,由于 FOB 条件下是由买方负责安排租船订舱,所以就存在一个船货衔接问题,处理不当,自然会影响合同的顺利执行。根据有关法律和惯例,如果买方未能按时派船,卖方有权拒绝交货,而且由此产生的各种损失均由买方负担。因此,在 FOB 术语下成交的合同,对于装运期和装运港要慎重规定,订约之后,有关备货和派船事宜,双方要加强联系,密切配合,保证船货衔接。

在此案例中,我方作为卖方尽到了自己的责任,在装运期临近时电告催促买方派船接货,但买方没有及时派船接货。根据《联合国国际货物销售合同公约》的规定,卖方有解除合同并要求买方赔偿损失的权利。

本案中我据理力争,维护自身合法权益的做法是值得提倡的。后来从有利于交易的角度出发,我方公司未行使解除合同之权而继续履行合同义务也是适当的。如果行情发生了变化或其他原因使合同给我方带来损失时,我方当然可断然行使解除合同之权。

案例启示

FOB 合同中,买方必须负责租船或订舱,并将船名和装船时间通知卖方,而卖方必须负责在合同规定的装船期和装运港,将货物装上买方指定的船只。这里有个船货衔接的问题。买方在合同规定的期限内安排船只到合同指定的装运港接受装货。如果船只按时到达装运港,卖方因货未备妥而未能及时装运,则卖方应承担由此造成的空舱费或滞期费。如果买方延迟派船,使卖方不能在合同规定的装运期内将货物装船,则由此而引起的卖方仓储费、保险等费用支出的增加,以及因迟收货款而造成的利息损失,均由买方负责。因此,在 FOB 合同中,买卖双方对船货衔接事项,除了在合同中应明确规定外,在订约后,必须加强联系、密切配合,防止船、货脱节。

4 买方指定承运人的陷阱

案情介绍

2002 年 11 月 8 日,我国甲国贸股份有限公司与韩国乙株式会社签订出口各式夹克衫贸易合同,贸易术语为 FOB 上海,合同规定付款方式为信用证。乙株式会社指定韩国丙综合株式会社(承运人)将该批货物从中国上海运至韩国釜山。丙综合株式会社为此签发了以甲国贸股份有限公司为托运人的正本提单。托运人为甲国贸股份有限公司,被通知方为丁股份有限公司,收货人为根据某银行指示。由于韩国乙株式会社一直没有付款买单,甲国贸股份有限公司仍持有上述正本提单。经调查,涉案货物运抵目的港后,已由前述提单通知人以银行保函形式,未凭正本提单向丙综合株式会社提取。即涉案货物已由丙综合株式会社在目的港未收回正本提单即向丁交付了货物。据此,2003 年 10 月 8 日,甲国贸股份有限公司诉至我国海事法院,请求判韩国丙综合株式会社赔偿相应经济损失5.959 8 万美元及该款自 2002 年 11 月起的利息损失。

2004 年 6 月 25 日,法院经审理后认为,本案是一起具有涉外因素的海上货物运输合同纠纷。本案原、被告双方在诉讼过程中均未主张适用外国法,同时争议双方均引用中国法律支持各自的诉辩主张,由此可视为纠纷诉至法院后争议双方对中国法律已作选择适用。此外,本案涉及的运输合同起运地、提单签发地均在我国境内,因此,我国与本案争议具有密切的联系。根据国际私法中的最密切联系原则,本案可以适用中国法律。综上所述,法院决定适用中国法律界定争议双方的权利和义务。

本案证据表明涉案货物正本提单项下货物已由通知人提供银行保函而未提交正本提单向被告提取货物,据此被告的行为违反了海上货物运输合同中承运人应凭正本提单交付货物的航运惯例,理应就此向原告承担相应的赔偿责任。依照《中华人民共和国海商法》第二百六十九条、第七十一条,以及《中华人民共和国民事诉讼法》第六十四条第一款的规定,此案判决如下:

丙综合株式会社向甲国贸公司赔偿货款损失 5.959 8 万美元及利息损失。此外,依据被告乙株式会社提交的公司证明,乙是一家从事国际货运代理业务的境外企业,但由于被告在本案中出具自己的提单承载涉案货物,因此,乙实际充当了无船承运人的角色。根据《中华人民共和国国际海运条例》第七、八、二十六条以及我国交通部《关于实施〈中华人民共和国国际海运条例〉的公告》第一、三条的相关规定,其本无权未经许可自行在我国境内签发提单从事无船承运人业务。鉴于被告的前述违法经营行为,其在本案中向原告承担相应的经济损失赔偿责任的同时,依法应由我国相关职能部门对其擅自在我国境内签发提单从事无船承运人业务的行为予以查处。

案情分析

本案涉及无单放货与无船承运人两个法律与业务问题。

1. 无单放货

根据《中华人民共和国海商法》第七十一条的规定:"提单,是指用以证明海上货物运输合同和货物已经由承运人接收或者装船,以及承运人保证据以交付货物的单证。提单中载明的向记名人交付货物,或者按照指示人的指示交付货物,或者向提单持有人交付货物的条款,构成承运人据以交付货物的保证。"提单是承运人或其代理人签发的货物收据,它证明已按提单所列内容收到货物。提单又是一种货物所有权的凭证,提单代表着提单上所记载的货物,提单持有人可以凭提单请求承运人交付货物,而船长、船公司或其代理人也必须按照提单所载内容,将货物交付给提单的善意持有人。因此,提单具有物权凭证性质。本案被告丙综合株式会社在未收回涉案正本提单的情况下,凭银行保函将涉案提货单交付给非正本提单持有人,该行为直接侵害了正本提单持有人依法享有的物权,对此必须承担法律责任。

2. 无船承运人

《中华人民共和国国际海运条例》第七条规定:"无船承运业务,是指无船承运业务经营者以承运人身份接受托运人的货载,签发自己的提单或者其他运输单证,向托运人收取运费,通过国际船舶运输经营者完成国际海上货物运输,承担承运人责任的国际海上运输经营活动。"经营无船承运业务,应当向国务院交通主管部门办理提单登记,并交纳保证金。本案韩国乙株式会社没有向我国交通部办理提单登记,更没有交纳保证金,擅自在我国境内签发提单从事无船承运人业务,因此是违法的,应予以查处。

近年来,在我国对外贸易中,客户使用FOB条款并指定境外船公司、货代或无船承运人安排运输,并在信用证结算上设置客户检验证书等软条款的情况与日俱增。有些被指定的境外货代或无船承运人存心不良,与买方合谋串通,搞无单放货,使出口企业货、款全落空。也有些客户特意设置境外货代或无船承运人来国内进行欺诈。而我国出口企业的业务人员对出口货物业务不精通,对航运市场情况不掌握,风险防范意识淡薄,在没有了解或充分了解国外贸易买家是否合法存在和资信等级的情况下,为节约出口成本,较多与外商签订以FOB为贸易条款的出口合同,从而将货物的运输权利、运输方式和选择承运人的权利交给外商,较少使用CIF和CFR的贸易方式。此外,在运输环节由外商掌握的情况下,中小企业盲目听从境外贸易买家及其(国内和国外)代理的指令,将货物实际交给境外买家(或其代理)在装货港的代理人。发生纠纷后,这些企业坚持认为货物交给买家代理人,买家代理人就是承运人的错误观念。一些出口企业在收到境外海运公司签发的提单时从未要求出具提单的船公司或货代公司出具保函,对提单或提单签发所显示的承运人是否合法存在不作审查。

案例启示

出口企业为规避 FOB 合同下被无单放货的风险,应尽量做到以下几点:

(1)签订出口合同时,优先采用 CIF 或 CFR 术语,尽量避免外商指定船公司、境外货代或无船承运人安排运输,由我方掌握安排运输的主动权;签约前应注意掌握外商的资信等情况。

(2)如外商坚持 FOB 术语并指定船公司、境外货代或无船承运人安排运输,可接受知名的船公司,尽量避免接受指定的境外货代或无船承运人。如外商仍坚持指定境外货代或无船承运人,为不影响出口,必须严格按程序操作,对指定的境外货代或无船承运人的信誉要进行严格的调查,了解是否有我国合法代理人向交通部办理无船承运人资格的手续。同时,货主要求我国的货代或无船承运人出具保函,承诺被指定境外货代或无船承运人安排运输的货物到达目的港后必须凭信用证项下银行流转的正本提单放货,否则要承担无单放货的赔偿责任。只有这样,一旦出现无单放货,才能有依据进行索赔。但不能接受未经我国有关部门批准在华经营货代业务的货代企业或境外货代企业以及资信情况不明的公司签发的提单和安排运输。尤其需要注意的是,在 FOB 条件下,卖方以交出装船单证证明完成交货义务并取得货款,买方以付款取得装船单证实现提货的权利。

(3)境外货代提单必须委托经我国有关部门批准的货代企业签发,货主可要求代理签发提单的货代企业出具在目的港凭正本提单放货保函。在海运实务中,在提单尚未收到、货物已送至承运人指定或委托的装港代理仓库的情况下,出口企业可要求其根据卖方的指令装船并出具保函的做法较为普遍。出口企业必须明确,在 FOB 合同中,运输由买方负责,即承运人由买方指定,故货物送到承运人的装运港代理就是将货物向买方交付。

(4)在 FOB 价格条件下,出口企业应力拒信用证条款中"客户检验证书"等软条款,该条款系信用证交易的特别条款,是银行承兑或垫付货款的前提条款。如外商坚持使用"客户检验证书",出口企业可接受,但在发货前将"客户检验证书"的印鉴与外商在银行预留印鉴相比对,印鉴比对不一致必须拒绝发货。

(5)外商资信不明的,即使先前双方有贸易来往,在 FOB 贸易条件下,出口企业应尽可能结汇成功后继续分批出口,尽量避免结汇未成而多次集中出口。出口企业的外贸人员需强化信用证贸易和海上货物运输的实务操作。

出口企业应熟悉 FOB 术语。FOB 价格条件决定贸易合同的性质。在 FOB 价格条件下,卖方负责在贸易合同规定的期限和装运港将货物装上买方指定的船舶并通知买方;负责货物越过船舷前的费用和风险;负责办理货物出口手续并取得相应文件;负责提供相关的装运单据。买方负责订舱租船和支付运费;将船名、船期及时通知卖方;负担货物越过船舷前的费用、风险、投保及费用;负责货物进口和收货手续;接受装运单据并按合同支付货款。若采用 FOB 术语,中小企业应严格依照现行的《国际贸易术语解释通则》对 FOB 条款的规定和解释签订贸易合同,谨防落入 FOB 陷阱。

第五章 数量、质量及包装

1 包装不符规定致损案

上海出口公司 A 与香港公司 B 按 CIF 条件成交自行车 1 000 台,由 A 缮制合同一式两份,其中包装条款规定为"PACKING IN WOODEN CASE"(木箱装)。A 方将此合同寄至 B 方,然后由 B 方签回。B 方签回的合同上在原包装条款"PACKING IN WOODEN CASE"后面加了"C. K. D"字样,但未引起 A 公司的注意。此后,B 公司按合同规定开证,A 公司将货物出运后凭信用证规定制单结汇完毕。在此过程中,得知 B 已将提单转让给 C——整台自行车商。货到目的港,C 提货后发现货物系整台自行车木箱装,与单据所载不符。由于自行车整台进口需交纳 20% 的进口税,因此 C 拒收货物,并因此要求退还货款。B 公司转而向 A 公司提出同样要求。但是,A 公司则认为:B 公司已将提单转让给第三者,该行为表明买方对卖方的所有权已作出了相抵触的行为,即已构成对货物的接受。由此,双方产生了争议。

案情分析

本案主要涉及以下三方面问题:

(1)卖方忽略 C. K. D 的含义,造成实际装载与合同和单据不符,负有不可推卸的责任。C. K. D 为"Complete Knock Down"的缩写,意思是将一件成品完全拆散。

(2)整车包装。本例买方回签的包装条款意思是将整台自行车完全拆散成零件装入木箱,而卖方却整车包装,但单据与合同完全相符。

(3)买方对提单的转让不构成与卖方所有权相抵触的行为。

本案中,B 公司将代表货物所有权的提单(指示性抬头的提单)转让给了 C 公司,这种转让只是处置了货物的有条件的所有权,即以货物应与合同相符为条件的所有权。也就是说,当单据的权利移交给买方的时候,买方所取得的货物所有权是有条件的,如果经检验发现货物与合同不符,买方仍有条件拒收,这种条件属于事后条件。因此,B 公司对提单的处置并未构成与卖方的所有权相抵触的行为。但是,如果 B 公司不是转让提单,而是将实际货物卖给或抵押给第三者,则结果就完全不同。

综上所述,本案中 A 公司首先负有单据不符的责任,B 公司在不知情的情况下付了款,并获得了单据,而且处置了单据,放弃了处置单据的权利,但并不意味着失去要求退货、退款的权利。为了补救这一失误,A 公司采取的措施是与 B 公司协商,或承担 20％的进口税,或以其他办法妥善解决,以求得 B 公司的谅解,及时提货,以免造成更大的损失。

案例启示

在国际贸易中,买卖双方签订合同时,应对每一条款作明确、具体的规定,对规定的条款应达成共识,充分理解其含义,以便顺利履行合同。

2 按约定数量交货遭拒付案

案情介绍

某年 6 月,我国某出口企业与美国某公司签订了一份出口合同,商品数量为 600 吨,允许溢短装 5％,单价为 CIF 纽约 520 美元/吨,总值为 312 000 美元,结算方式为不可撤销即期信用证,装运期为该年 8 月。

7 月 12 日,对方按期开来信用证,经审核,信用证中货物的数量、单价、总值均按合同规定开立,但未注明溢短装 5％。

8 月 10 日,该企业装运了 630 吨货物,并制作全套单据于 8 月 16 日交给议付行向开证行收款。

8 月 20 日,该企业接到由议付行转来的拒付通知书,理由是:发票金额为 327 600 美元,而信用证金额为 312 000 美元,发票金额超出信用证最高限额 15 600 美元。

该企业只得重新开出金额为 312 000 美元的发票,向开证行收回了 600 吨的货款,其余 30 吨的货款,进口商拒绝付款,而此时 630 吨货物的所有权凭证(提单)掌握在进口方手里。由于金额不大,通过诉讼程序解决此事较麻烦,该企业只得放弃收款的权利,最终给企业造成 15 600 美元的损失。

案情分析

本案例中我出口商没有完全掌握数量机动幅度在实际业务中的正确运用,特别是没有正确领会合同与信用证中数量与金额的关系。

合同及信用证中的数量均为 600 吨,应该说,卖方按此数量交货,并备妥全套符合信用证规定的单据就能安全收汇。《UCP600》第 30 条 b 款规定:"在信用证未以包装单位件数或货物自身件数的方式规定货物数量时,货物数量允许有 5％的增减幅度,只要总支取金额不超过信用证金额。"在本案例中,尽管合同规定有5%的机动幅度,意味着买方可多交或少交5%的货量,但信用证未明确规定有5%溢短装条款,按600吨计算的货款即312 000美元为最高限额,卖方多交了30吨,发票金额则超出了信用证限额。按《UCP600》第30条b款的规定,银行可拒绝接受金额超过信用证允许金额的商业发票。因此,此案中的卖方只能按信用证规定数量交货600吨,货源不充足时可在5%幅度内予以少交,但不能多交。

本案中卖方的失误在于审证时仅注意到信用证与合同约定的商品数量和总值表面上的一致性,却忽视了审核溢短装条款,或没有正确理解《UCP600》第30条的含义。

案例启示

在实际业务中,应注意:
(1) 在信用证中应列明数量和金额的机动幅度;
(2) 当合同条款与信用证规定有出入时,则以信用证规定为准,或要求改证。

3　溢短装条款理解偏差纠纷案

案情介绍

我国某粮油食品进出口公司出口一批商品。1996年3月1日国外开出信用证,该粮油食品进出口公司在3月4日收到从通知行转来的信用证。信用证中的条款规定:"Amount:USD 1 232 000.00 ... 800M/T(quantity 5% more or less allowed)of ×××. Price:USD 1 540.00 per M/T,CIF A Port. Shipment to A port immediately. Partial shipments are not allowed."(总金额1 232 000.00美元。商品数量800吨,数量允许增减5%。价格:每吨1 540.00美元,CIF A港,立即装运至A港,不许分批装运。)

粮油食品进出口公司根据信用证条款,在接到信用证后立即安排装运出口,并与船方代理公司取得联系。据船方代理公司称至A港最早的有效船期是4月6日。粮油食品进出口公司于4月7日将货装运出口,并取得4月7日签发的已装船的提单,并备妥信用证项下所需的其他单据向议付行交单办理议付。议付行经审单发现单证不符,不同意议付,因信用证规定总金额为USD 1 232 000.00,而发票和汇票金额却为USD 1 268 960.00,议付金额比信用证规定总金额超额USD 36 960.00。

粮油食品进出口公司认为其不符点不成立,即向议付行申述:"信用证规定800吨货物的数量,又规定装运数量可允许增减5%。按800吨的增减5%计算,即最高可以装840吨,最低可以装760吨。我们实际只装824吨,仅增装了3%,未超出信用证规定的5%范围。信用证规定每吨单价USD 1 540.00,按824吨计算,其总金额即USD 1 268 960.00,是信用证允许的。所以说不符点不成立。"

议付行认为信用证虽然规定货量允许增减装 5%,但信用证的总金额并未允许增减,所以即使数量符合信用证规定,而议付的总金额却超出信用证总金额限度也是绝对不允许的。《UCP500》第 37 条 b 款规定:"除非信用证另有规定,银行可拒受其金额超过信用证所允许金额的商业发票。"议付行认为货既已装运又无法更改,所以建议采取部分信用证部分托收方式(Part L/C and part collection)。部分信用证部分托收方式的做法,即汇票分两套缮制,信用证总金额项下 USD 1 232 000.00 缮制一套,在信用证下正常办理议付;其超额部分 USD 36 960.00 另缮制汇票办理光票托收。

卖方最后于 4 月 9 日以部分信用证部分托收方式办理寄单。

4 月 10 日买方来电称:"你 8 日装运通知电悉。关于第××号合同项下 800 吨的商品,我于 3 月 1 日开出信用证,要求必须'立即装运',你实际却拖延至 4 月 7 日才装运。你方对'立即装运'的条款如无法执行时,理应事先通知我们或提出修改信用证。你方对信用证条款未提出异议,应认为接受'立即装运'。按国际惯例的解释,'立即装运'应理解为在开立信用证日起,最晚不得超过 30 天内装运。我实际用户因急需该货,又由于你方并未提出异议,所以我方答应实际用户保证在 3 月份内交货。因你未立即装运使我无法按时向用户交货,造成我方失约,你方应负担因此而引起我方的损失。"

粮油食品进出口公司根据买方的意见,于 4 月 12 日即提出反驳意见:"你 10 日电悉。关于第××号合同迟装问题,你方所谓失约者,系船方与 A 港实际用户之间的纠纷。我们合同并未签订'立即装运'的条款,而且该货于 4 月 7 日装运亦未超过你我双方合同的交货期。'立即装运'只是你方信用证中的要求。根据《UCP500》第 46 条 b 款规定,'不应使用诸如"迅速"、"立即"、"尽快"以及类似词语,如果使用了这些词语,银行将不予置理'。你方所谓国际惯例解释以开立信用证日起算 30 天内装运,此系《UCP400》旧惯例,该规定已经失效,被 1994 年 1 月 1 日生效的《UCP500》代替。按《UCP500》的规定,类似'立即装运'的词语用在信用证上,可以不予置理,也就是等于无此规定。"

粮油食品进出口公司发出上述反驳意见后,于 4 月 19 日却接到议付行转来开证行拒受单据的通知:"第××号信用证项下的单据经我审核,有如下单证不符:

我信用证的总金额规定为 USD 1 232 000.00,你发票的货值为 USD 1 268 960.00,这是你方单证不符之一。发票在金额栏中表示总货值 USD 1 268 960.00,减超额办理托收部分 USD 36 960.00,余额 USD 1 232 000.00。我信用证并没有规定允许在本信用证支付方式下再办理托收,这是单证不符之二。

根据上述单证不符情况,我行经研究无法接受。单据仍在我行留存,请告处理意见。"

粮油食品进出口公司认为问题还是在买方,开证行是配合申请人而提出上述单证不符,决定向买方洽商。但适逢该货的市场价突然上涨,买方又急欲提货,所以对信用证项下的 USD 1 232 000.00 按时支付了票款,对超额托收部分拒付。最后以粮油食品进出口公司损失 USD 36 960.00 而结案。

案情分析

粮油食品进出口公司在审查信用证时,对待"立即装运"的条款,当时如能事先电告买方,说明在最近实无更早的有效船期,只能于 4 月 6 日后才有到 A 港的船,争取对方的同意,这样处理似乎更妥当些。一般买方也只能接受该船期。因为实际船期就是没有船,而且双方签订的合同交货期也没有规定必须立即装运。所以这样有理、有据地向对方提出,会更主动些。

按《UCP500》惯例规定:信用证如果使用"迅速"、"立即"、"尽快"等类似的词语,银行将不予置理,也就是说等于信用征没有这样的条款规定。本案例的买方于 4 月 10 日来电提出:所谓按国际惯例解释,"立即装运"应理解为在开立信用证之日起 30 天内装运。1983 年的修订本曾经这样规定过,但已经失效。即使 1983 年旧修订本也仍然要求信用证不应该使用"立即"这样不明确的词语。所以粮油食品进出口公司以此向买方反驳后,买方已理屈词穷,无言以对,只好又串通开证行利用单证方面找缺口,提出单证不符。

粮油食品进出口公司的主要失误就是在审证时未发现信用证只在数量上规定允许增减装 5%,而信用证金额并未有所增加的幅度。粮油食品进出口公司没有严格审查和注意这个问题,误认为信用证既然允许数量可以增减装 5%,所以就增装了 3%,结果造成实际出运金额超出信用证规定的最高限额。

案例启示

一般以重量为计量单位的货物,如果信用证允许有增减装的幅度要求,条款应作类似这样的规定:"Amount of credit and quantity of merchandise 5% more or less acceptable"(信用证的金额及货物的数量均可允许 5% 增减)。该条款就明确指出金额及货量均可增减 5%。有的信用证虽然在条款中也规定:"The quantity of shipment 5% more or less acceptable"(数量允许增减装 5%),但在信用证的总金额中已经增加了 5% 数额在内。如以本案中的信用证为例,信用证金额不是 USD 1 232 000.00,而是直接在金额中规定为 USD 1 293 600.00,这样规定当然也可以。如果像本案的信用证只在数量上允许增减 5%,而金额既没有增减的条款,也未在信用证总金额的数额中含有 5%,这样的信用证在实际装运数量上只能掌握减装 5%,不能增装。如果要增装必须向买方提出修改信用证,增加金额的增减条款。

粮油食品进出口公司在议付金额超过信用证规定时,采取部分信用证部分托收方式结算,这也是一般外贸企业遇到少量超额时所采取的一种补救的办法,也只是权宜之计。因为对方起码有权拒付托收的部分,如果对方资信不佳,可以连信用证项下货款一起提出单证不符而拒付,本案就是这种情况。超出信用证金额的部分办理托收,势必像本案例那样在发票金额栏中加以注明:总货值××;减超额办理托收部分××;余额××。开证行就有理由提出信用证并未有这样部分托收的规定,以单证不符为由拒付货款。即使发票不做这样的注明,发票总金额与信用证项下的汇票金额不符,也是被拒付

119

的理由。采取部分信用证部分托收方式,如果能事先修改信用证,在信用证中规定允许部分信用证部分托收,托收按即期付款交单方式,规定全套货运单据附在托收汇票项下,开证行只能在申请人付清货款后放单,这样就安全一些。

4 规定品质方法不明确致损案

案情介绍

我国某出口公司向英国出口一批大豆,合同规定:"水分最高为 14%,杂质不超过 2.5%。"在成交前,该出口公司曾向买方寄过样品,订约后该出口公司又电告买方成交货物与样品相似。当货物运至英国后,买方提出货物与样品不符,并出示了当地检验机构的检验证书,证明货物的品质比样品低 7%,但未提出品质不符合合同的品质规定。买方以此要求该出口公司赔偿 15 000 英镑的损失。

案情分析

该出口公司没有充分的理由拒绝赔偿,因为卖方行为已经构成双重保证。在国际贸易中,凡是既凭样品买卖,又凭说明买卖时,卖方所交货物必须既符合样品要求,同时又符合说明要求,否则,买方有权利拒收货物。本案中,合同规定水分为 14%,杂质不超过 2.5%。以此来看,双方是凭说明进行买卖,我方所交货物只要符合合同规定就算履行义务。但是,我方在成交前向对方寄送过样品,并且没有注明"参考样品"字样,签约后又电告对方所出运货物与样品相似。买方有理由认为货物既凭样品又凭说明进行交易。因而买方检验货物与样品不符,有权索赔。

案例启示

(1) 在国际贸易中,若向对方邮寄参考样品,一定注明"参考"字样。

(2) 卖方在签订合同时,如能用一种方法表示品质,尽可能不要再提供其他的可能与前一种品质表述方法不太一致的方法,以免买卖双方就此产生争议与纠纷。

(3) 对于买方来说,如果要用几种方法来共同约束的话,要尽可能在合同中明确,以维护自己的利益。

第六章　运输与保险

1 数量短缺和提单案例

2004 年 1 月,中国某服装进出口公司与墨西哥某外贸公司签订了一项关于运动衫的货物买卖合同。双方在合同中约定:由中国某服装进出口公司作为卖方向墨西哥某外贸公司出售一批运动衫,数量为 50 000 件,合同采用的贸易术语为 FOB 上海。双方还约定这批货物应当在当年的 3 月 15 日前交付墨西哥某外贸公司指定的承运人以便运输。

2004 年 3 月 9 日,该服装进出口公司将生产好的 50 000 件运动衫分别装在 1 000 个纸箱中,交付墨西哥外贸公司指定的承运人——香港某远洋运输公司的"惠兴"轮,进行运输。"惠兴"轮的船长在对这批货物进行了初步的检查以后,向该服装进出口公司签发了清洁已装船提单,也就是说承运人并没有对这批货物从表面上看是否异常进行批注。中国服装进出口公司收到清洁提单后到银行议付了货款。

当这批运动衫运抵墨西哥后,墨西哥外贸公司立即对这批货物进行了检查。结果发现这批货物并没有达到合同约定的数量 50 000 件。在这 1 000 个纸箱中有大约 100 余个纸箱出现了运动衫数量短少的情况,短少的数量从几件到几十件不等。墨西哥外贸公司随后又立即请一家商品检验机构对这批货物进行了检验。这家商品检验机构也随即出具了有关这批货物数量短少的证明。

鉴于此时中国的服装进出口公司已经从银行议付了货款,墨西哥外贸公司根据双方在买卖合同中签订的仲裁条款,向中国某国际经济贸易仲裁机构提交了仲裁申请。中国服装进出口公司在收到仲裁通知以后,立即进行了答辩。中国某服装进出口公司认为:首先,这批货物的承运人向该公司签发了清洁提单,说明这批货物在交付承运人的时候是完好的,不存在破损或数量短少的情况,因此不能证明这批运动衫数量短缺的责任在中国服装进出口公司一方;第二,买卖双方在签订合同时约定的贸易术语是FOB,根据该术语,货物由卖方交付承运人后,当货物跨过承运人的船舷时,货物灭失的风险就转移给了买方,作为卖方的中国服装进出口公司就不应为此承担任何责任,而作为买方的墨西哥外贸公司应当追究承运人——香港某远洋运输公司或有关的保险公司——的责任;再次,墨西哥外贸公司是在货物到达墨西哥的港口后才对这批货物进行了检验,在中国服装进出口公司并未知晓的情况下墨西哥外贸公司就单方面对这批货物进行了检验,这对中国服装进出口公司来说是不公平的,检测的结果也是不能被接受的。

在中国服装进出口公司提出抗辩理由后,墨西哥外贸公司认为对方的抗辩有一定的理由,就转而向这批货物的承运人——香港某远洋运输公司——发去了一封电报,要求该公司承担这批运动衫在运输途中灭失给外贸公司造成的损失。香港远洋运输公司在收到电报后立即进行了答复。该公司一方面声称自己在运输货物的过程中不存在任何过失,另一方面还向墨西哥外贸公司出示了一张"保函"。原来在中国服装进出口公司准备交付货物的时候,交货的最终期限已经临近,中国服装进出口公司为了及时交货,特别是为了让承运人立即签发提单以便该公司能够马上到银行议付货款,中国服装进出口公司就在承运人并未对全部货物进行检查的情况下,要求香港远洋运输公司出具清洁提单,并且保证如果因货物残损短缺而导致的一切损失,都由中国服装进出口公司而非香港远洋运输公司承担。墨西哥外贸公司为此再次要求中国服装进出口公司承担货物灭失的全部责任。

案情分析

本案的焦点何在?

本案是一起因为数量短缺引起的国际货物买卖合同纠纷。但是很明显,数量短缺是在货物运输的过程中发生的,本案的举证工作也是围绕有关的当事人是否在运输过程中适当地履行了其义务而展开的。

首先要明确的是,买卖双方约定在合同中采用的贸易术语是FOB。正如卖方中国某服装进出口公司在其答辩中所阐述的,当货物在指定的装运港越过船舷,卖方即完成了交货。这也就意味着买方应当从货物越过船舷的那一刻起就承担货物灭失或损坏的一切风险。也就是说,只要这批货物在越过船舷前没有发生损坏或灭失的现象,卖方就不承担任何责任。在这里还要强调的一点是,FOB术语与CIF术语最大的不同就是,FOB术语并不要求卖方订立与货物运输有关的运输合同或保险合同,但是CIF术语却要求卖方履行此类义务。但是,无论采用哪种术语,货物风险转移的标志都是货物是否越过了船舷。因此,只要货物一越过船舷,就应当由买方承担货物灭失或损坏的风险。至于买方如何承担风险,是否再要求承运人或保险人承担责任,就完全是买方自己的事了,与卖方没有任何关系。

既然是这样的话,判断责任如何承担的依据就是这批运动衫的数量短缺究竟是在何时发生的。如果是在货物越过船舷之前发生了损害或灭失,毫无疑问应当由作为卖方的中国服装进出口公司承担。如果是在货物越过船舷之后发生了损害或灭失,就应当由作为买方的墨西哥外贸公司承担责任;或者墨西哥外贸公司要求承运人或保险人承担责任。在这种情况下,判断这批运动衫数量短缺在何时发生的最重要依据就是提单了。

提单在本案中的作用是怎样的?

提单是在国际货物买卖中的重要文件。提单是托运人向承运人托运货物,在货物装船后或在承运人收到货物后,由船长或承运人的代理人签发的,证明收到提单上所载明的货物,允诺将货物运至指定的目的地并将货物交付给收货人的凭证。

在通常的情况下,提单具有三方面的作用。

首先,提单是海上货物运输合同的证据。有些国家的法律认为,就承运人与托运人之间的关系而言,提单本身并不是他们之间订立的运输合同,而是他们订立的运输合同的一种证据。提单是由承运人,或承运人的代理人或船长签发给托运人的,在提单上只有一方当事人代表的签字,而不是由双方当事人共同签字,因而在形式上提单并不具备合同的要求。

其次,提单是承运人对货物出具的收据。承运人签发了提单就表示承运人已经收到了在提单上所载明的货物,货物在交付给承运人时的状况如何都以提单的标注为准。如果承运人事实上并没有收到货物,或者货物与提单上的记载不符的时候,承运人可以及时提出货物的实际状况与卖方向买方说明的情况是不同的。但是如果一旦承运人签发了提单,并且没有对收到的货物进行任何批注,那么在买方或其他收货人收到货物的时候,就完全有理由认为货物在装运前是完好无损、符合合同要求的。如果发现货物出现了破损或灭失,就可以由此推论为是在货物的运输过程中发生的并由承运人承担责任,而承运人也不能就此作出任何反驳。因此承运人在签发提单的时候要非常谨慎。

第三,提单是代表货物所有权的凭证。提单的主要目的是使提单的持有人能够在货物运输过程中通过转让提单来处理提单项下的货物。按照商业惯例,拥有提单就相当于拥有了货物,而提单的转让通常具有与交货本身同样的效果。因此,提单就是货物的象征。所谓提单是一种物权凭证,指的就是提单的这种作用。由于提单具有这种物权凭证的作用,在国际贸易中,它可以作为买卖的标的物和向银行押汇的担保物。

在此还要说明的是,提单作为一种国际贸易单据,可以根据不同的标准进行分类。例如,按照签发提单的时间是在货物装船之前还是在装船之后,可以将提单分为已装船提单或备运提单;按照承运人在提单上对货物的外表状态有无加列批注,可以分为清洁提单和不清洁提单;按照提单的收货人抬头,可以分为记名提单、不记名提单和指示提单;按照运输方式,可以分为直达提单和海上联运提单;按照经营运输方式,可以分为班轮提单或租船合同项下的提单。

上述分类对本案最有实际意义的就是对清洁提单与不清洁提单的区分。在本案中,香港某远洋运输公司作为承运人就向托运人中国某服装进出口公司签发了清洁提单。签发清洁提单,就意味着货物在表面状况上看是良好的。在承运人签发了清洁提单的情况下,如果在目的港卸货时发现货物的表面状况有缺陷,承运人就必须承担损害赔偿的责任。但是在这里要注意的是,只要求承运人在货物表面情况良好的时候就可以签发提单,至于货物本身是否存在其他问题,并不要求承运人在货物装运时就对此有所察觉,因为要求承运人具备这种能够识别货物内在缺陷对于承运人是不公平的,也基本上是不可能的。在本案中,香港某远洋运输公司在接受货物时,只要检查这 1 000 个纸箱没有发生破损或其他问题。至于每个纸箱是否按照合同的约定装满了 50 件运动衫,要求承运人对每个纸箱都开箱检查、清点数量,然后再决定是否签发清洁提单,显然是不现实的。因此,在本案中香港某远洋运输公司为中国某服装进出口公司签发清洁提单是完全合理的。

在本案中,"保函"起到了什么作用?

在本案中,还有一点值得注意,就是在中国服装进出口公司在向香港远洋运输公司出具了"保函"之后,香港远洋运输公司才决定向中国服装进出口公司签发清洁提单。而在墨西哥外贸公司向香港远洋运输公司提出赔偿请求的时候,香港远洋运输公司进行抗辩的理由就是中国服装进出口公司向运输公司出具了保函。

在国际海洋货物运输过程中,所谓保函就是托运人为了让承运人给他签发清洁提单,而由托运人向承运人作出的一种保证。在国际贸易中,买方一般不愿意接受不清洁提单,因为一旦这种提单项下的货物因在提单上批注的事项而在运输途中遭受损害或灭失,买方就不能要求承运人赔偿损失,银行一般也不接受不清洁提单作为议付货款的单据。因此,卖方为了尽快得到清洁提单从而顺利地在银行议付货款,就往往会向承运人保证,如果因为货物残损短缺以及因为承运人签发清洁提单而引起的一切损失,都由托运人承担,承运人不用承担任何责任。保函实际上就是托运人作出这种承诺的书面声明。

由于这种保函的出具往往造成承运人疏于对货物的检查以及对货物真实情况的隐瞒,而且托运人比较容易利用保函进行诈骗,所以在各国的法律规定及司法实践中,一般认为保函具有欺骗性质,因而是无效的或者是不能要求法院加以强制执行的。这样一来,即使承运人取得了保函并由此签发了清洁提单,如果由于货物存在破损或灭失的情况,买方要求承运人承担运输不当的责任,承运人也不能根据保函要求免除责任。因此,在通常情况下保函不能起到作为托运人承诺的作用。

但是在某些情况下,特别是因为承运人专业知识有限不了解货物全面情况的时候,或者在承运人和托运人对货物的数量及真实情况存在分歧的时候,允许承运人通过保函进行免责。总而言之,只要托运人向承运人出具保函的行为不具有欺诈的性质,保函还是可以被视为成立的。

在本案中,如果能够证明中国服装进出口公司与香港远洋运输公司没有故意通过出具保函,对墨西哥某外贸公司进行欺诈,就应当认定:只要是因为货物残损短缺以及因为香港远洋运输公司签发清洁提单而发生的一切损失,都应当由中国服装进出口公司承担。

通过仲裁,本案的最终结果如下:

中国某国际经济贸易仲裁机构在对以上事实进行了分析以后认为,尽管中国服装进出口公司在交付货物后取得了证明这批运动衫表面状况良好的清洁提单,但是清洁提单只能说明这批货物的表面情况良好,至于这批货物的真实情况如何并不能得到证明。而香港远洋运输公司在无法对每个装有运动衫的纸箱都检查的情况下签发了清洁提单,由此产生的任何责任都不应当由香港远洋运输公司承担。只要香港远洋运输公司能够证明其在运输途中没有任何过失,就不应当在本案中承担任何责任。由此推论下来,中国服装进出口公司最终承担了这批运动衫数量短缺的责任。

案例启示

在 FOB、CFR、CIF 术语条件下,货物越过船舷出口方即完成交货义务,其风险也随之转移给了进口方。对货物越过船舷之后发生的任何损坏或灭失,卖方不承担任何责任;对在运输途中发生的损失,进口方可向承运人或保险公司索赔。但如果包装的外表完好,没有任何遭受损坏的迹象,货物经检验发现质量不符合同要求或数量短缺,则可以推断系出口方在装运前货物本身就存在质量问题或在装箱时发生了数量短缺的问题,出口方应承担责任。

托运人应本着"重合同、守信用"的诚信原则,严格按照合同规定备货,确保货物的数量、质量规格及包装符合规定,并在合同规定的时间内将合格的货物向承运人托运货物,取得合格的运输单据凭以安全收汇。

2 未列明转运港致损案

案情介绍

国内 A 公司从香港 B 公司进口一套德国设备,合同价格条件为 CFR 广西梧州,装运港是德国汉堡,装运期为开出信用证后 90 天内,提单通知人是卸货港的外运公司。

合同签订后,A 公司于某年 7 月 25 日开出信用证,10 月 18 日香港 B 公司发来装船通知,11 月上旬 B 公司将全套议付单据寄交开证行,A 公司业务员经审核未发现不符并议付了货款。

船运从汉堡到广西梧州包括在香港转船正常时间应在 45～50 天。12 月上旬,A 公司屡次查询梧州外运公司都无货物消息,公司怀疑 B 公司倒签提单,随即电询 B 公司,B 公司却答复已如期装船。

12 月下旬,A 公司仍未见货物,再次电告 B 公司要求联系其德国发货方协助查询货物下落。B 公司回电说德国正处圣诞节假期,德方无人上班,没法联络。A 公司无奈只好等待。

次年元月上旬,圣诞假期结束,B 公司来电,称货物早已在去年 12 月初运抵广州黄埔港,请速派人前往黄埔办理报关提货手续。此时货物已在海关滞报 40 多天,待 A 公司办好报关提货手续已是次年元月底,发生的滞箱费、仓储费、海关滞报金、差旅费及其他相关费用达十几万元。

案情分析

造成上述结果的原因主要有以下几个:

（1）合同未列明转运港。A公司按经验想当然认为转运港定是香港，卸货港定是梧州。可德国发货方并不知道香港—梧州有船来往，他们安排了汉堡—香港—广州—梧州的运输路线，而该路线是合理的。

（2）原合同规定提单通知人为卸货港的外运公司较笼统。货抵黄埔后，黄埔外运不知货主是谁。按原外贸公司进口合同标准格式，提单"收货人"通常为"凭指定"，"通知人"为"目的港外运公司"。A公司认为合同目的港是梧州，因此他们只和梧州外运联系，根本没想到黄埔外运。

案例启示

采用CFR、CIF、CPT、CIP等术语成交，即由合同卖方安排运输并支付运费的进口合同，如目的港是内河或内陆口岸，或装运港与目的港间无直达航线需要周转的，可采取如下方式：

（1）允许转船但要明确规定转船的地点。转船地点的选择要考虑经济和便捷的原则，最好在中国关区以外（如中国香港、新加坡等），以避免在异地办理报关或转关手续。

（2）合同和信用证最好要求在提单"通知人"栏注明详细的收货人或外贸代理公司的名字、联系人姓名、电话号码等，以便联系，及时报关提货。

（3）如有可能，进口合同尽可能采用FOB价格术语，由买方自行落实船公司安排运输。

3 分批装运纠纷案

案情介绍

某国际贸易公司向乔治公司出口花生仁，总货量为500吨，采用信用证结算，通知行为开证行在出口地的分行。来证规定："分5个月装运，3月份80吨，4月份120吨，5月份140吨，6月份110吨，7月份50吨。每月不许分批装运，从中国港口至伦敦。"

国际贸易公司收到信用证后，按信用证规定于3月15日在青岛港装运了80吨；于4月20日在青岛港装运了120吨，均顺利收回了货款。国际贸易公司后因货源不足，5月20日在青岛港只装了70吨，后经联系得知烟台某公司有一部分同样品质规格的货物，国际贸易公司要求"HULIN"轮再驶往烟台港继续再装其不足之数。船方考虑目前船舱空载，同意在烟台港又装了64吨。该公司向议付行办理议付时，提交了两套提单：一套于5月20日在青岛签发，货量为70吨；另一套于5月28日在烟台签发，货量为64吨。单据寄到开证行被认为单证不符，拒受单据。所列不符点如下：

"（1）我信用证规定5月份应装运140吨，不许分批装运。你方在5月20日于青岛港装了70吨，5月28日又在烟台港装了64吨，不符合信用证不许分批装运的规定。

（2）我信用证规定 5 月份装运 140 吨，你方 5 月份装运总货量才 134 吨，短装 6 吨，不符合信用证要求。

以上不符点经联系开证申请人，其不同意接受单据。请告对单据处理的意见。"

开证行提出上述意见的同时，国际贸易公司也接到乔治公司的来电："第××号合同项下的花生仁，你 5 月份交货不足，造成实际用户停工待料，损失××美元。你方应赔偿我方的损失，否则我方无法付款。"

国际贸易公司对乔治公司的上述索赔意见提出如下反驳："你××日电悉。关于所谓短交货问题，我们认为 5 月份实交 134 吨，而信用证规定 5 月份交货量为 140 吨，实交数量占规定数量的 96%，只短交了 4%。根据第××号合同规定，'Seller to have the option of delivering 5% more or less on the contract quantity'（卖方交货数量可以比合同的数量增减 5%），我 5 月份仅少交 4%，未超过 5%，符合合同规定，请你方按时付款。"

国际贸易公司向乔治公司提出上述反驳意见后，事隔一个多月仍未得到对方答复，却又接到开证行的来电："关于第××号信用证项下单据的不符点，多时未见对单据处理意见的答复。我行已再三联系开证申请人，对方仍坚持不接受单据。速告单据处理的意见。"

国际贸易公司经研究向开证行作如下答复：

"对××号信用证项下的单据，你方所谓不符点，我们认为，① 我方虽在青岛港装了 70 吨，又在烟台港装了 64 吨，但它们是装在同一条船上，到目的港时收货人可以同时收到两批货，无异于一批装运。对收货人来说，仍然是一次收到 134 吨，所以不应认为是分批装运。② 信用证规定总货量 500 吨分 5 个月装出。由于受船舱容量、包装条件等因素影响，每批货量不能完全按照原数装运，即应有一定的增减幅度。而且合同也规定货量允许有 5% 的增减。是否短交以最后能否达到总数量 500 吨来衡量。

综上所述，我们单据不存在单证不符情况，你行应按时接受单据，立即付款。"

开证行对国际贸易公司的答复仍持不同的见解，又提出如下意见：

"信用证规定不许分批装运，你却分两批装运，于 5 月 20 日在青岛港装 70 吨；又于 5 月 28 日在烟台港装 64 吨。我行不管你实际货到目的港能否同时在一条船上卸货，分了两次装运就是单证不符。《UCP600》第 5 条规定，'银行处理的是单据，而不是可能与单据有关的货物、服务或履约'。所以我行不管实际货物如何，只管单据与信用证相符。信用证规定不许分批装运，你方分两批在两个港装，就是不符合信用证规定。

至于信用证规定 5 月份装运 140 吨，你仅装 134 吨，短装 6 吨。即使合同规定允许有 5% 的增减，只是买卖双方贸易合同规定，与我行无关，我行也不受其约束。根据《UCP600》第 4 条规定，'信用证按其性质是一项与凭此开立的销售合同或其他合同不相连的交易。即使信用证中援引这类合同，银行也与之毫无关系，并不受其约束。因此，银行对承付、议付或履行信用证项下任何其他义务的承诺，不受申请人与开证行之间或申请人与受益人之间的关系而产生的索赔或抗辩的约束'。你方认为'是否短交应以最后能否达到总数量 500 吨来衡量'。但信用证已明确限定 5 月份必须装 140 吨，不许分批装运,则只能以是否达到 5 月份装运 140 吨来衡量,不足 140 吨就是构成短交。

根据上述情况,你方单据仍为单证不符,开证申请人不同意接受,故无法付款。"

最终以国际贸易公司被迫答应乔治公司的索赔而结案。

案 情 分 析

根据本案的情况,国际贸易公司接受乔治公司索赔完全是错误的。因为国际贸易公司从装运到单据根本没有任何差错。开证行所提的单证不符完全是子虚乌有。但是国际贸易公司却甘当败诉者,付出赔款,实在是罕见的错误。

国际贸易公司对开证行提出单证不符的意见没有及时、有力地反驳,是造成其损失的主要原因。乔治公司提出索赔,当然应给予反驳,但不能单纯等待乔治公司付款。国际贸易公司向乔治公司反驳后,对方自知理屈,所以迟迟不回答。国际贸易公司却稳若泰山等待了一个多月,拖延至开证行第二次来电催促要求答复时,才开始向开证行交涉。

国际贸易公司不了解信用证项下的结算特征。根据《UCP600》规定,信用证是开证行应申请人的要求,以银行自身的名义,在单证相符的条件下凭规定的单据向受益人保证付款,开证行是第一个负责保证付款的责任者,即使申请人倒闭,银行也必须负责赔付全部货款。本案的开证行在提出不符点意见中称,由于开证申请人不同意付款,因此才无法付款。开证行这种说法是错误的。既然国际贸易公司也知道自己的单据正确,却不及时向开证行反驳交涉,反而等待乔治公司的答复给予付款。待开证行第二次催促对单据的处理意见时,国际贸易公司才始研究答复,但所反驳的意见又不能利用《UCP600》有效的国际惯例去驳斥,故其单据虽正确却无法驳倒对方。

国际贸易公司由于货源关系,在青岛仅装运一部分,在烟台又装一部分。只要货物装在同一艘船上只上,其运输路线保持不变,即使装运日期与地点不同,也不能算为分批装运。《UCP600》第 31 条 b 款规定:"交单包含一套以上的运输单据,证明装运起始于同一运输工具、同一航次,如它们表明同一目的地,将不被视为分批发运,即使它们注明不同的装运日期或不同的装货港、接管监管或发运地。"国际贸易公司提交的提单虽然在青岛与烟台两港分别装在一条船,但根据上述《UCP600》的规定,根本不能算做分批装运。国际贸易公司向开证行的申述中未能引用《UCP600》相关条文,虽然说了一些道理,又解释了实际收货人可以同时一起收货的情况,但反而被开证行引证《UCP600》第 4 条关于在信用证业务中,银行只处理单据,不管货物情况的规定而驳得无言以对。

对于短装的问题,国际贸易公司也犯了同样的错误。根据《UCP600》第 30 条 b 款规定:"如信用证未规定数量以包装单位或以个数计数,以及所支取的总金额不超过信用证金额,货物的数量允许有不超过 5% 的增减幅度。"可见,只要发运货物不是以包装单位(如××箱)或个数(如××打)计数时,则允许有 5% 的增减。国际贸易公司只少装了 4%,未超出 5% 的幅度范围,即符合《UCP600》的规定。但国际贸易公司没有利用这样有效的国际惯例进行反驳,却向开证行阐述按原数装运的一些难处,并申述合同上有规定 5% 增减。类似这样的理由当然无法证明单证相符,也无法反驳对方。所以开证行利用《UCP600》第 4 条关于信用证业务中银行不受买卖双方销售合同约束的内容,使国际贸易公司无法抗辩,最终错误地接受了对方提出的索赔要求。

乔治公司由于某种原因企图拒付货款,与开证行串通一气制造所谓的不符点。国际贸易公司本来单据不存在不符点,也再三申称不存在单证不符情况,但没有看穿对方的阴谋,只是不断解释,加之不熟悉《UCP600》条文,没有利用有效的国际惯例进行反驳,反被开证行以《UCP600》的有利条文驳得无言以对。这是本案中国际贸易公司遭受损失的主要原因。

案例启示

出口企业如采用信用证付款方式,交单议付时必须做到"单证一致、单单一致"以确保安全收汇。如存在单证不符情况,对开证行提出的单证不符意见应会同议付行积极商讨对策,有针对性地运用《UCP600》惯例与开证行进行交涉,及时、有效地解决单证不符问题。同时主动联系进口方,请进口方予以积极配合,将收汇的风险及损失减至最低。

4 分批装运与分套制单的误解

案情介绍

某农产品进出口公司于 1997 年向斯特勒国际贸易有限公司出口一批芸豆。2 月 25 日接到对方开来信用证,有关部分信用证条款规定如下:

"1 000 M/T of Large White Kidney Beans … Three sets of shipping documents to be required as follows:one set for 300 M/T,one set for 200 M/T,one set for 500 M/T. Shipment not later than 31st March,1997. Partial shipments are not allowed. "(1 000 吨大白芸豆……装运单据需分如下三套:300 吨一套;200 吨一套;500 吨一套。装运期不得晚于 1997 年 3 月 31 日,不许分批装运。)农产品进出口公司经与船方代理公司联系,根据 3 月末前舱位情况,1 000 吨无法在一条船上装完,即向买方斯特勒国际贸易有限公司提出修改信用证。3 月 14 日接到信用证修改书,内容改为:"Partial shipments are permitted. All other credit terms and conditions remain unchanged"(允许分批装运,信用证的其他一切条款均未改变)。

农产品进出口公司最后经过船方代理公司于 3 月 20 日起将货相继装出,即于 3 月 21 日装上"AXING"轮 300 吨;3 月 24 日装"WANGJIANG"轮 200 吨;3 月 26 日装"SHUNJIANG"轮 200 吨;3 月 28 日装"WANQUANHE"轮 300 吨,并各取得 3 月 21 日、3 月 24 日、3 月 26 日和 3 月 28 日签发的提单。农产品进出口公司于 3 月 31 日将备齐的全部单据通过议付行向开证行寄出。但开证行于 4 月 14 日提出以下单证不符点：

"第××号信用证项下单据经我行审查发现单证不符，根据你方所提交的单据共四套，即300吨一套，200吨一套，200吨一套和300吨一套。我信用证规定，装运单据分三套，所以你方单据与我信用证规定不符，单据暂由我行留存，速告如何处理。"

农产品进出口公司于4月16日提出反驳意见：

"你14日电悉。对于我第××号单据所谓单证不符，我们认为，你信用证虽然规定在不分批的条件下分三套单据，但你3月14日已将信用证修改为允许分批装运。既然又允许分批，所以我按任何分批方法装运，即分300吨一批、200吨一批、200吨一批及300吨一批，并不违背你行信用证的要求。因此，你行所谓'单证不符'不能成立。"

但开证行于4月17日复电，仍坚持原意见：

"你16日电悉。关于第××号信用证项下的你方单证不符合，经我们研究，仍认为你方误解信用证修改条款的要求。我信用证原条款规定不许分批装运，装运单据需分三套——300吨一套，200吨一套，500吨一套。我信用证于3月14日仅修改为'允许分批装运'，即装运单据需分三套条件的条款要求仍然存在，其三套单据是不可改变的。至于修改可分批装运，意即三套单据各数量（300吨、200吨、500吨）可以不必装一条船，但仍要求按三套单据提交。你方所提交的单据却分四套（300吨、200吨、200吨和300吨），故不符合信用证要求。"

农产品进出口公司认为开证行上述电文中的意见与信用证规定的条款有出入。于4月21日又向开证行作出如下反驳意见：

"你17日电悉。我们认为原信用证条款规定不许分批装运的情况下又要求装运单据分三套，其意思应理解为除三套的数量可以分开装运外，在三套的单据之中每批的数量不能再分批。但信用证之后又修改为允许分批装运，其意思应理解为在规定的三批装运中，允许每批中还可以再分批，即分四批、五批……都可以。我装'JIAXING'轮300吨、'WANGJIANG'轮200吨、'SHUNJIANG'轮200吨和'WANQUANHE'300吨，所以符合信用证要求。"

开证行于4月28日又回电，电文如下：

"你21日电悉。我4月17日电文中已经阐明，我原信用证条款规定装运单据分三套，又规定不许分批装运，其意思应该理解为1000吨只能不分批地装在同一条船上，单据要分三套缮制。之后信用证又修改为允许分批装运，其意即在保持原规定三套单据的数量不变的条件下，允许在三套单据之间分批装运。也就是说300吨可以装一条船；200吨可以再另装一条船；500吨也可以再另装一条船。在每批之中的数量绝不能再分批，因为我信用证只将'不许分批装运'改为'允许分批装运'，其他条款保持不变。请注意我3月14回信用证修改又特别阐明'信用证的其他一切条款均未改变'。也就是说除了分批装运条款外，分三套单据提供的要求并未改变，它仍然存在。如需分批也只能在三套数量之间分批。每套单据限定数量中再不能分批装运。所以你方分四套单据提交是不符合我信用证要求的。"

经有关人员研究，并将上述开证行所解释与信用证对照，农产品进出口公司才认识到确实误解了信用证条款。农产品进出口公司又与斯特勒国际贸易有限公司商洽,亦无效果,最终以降价20%结案。

案情分析

本案例中,农产品进出口公司完全没有理解信用证条款的要求。开证行在4月17日电文对农产品进出口公司的误解信用证条款作了解释,但农产品进出口公司仍然认为自己的理解是正确的。4月28日开证行再次对信用证的条款进行了详尽的解释,农产品进出口公司才有所醒悟。正如开证行所解释的那样,信用证条款规定不许分批装运,后改为允许分批装运,但原规定限制三种数量、分三套单据提交的要求并未改变。该信用证经修改后实质变成如下条款:"允许分批装运,但单据必须分为三套,即300吨为一套,200吨为一套,500吨为一套。"单据分三套是肯定的。如果1 000吨只装一条船也可以,但单据仍要按上述限定的数量300吨、200吨、500吨分三套单缮制。如果将1 000吨分两条船装也可以,例如第一条船装500吨,单据则分两套:300吨一套,200吨一套;另一条船装500吨为一套单据。如果1 000吨分三条船装也可以,则按规定数量300吨、200吨和500吨分装三条船,单据按每条船一套分别缮制。上述几种分批方法均符合信用证要求。除此之外,分四条船、五条船等都违背了信用证的要求。

总而言之,不分批也可以,单据仍分三套。如分两批或三批也可以,单据仍要分三套,分三套单据是不可改变的。而农产品进出口公司恰恰相反,却分了四条船装,单据分四套,当然不符合信用证要求了。

案例启示

"正确"、"及时"是单证工作的原则。农产品进出口公司的第一批货于3月21日装了300吨,第二批于24日装了200吨,既然信用证修改为允许分批装运,应该将21日所装的300吨和24日装的200吨分别及时向银行交单办理议付。如果能这样及时交单,这两笔共500吨的货款即可安全收回。因为第一批货和第二批货的装运数量完全符合信用证条款所规定的分批和分套制单的要求,单证相符,开证行就必须接受第一批交单和第二批交单的单据并按时付款,这样就能减少一半的损失。即使不是这样的情况,一般单证工作也要求在装运后及时向银行交单办理议付,早一天收汇就多增加一天外汇利息。尤其是在人民币汇率趋涨的情势之下,更应尽早交单、尽早收汇。

5 单据出单人的分歧

F贸易发展进出口公司向E国际贸易公司出口一批蚕豆。在货物装运后，单证人员向商品检验局申请出具品质检验证书时，商品检验局经查对，发现该批货物并未申请报验，所以不能出具品质检验证书。单证人员向领导汇报，并经核对各项手续和资料，证实国外开来信用证规定要求出具"Inspection certificate of quality in duplicate"（品质检验证书一式两份）。但业务部通知储运部的委托书上有关申请报验和出具检验证书栏漏填项目，使报验人员认为不需要报验，而且该商品又属于非法定检验商品，合同也没有规定出具品质检验证书，所以未办理申请检验而装运了。

为了向银行交单结汇，只好由F贸易发展进出口公司自己出具品质检验证书一式两份。按信用证要求和发票上表示的规格证明水分最高15％，杂质最高1％。某年3月20日，单据寄到开证行即被提出：

"第××号信用证项下单据经审查存在不符点。我所收到的品质检验证书系由受益人自己出具的，我信用证虽然对其未规定出单人的要求，但该证书不能由受益人自己出具而证明自己商品合格，这样的检验证书不能生效。根据《UCP500》第20条关于出单人不明确的规定，信用证项下应提交的任何单据，如果对其出单人规定不明确时，只要所提交的单据表面与信用证其他条款相符，并且非由受益人出具单据表面上与信用证其他条款相符，银行将照予接受。这就是说，信用证对出单人规定不明确，只要不是受益人出具，其他任何人出具都可以接受。所以受益人自己出具的品质检验证书不能生效。经联系申请人亦不同意接受单据。单据暂代保管，速告单据处理意见。"

3月21日，E国际贸易公司也提出异议：

"第××号合同项下货物的品质检验证书无法通关，因系F公司自己出具的。我地当局规定该商品必须提供品质检验证书通关，而且规定出口商自己出具的证书无效。速补寄检验机关出具的证书。"

F贸易发展进出口公司接到开证行上述拒付的通知后，经研究决定先对开证行提出反驳意见。因为单纯从单证角度看，开证行的理由不充足，打算利用信用证作用先收回货款后，再与买方洽商解决。所以3月23日对开证行作如下答复：

"你20日电悉。你行对第××号信用证项下我第××号单据所谓不符点，我们不同意你方意见。我们认为，你行所引证《UCP500》第20条，是误解原条文规定。请先看原条文是这样规定的，不应使用诸如'第一流的'、'著名的'、'合格的'、'独立的'、'正式的'、'有资格的'、'当地的'以及类似的词语来描述信用证项下应提交的任何单据的出单人。如信用证中加注了此类词语，只要提交的有关单据在表面符合信用证的其他条款和条件，且非由受益人出具，银行将照予接受。换句话说，如果你信用证对品质检验证书规定由'第一流的'或'著名的'等检验机构出具,则该检验证书不能由受益人出具。你第××号信用证并未有这样类似词语来描述出单人,你信用证只规定'品质检验证书一式两份'。所以,本情况不适用于《UCP500》第20条,却适用于第21条。第21条是这样规定的,'当要求提供运输单据、保险单据和商业发票以外的单据时,信用证中应规定该单据的出单人及它们的措辞或数据内容。如果信用证中没有这样的规定,只要提交的单据的数据内容能与提交的其他所规定单据不矛盾,银行将接受这样的单据'。所以我所提交的品质检验证书符合你信用证和《UCP500》的规定,你行没有理由不接受它。

请你行立即付款。"

F贸易发展进出口公司与买方经过反复洽商,决定以生产厂商的名义补办出品质检验证书。并且开证行再未提出反驳,以按原额付款而结案。

案情分析

首先F贸易发展进出口公司内部衔接不够,有关经办人员工作疏忽使该货物在出运前未申请报验。待装运后才发现漏报验,这种情况应引起F贸易发展进出口公司的重视并改进工作。

单据的出单人不明确时,可以这样操作:信用证如要求由"第一流的"、"著名的"、"正式的"或类似这样模糊说法的出单人出具单据,只要不是由受益人出具,任何人出具都可以;如果除运输单据、保险单据和商业发票以外的其他单据的出单人不明确,如果信用证连这样"第一流的"等模糊说法都没有规定,则包括受益人在内的任何人出具都可以。本案例的品质检验证书就属于后者。开始开证行也混淆了《UCP500》上述两者的区别,经F贸易发展进出口公司反驳后才以失败而告终。

案例启示

在出口实务中,我国一般多数由中国进出口商品检验局或检验公司出具品质检验证书。买方既然需要卖方提供品质检验证书理应在签订合同时明确规定,在开立信用证时也明确证书的出具人。由于买方没有这样做,虽然通过开证行提出拒受单据,被F贸易发展进出口公司准确地反驳后,只好请求补寄一份厂商出具的品质检验证书办理通关手续。

F贸易发展进出口公司工作上也有一定的疏忽,信用证要求出具品质检验证书而漏申请报验。本来错在F贸易发展进出口公司,但在本案例中F贸易发展进出口公司能按时收回了货款,完全是由于该公司熟悉并准确掌握了《UCP500》惯例,反驳得开证行无言以对,这也说明在单证纠纷中准确掌握《UCP500》惯例是何等重要!

6 误解装运期条款造成损失案

某对外贸易进出口公司于 5 月 23 日接到一张国外开来的信用证,信用证规定受益人为对外贸易进出口公司(卖方),申请人为 E 贸易有限公司(买方)。信用证对装运期和议付有效期条款规定:"Shipment must be effected not prior to 31st May, 1997. The draft must be negotiated not later than 30th June, 1997"(货物不能早于 1997 年 5 月 31 日装运,汇票不能晚于 1997 年 6 月 30 日交银行代付)。

对外贸易进出口公司发现信用证装运期太紧,23 日收到信用证,31 日装运就到期。所以有关人员即于 5 月 26 日(24 日和 25 日系双休日)按装运期 5 月 31 日通知储运部安排装运。储运部根据信用证分析单上规定的 5 月 31 日装运期向货运代理公司配船。因装运期太紧,经多方努力才设法商洽将其他公司已配上的货退载,换上对外贸易进出口公司的货,勉强挤上有效的船期。对外贸易进出口公司经各方努力终于在 5 月 30 日装运完毕,并取得 5 月 30 日签发的提单,6 月 2 日备齐所有单据向开证行交单。

6 月 16 日,开证行来电提出:"第×××号信用证项下的第×××号单据经审核,存在单证不符。根据你提单记载 5 月 30 日装运货物,超出我信用证规定的装运期限。以上不符点经研究不能同意接受,单据暂在我行代保存,速告如何处理。"

对外贸易进出口公司接到开证行来电后,查核留底单据,未发现我单据有与信用证不符的地方,认为对方可能有误。于 18 日即向开证行回电:"你 16 日电悉。但我们认为单证不存在不符点。你信用证规定装运期为 5 月 31 日,我 5 月 30 日装运,并未超过信用证规定的装运期限——31 日。所以我单证相符,请你行查核并按时付款。"

6 月 20 日又接到开证行复电:"你 18 日电悉。你方虽然作了一些解释,但你方没有完全理解信用证条款和我前电的要求。我提请你方注意,我信用证规定的是'装运必须不得早于 1997 年 5 月 31 日',也就是说只能晚于 5 月 31 日,实际就是须在 31 日以后装运,而你方却于 31 日以前装运,所以不符合我信用证要求。我行仍然不能同意接受单据,速告单据处理的意见"。

对外贸易进出口公司根据开证行上述意见再次对照信用证条款,才发现信用证的装运期正如开证行所说的不得早于 5 月 31 日(... not prior to 31st May)。对外贸易进出口公司经有关人员研究,认为装运期这样不可更改的实质性不符点已无法再向开证行答辩,只好改向买方做工作,但几经反复交涉,均未得到解决。最终只好委托船方将原货再运回内销而结案,结果损失惨重。

本案例由于对外贸易进出口公司有关审证人员没有认真地审查信用证条款,误解信用证装运期规定,将不得早于 5 月 31 日的装运期当做不得晚于 5 月 31 日处理。即使该公司已经在本出口业务中的其他环节上做出了优异的成绩,结果一切也只等于零,还倒贴上运费,将货物再返回原处,前功尽弃,交易成为泡影。

本案例的信用证对装运期规定有点特殊,规定为不得早于 5 月 31 日装运(... not prior to 31st May, 1997),议付有效期规定为最迟不得晚于 6 月 30 日。换句话说,就是装运期与议付有效期都是在 6 月 1 日至 6 月 30 日之间。一般信用证对装运期的习惯规定为:最迟装运期某月某日,或不得晚于某月某日装(... not later than ...)。对外贸易进出口公司的审证人员就是受这种习惯的影响,在审证时没有仔细核查信用证上条款的词句,只看到有"5 月 31 日"字样就在"信用证分析单"上表示装运期为 5 月 31 日。储运部 5 月 26 日才接到"货运委托单"所通知的 5 月 31 日这样紧迫的装运期,还付出了不少的努力,与船方商洽让别的货退载挤上了对外贸易进出口公司的货,才争取在 5 月 30 日完成了装运任务,结果反而造成单证不符,将原货又退回装运港。

案例启示

采用信用证支付方式,受益人(出口方)必须认真、严格、仔细地审核信用证条款,准确理解信用证的每项条款规定,具体落实信用证对货物、最迟(或最早)装期、信用证有效期、交单期及到期地点、装卸港、单据等的要求,同时还要满足信用证提出的其他特殊要求。一旦发生交单不符情形就有被开证行拒付的可能,受益人将处于极为被动的局面。

7 识别"备运提单"的真伪

案情介绍

2001 年 3 月,国内某公司(以下简称甲方)与加拿大某公司(以下简称乙方)签订一设备引进合同。根据合同,甲方于 2001 年 4 月 30 日开立以乙方为受益人的不可撤销的即期信用证。

信用证中要求乙方在交单时,提供全套已装船清洁提单。

2001 年 6 月 12 日,甲方收到国内开证银行进口信用证付款通知书。甲方业务人员审核议付单据后发现乙方提交的提单存在以下疑点:

(1) 提单签署日期早于装船日期;

(2) 提单中没有"已装船"字样。

根据以上疑点,甲方断定该提单为备运提单,并采取以下措施:

(1) 向开证行提出单据不符点,并拒付货款;

(2) 向有关司法机关提出诈骗立案请求;

(3) 查询有关船运信息,确定货物是否已装船发运;

(4) 向乙方发出书面通知,提出甲方异议,并要求对方作出书面解释。

乙方公司在收到甲方通知及开证行的拒付函后,知道了事情的严重性,向甲方作出书面解释,并片面强调船务公司方面的责任。在此情况下,甲方公司再次发函表明立场,并指出由于乙方原因,设备未按合同规定期限到港并安装调试,已严重违反合同并给甲方造成了不可估量的损失。要求乙方及时派人来协商解决问题,否则,甲方将采取必要的法律手段解决双方的纠纷。乙方遂于 2001 年 7 月派人来中国。在甲方出具了充分的证据后,乙方承认该批货物由于种种原因并未按合同规定时间装运,同时承认了其所提交的提单为备运提单。最终,经双方协商,乙方同意在总货款 12.5 万美元的基础上降价 4 万美元,提供三年免费维修服务作为赔偿,并同意取消信用证,付款方式改为货到目的港后以电汇方式支付。

案情分析

本案例的焦点在于乙方提交银行的议付单据中,提单不符合信用证规定的"已装船清洁提单"的要求。由于乙方在实际业务操作中已经不可能在信用证规定的时间内向信用证议付行提交符合要求的单据,便心存侥幸以备运提单作为正式已装船清洁提单作为议付单据。岂不知这种做法不仅违反了合同的有关要求,而且已经构成了诈骗,其行为人不仅要负民事方面的责任,还要负刑事责任。作为信用证开证申请人,要从中总结以下经验:

(1) 在合同和信用证中详细清楚地规定,议付单据中的提单必须是全套清洁的已装船提单。

(2) 收到议付单据后,仔细、认真地审核相关单证,确认所有单据符合"单单相符、单证相符"的要求。

(3) 仔细审核提单中的每一个细节,确保所收到的提单是全套清洁已装船提单。

案例启示

对于备运提单必须特别注意提单中是否有"已装船"的字样;而预借提单因其一般注有"已装船"字样,很难鉴别其真伪,只有通过对照受益人向议付行交单的日期是否早于提单签署日期、装运时间是否晚于提单签署日期或船务公告中的航班时间表来判定。这两种提单也只能通过上述办法从中找出单据的不符点进而拒付,然后通过协商、仲裁或司法程序解决。倒签提单是"已装船"提单,与预借提单的根本区别在于签署行为实施的时间是在货物装船以后,而预借提单是在货物实际装船以前。由于倒签提单实际上是"已装船"提单,承运人只是把货物的装船日期及提单的签署日期提前,在审单过程中很难发现。即使通过船务公告或实际装运船只的航海日志确认该提单属倒签提单,但由于《UCP600》条款中已明确,银行不负责鉴定单据的真伪,开证申请人也就无法因此拒付货款。在这种情况下,只能通过司法程序向法院申请出具止付令,实施财产保全。只有这样,开证行才有权作出拒付。

8 ｜ 签发日期的争端

我国某国际经济贸易发展公司与 S 国哈斯曼贸易有限公司成交一笔交易,来证中保险条款规定:"Insurance policy covering W. P. A. and War Risk as per Ocean Marin Cargo Clause of P. I. C. C. dated 1/1/1981"(根据中国人民保险公司 1981 年 1 月 1 日海洋运输货物保险条款投保水渍险和战争险)。

经济贸易发展公司按时装运,并取得 8 月 19 日签发的提单,于 8 月 20 日交单办理议付手续。但 8 月 30 日开证行提出:

"第××号信用证项下的单据存在单证不符情况。提单签发日期是 8 月 19 日,保险单的签发日期却为 8 月 20 日,说明你方先装运货物后办理保险手续,保险晚于装运日期。我无法接受,联系开证申请人亦不同意接受。单据暂在我行留存,速告处理的意见。"

经济贸易发展公司经办人员经查留底单据,并联系保险公司后于 9 月 2 日作如下答复:

"你 30 日电悉。关于保险单日期问题,我保险单的签发日期虽晚于提单的签发日期,但保险单上已由保险公司声明:'This cover is effective at the date of loading on board'(本保险责任于装船日起生效)。说明保险已在装船前办妥,其保险责任在货物装船日已经生效,不影响索赔工作。所以你行应接受单据。"

但经济贸易发展公司 9 月 4 日又接到开证行复电:

"你 2 日电悉。关于保险单的签发日期问题,根据《UCP600》惯例规定,我行不管你保险手续的实际办理日期是否在装运日之前,也不管将来是否影响索赔工作,我行只根据单据表面上所表示保险单的签发日期晚于提单的装运日期,就是不符信用证要求。"

经济贸易发展公司接到上述开证行电后,直接与哈斯曼贸易有限公司交涉无效果,最终以降价结案。

保险单的签发日期必须在装运期以前,以说明货物在装运前已被投保,保险责任已经生效。如果保险单上的签发日期晚于装运日期,例如装运日为 4 月 15 日,保险单签发日期为 4 月 17 日,如果货物于 4 月 16 日发生损失,保险公司可以不负赔偿责任。经济贸易发展公司所提交的保险单的签发日期晚于装运日期,按一般情况是不符合要求的,所以开证行不同意接受单据。但根据经济贸易发展公司在 9 月 2 日致开证行的电文中可以说明,该保险单已由保险公司作了声明:"This cover is effective at the date of loading on board"(本保险责任于装船日起生效)。根据《UCP600》第 28 条 e 款规定:"保险单据日期不得晚于发运日期,除非保险单据表明保险责任不迟于发运日生效。"因此,根据上述规定,保险单上已经声明了保险责任于发运日生效,即使保险单签发日期晚于提单上的装运日期,银行亦应接受该保险单据。

经济贸易发展公司在 9 月 2 日致开证行电中已经申述我保险单上有"本保险责件于装船日起生效"的保险公司声明。但经济贸易发展公司不熟悉《UCP600》,没有准确地引证《UCP600》第 28 条 e 款的条文向开证行进行反驳,只是重申其保险责任在货物装船日已经生效,不影响索赔工作。而开证行反以《UCP600》条款为依据,申述银行不管实际业务情况,只管单据上表示出来的保险日期晚于装运日期就是不符合要求,使经济贸易发展公司再无法抗辩,以失败而告终。开证行作为处理信用证业务的专业部门,不可能不懂条款,只是利用经济贸易发展公司不熟悉《UCP600》的缺口,乘隙而入,达到拒付的目的。

案例启示

结汇单据的出单时间有先后次序,单据的签发日期需有一定的合理性。按惯例,商业发票、装箱单较早签发,产地证、保险单的签发日期稍晚于发票,保险单的签发日期必须早于运输单据的签发日期,商业汇票的出票日期不能晚于信用证规定的有效期及交单期。

9 货物在买方仓库被盗损失争议案

案情介绍

某年非洲 A 公司就购买 1 000 台冰柜进行国际招标,我国 B 公司按有关规定投标并中标,随后与非洲 A 公司正式签署了买卖合同。合同约定:B 向 A 提供某规格冰柜 1 000 台,总金额 CIF 某非洲目的港 100 万美元,卖方办理保险。付款方式为:货款的 80% 即 80 万美元采用即期信用证支付;20% 即 20 万美元待合同全部货物到达目的港收货人仓库,经买方查验后,在 60 天内付款。合同同时还约定了招标书和投标书都是合同不可分割的组成部分,与合同享有同等效力。

B 公司在签署了正式合同后,将货物在合同规定的期限内发出,并向保险公司投保了"一切险"。经过陆海一个半月的运输,货物于 6 月 20 日抵达了目的港。全部货物平安卸下海轮,承运人将货物交付接货人时,货物数量及产品外观质量均与提单相符。接着由买方指定的运输公司的汽车承运,将合同货物转运到 A 公司租用的仓库内。入库后,库方出具了"清洁仓库收据",指明了"货物数量与合同相符"。至此。全部货物完成了"仓至仓"的运输全过程。如果按通常的外贸程序,这笔生意已基本完成,只待收回尾款。

6月21日,B公司突然接到A公司发来的传真:"货物在仓库中被盗,丢失冰柜200台,按合同价计算,价值20万美元。"传真要求B公司派人去察看,同时还传来了仓库出具的现场察验证明,部分包装破损照片以及公证材料等,要求B公司赔偿。B公司转将有关材料递交保险公司,请求赔偿,但保险公司拒绝赔偿。于是,各方就该批货物被盗的损失应该由谁来承担发生了争议。

案情分析

货物在入库的第二天被盗,被盗的货物损失该由谁来承担? 是保险公司,卖方,还是买方? 只要认真分析买卖合同和招标书,就不难得出结论。

(1)保险公司不应承担损失赔偿责任。本案首先涉及保险期限问题。卖方向保险公司投保了"一切险",根据"一切险"保险责任起讫规定,保险人即保险公司所承担的保险责任范围是"仓至仓条款",即从卖方仓库开始,一直到买方仓库为止。具体说就是被保险的标的物从运离保险单所载明的起运地开始,包括正常运输过程中的海上运输和陆上运输,直至将该标的物送交到保险单据载明的目的地收货人仓库时为止。根据海运公司签发的清洁提单、目的港仓库出具的清洁货物收据等,都足以证明投保的标的物已经安全如数地抵达了收货人最终仓库,这就说明保险人的责任已告终止。因此,此后发生的货物丢失,保险公司不承担任何赔偿责任。

(2)买方不应承担损失。被保人与保险公司的保险合同责任终止并不等于卖方的责任终止。A公司仔细查看了买卖合同和招标书,在招标书保险条款中找到了一段文字说明:投标人对投标产品的保险期限在货物到达买方仓库后不能少于60天。这段文字要求虽然在双方买卖合同中并没有记载,但买卖合同中却有"招标书是合同不可分割部分"之说。显然,按这段文字,在发到仓库60天内所发生的合同产品丢失,买方不承担损失。

(3)卖方承担损失。根据上述分析,保险公司的拒赔理由合情合理,而买方在招标书中的保险期限规定货物到达买方仓库后不能少于60天,因此也不能承担责任。那么此项损失按招标书规定,只能由卖方承担。

一桩看似非常顺利的买卖,却因对保险期限的疏忽,而损失了20万美元。

案例启示

(1)在招投标买卖中,要认真处理买卖合同与招标合同的关系。该案的一个重要教训是B公司管理部门只注重买卖合同条款,而对招标书的内容未给予足够的重视。本案中合同明确规定招标书和投标书是合同不可分割的部分,B公司就应该把买卖合同条款与招投标书每项条款视为同等重要,认真对待,麻痹大意就可能带来意想不到的损失。

（2）对"仓至仓条款"的正确运用。按一般出口惯例，卖方投保了"一切险"，其后发生的风险损失均不承担责任，所以，常常见到卖方在投保了"一切险"之后，以为万事大吉，可以高枕无忧了。一般出口企业都热衷于投保"一切险"。这里且不谈即使投保了"一切险"并非完全没有风险，况且，在许多合同中对保险期限等条款还有一些特殊的约定，这正是进出口贸易中要加以注意的。本案中，根据招标书对保险期限的约定，卖方应在投保"一切险"后，加投其他险，以防范货到买方仓库后、卖方责任期内可能发生的风险损失。

（3）注意选择合适的付款方式。此项投标的付款方式是银行信用与商业信用相结合的支付方式，主要是银行信用，而余款则凭商业信用方式支付。如果对买方的商业资信了解不够，不可控因素增加，意料之外事情则随时都有可能发生，余款的收回也就非常不易。

10 "ARTI"轮共同海损案的处理及其启示

案情介绍

1993 年 6 月 2 日，"ARTI"轮装载着共约 2.4 万吨生铁和钢材自印度某港口起航来我国，其中有中国人民保险公司海南省分公司（以下简称"保方"）保单 HN76/CP93－042 项下承保的 3 849.65 吨钢材，保险金额为 1 509 753.00 美元，保险范围为平安险附加短量险、偷窃提货不着险和战争险。但该轮开航后不到 48 个小时，船长就发现船壳板与骨架脱开，而不得不将船就近挂靠印度另一港口避难，同时船方宣布共同海损。

案发后，保方从有关方获得事故信息。鉴于案情重大，保方及时通过伦敦联络处委托律师处理此案，同时向买方了解买卖合同执行过程的情况，并收集有关资料。由于买方在本合同下开出的是远期信用证，在卖方提交了全套装船单据并经审核无误之后，开证行已在汇票上签字承兑了。鉴于此，就开证行本身而言，要想不支付此笔货款已是不可能。而与此同时，印度洋洋面上气候渐转恶劣，失去航行能力的"ARTI"轮，漂泊于港外锚地的海面上，随时都有倾覆、沉船，造成货物全损的危险。因此，保方紧急指示律师积极与船方接触，争取以较有利的条件使船方放货，并及时组织货物转运，以便尽早将货物运至目的港。但是，由于船方一再坚持以货方赔偿其数额巨大的共同海损损失、费用，并放弃对其索赔的权利作为放货的先决条件，并且事事采取不合作的态度，以至于保方经过几个月的努力也毫无结果。在此情况下，保方不得不设法另寻解决问题的途径，在不得已的情况下采取法律手段解决问题。

案情分析

本案有如下几点发现：

（1）"ARTI"轮 1993 年 5 月 27 日靠港,5 月 28 日开始装货,同时租船人检验师登轮进行承租检验,检验结果以及事故后的检验结果均证明该轮开航前已处于不适航状态。

（2）该单货 5 月 28 日开始装船,5 月 31 日装完。船方出具的大副收据上批注:"装船前所有货物均有锈蚀并曾被水浸泡,捆带和卡箍有不同程度断裂,船方对货物状况和质量概不负责。"这一批注也经租船人保协检验师验货确认,船长也曾多次通过传真通知租船人及其代理。

（3）该单货于 5 月 31 日装船完毕后,由租船人代理签发了第一份清洁提单。该提单有租船人代理和托运人正式签章和背书,并贴有印度官方契税。提单通知方为中国外运,卸货港为上海。

（4）"ARTI"轮 6 月 2 日起航,当日卖货人将买卖合同传给买方签署,合同中含有"表明'部分捆上有表面锈和风化锈'的提单是可接受的"这一条款。

（5）"ARTI"轮 6 月 4 日发生事故,6 月 6 日进入避难港并宣布共同海损。6 月 7 日租船人代理对该单货签发了第二份清洁提单提交议付,该提单与第一份清洁提单明显不同之处是没有加贴印度官方契税,提单通知方则为我国汕头建筑材料企业集团公司,卸货港为汕头。

（6）卖货方事前未向买方提供租船合约,但从有关往来函件中可以确定,卖货方同时也是"ARTI"轮的期租人。

从以上归纳的情况来看,本案有很突出的几个特点:第一,承运船开航前就已处于不适航状态;第二,提交议付的清洁提单不实;第三,买卖合同的签约过程有欺诈。

对本案的处理意见,保方对本案提出了三种可能的处理方案:

第一个方案以船舶不适航为由拒赔,但保方考虑到这一理由是很难站住脚的。尽管按照订立保险合同的诚信原则,承运船舶的适航性是海上保险最重要的默示保证内容之一,但从保方承保的这单货的具体情况来考虑,被保险人在投保时并未获知该承运船舶不适航的情况,而且船舶不适航也是他们无法控制的。因而在投保当时他们并未违反告知和保证的诚信原则,保方也就无法以此为由拒绝受理此案。因此,简单拒赔的理由是不充分的,取此势必将保方拖入与被保险人之间保险合同纠纷的官司中去,而结果完全可能以保方败诉而告终。

第二个方案以运输合同起诉承运方,保方胜诉的可能性是较大的。从收集到的"ARTI"轮承租检验报告和该船出险后的船检报告中可以证实,该轮于开航前就已处于不适航状态。以提供不适航船舶起诉承运方,根据《海牙规则》,作为船舶期租人的卖方应同船东一样负连带责任。但是,"ARTI"轮船东是一利比里亚籍单船公司,除了这一条船外别无其他资产,而卖方实际上只是一空头的贸易公司。暂且抛开船舶本身债务和抵押权不说,无论是船东还是卖方都没有太多可供扣押的有价值的资产,货方利益事实上得不到保全。如果在别处申请扣押其保赔协会的其他船只,风险也是很大的。因为"ARTI"轮本身不适航,其保赔协会一直未肯确认其保赔保险是否仍然有效,故其保协是不会提供保方所要求的担保。而且,如果采取这一类做法,开证行都必须按事先承兑按时支付货款。由于装货港在印度,提单签发地也在印度,"ARTI"轮目前也还挂靠在印度港口避难,如果对承运方采取法律行动,在该提单无管辖权条款的情形下必然适用印度法律。对于保方来说,如果付出大笔货款后再在印度打一场马拉松式的官司,其结果只能是给保方造成很大的经济损失而不会有好结果,这对保方是极不利的,因此,这一方案实无可取之处。

第三个方案以贸易合同起诉卖方欺诈。从前面归纳的案情来看,大副收据表明的货物状况是极差的,而作为卖货人兼租船人的卖方,事前对船舶不适航的状况和货物本身很差的状况应是了如指掌的。且不说其前后签发了两套提单是何意,单6月2日提供给买方签署的合同实际上是隐瞒了货物的真实情况,是带欺骗性的;另外,尽管船方一再要求在提单上加上经保协检验师同意确认的大副收据上的批注,但兼为租船人的卖方仍利用由期租合约取得的提单签发权,指令租船代理前后签发了两套清洁提单,而且第二套提单是船舶发生事故后于7月7日签发的,提单上又没加贴印度官方契税,实有伪造提单之嫌疑。且不说卖方是否会骗取两笔货款,但其行为已严重违反了关于"统一提单的国际公约"有关物权凭证的规定,损害了买方利益,同时也在货物品质上欺骗了买方。由此看来,卖方实有合同欺诈和单证欺诈之嫌疑。鉴于开证行尚未履行付款,还有可能以诉合同无效来解除合同,终止付款并向保方索赔经济损失。保方认为,以这些事实来起诉卖方合同欺诈,理由可以说是比较充分的。

在管辖权方面,由于买卖合同中无管辖权条款,合同的最终签约地又是海口,故此合同纠纷可适用我国法律,保方可选择在国内起诉,这对保方也是有利的。同时,由于适用我国法律,根据我国《民法》第58条第3项的规定,一方以欺诈、胁迫手段或者乘人之危,使对方在违背真实意思的情况下所为的行为,包括受欺诈一方开具信用证和支付货款的行为,都属于无效的民事行为;《涉外经济合同法》第10条规定,"采取欺诈或者胁迫手段订立的合同无效";《汉堡规则》第17条规定,"以欺诈手段签订的合同无效,无效合同对任何人都绝对无效"。从上述事实出发,加上这些法律依据,我们认为保方对卖方提出侵权诉讼是有充分的理由和根据的,胜诉的可能性也较大。

在综合考虑了三个可能处理方案的利弊之后,保方认为,第三个方案是可行的。经过艰苦的努力,终于使被保险人接受了保方的建议。首先采取断然的诉前保全措施,向法院申请止付令,保住了这一大笔货款。随后,保方向被保险人提供了所收集的资料、证据,配合被保险人在法院止付令的1个月有效期内在海口海事法院向卖方提起侵权诉讼:起诉卖方隐瞒货物的真实情况,诱使买方签订了一个欺骗性合同之后又提供了与合同不符的货物,并且以内容不真实的提单提交议付,以致损害了买方的利益,造成买方的经济损失;要求法院确认该欺诈性贸易合同无效,所提交议付的提单无效,退回货款(信用证),并赔偿买方所遭受的经济损失。海口海事法院在经过一段时间的庭审、调查之后,在保方所提交的证据、材料的基础上,于1994年10月14日对本案作出了判决,判决原、被告所签贸易合同无效,被告所提交的海运提单无效;被告(卖方)返还原告信用证项下货款1 366 627.75美元(退回信用证);赔偿原告利息损失、营业损失合计人民币993 985.76元。被保险人最后胜诉。

本来保方作为货物保险人,对保额为 150 万美元的货物负有完全的责任,所以在发案之初立即委请律师介入调查、取证,并与船方交涉,要求放货并转运。如果当时与船方谈判成功,货物能顺利换船转运至目的地,保方也得为此付出一大笔费用;如果船舶在锚地海面上漂泊时在当时恶劣的气候条件下不幸倾覆、沉没,保方也将不得不对货物的全损负赔偿责任。随之而来的又将是一场又一场耗费时日、耗资费力的官司。但保方紧紧抓住了开证行尚未到期付款这一有利条件,综合分析收集的材料、证据,作出判断,说服被保险人向法院申请止付令,冻结贷款,争得了主动权;随之以贸易合同向卖方提起侵权诉讼,并取得胜诉,保方也解脱了巨额赔偿责任和诉讼缠身的烦恼。本案取得成功的关键在于说服被保险人用法律手段止付了货款,从而把一个可能成为保险人与被保险人、承运人之间多角纠纷的矛盾顺利转化成买卖双方的贸易合同纠纷,既帮助被保险人保护了利益,也维护了保险人自身的利益,双方对此结局都感到满意。

案例启示

(1) 海上货运险是风险较大而且较集中的险种,对海上货运险的承保绝不能简单、草率从事。在本案所涉货物承保之前,如果保方调查一下船东、船舶本身及货物装船等方面的简单情况,就可能会从中发现一些疑点,承保中就会变得慎重一些;同时也可告诫买方慎重签约,这为保方今后业务承保核保制度的建立提供了一个很好的借鉴。

(2) 贸易公司所签贸易合同的付款条件对保险人所负责任至关重要,保险人在承保大宗业务时完全有必要对其进行全面审查,同时也有为企业当好顾问的义务。在本案中,如果贸易合同的付款条件是即期信用证付款的话,那么货款付出之后,即使这时发现卖方或船方有欺诈,我们也无能为力。

(3) 租船合约是确定承运人和各方面责任的重要依据。因此,在承保大宗货运险业务时,必须要求被保险人提供租船合约作为以后理赔追偿的依据。在本案中,如果不是事后拿到租船合约并得到租船人和船方的往来函电,保方也就无法确认卖方同为租船人的身份,对本案的处理也就无法作出正确的决断。

(4) 在国际贸易过程中,随时都有发生形形色色欺诈的可能。因此,防止欺诈、化解贸易风险,不仅仅是外贸公司本身的职责,也与作为货物保险人的保险公司的利益密切相关。在这方面,保险人可利用其具有世界范围的业务网络这一有利条件,更为有效地进行风险防范。在保险业务的内部管理方面,建立健全一套完整的核保制度,做好大笔业务承保前的各项调查工作,这也是控制承保风险、保证业务质量和经济效益的一项必要措施。

11 投保险别选择不当致损案

案情介绍

我国 G 公司以 CIF 价格条件引进一套英国产检测仪器,因合同金额不大,合同采用简式标准格式,保险条款一项只简单规定"保险由卖方负责"。到货后,G 公司发现其中一个部件变形影响仪器正常使用。G 公司向外商反映要求索赔,外商答复仪器出厂经严格检验,有质量合格证书,非他们责任。后经商检局检验,认为是运输途中部件受到振动、挤压造成的。

G 公司于是向保险代理索赔,保险公司认为此情况属"碰损、破碎险"承保范围,但 G 公司提供的保单上只保了"协会货物条款(C)",没保"碰损、破碎险",所以无法赔付。G 公司无奈只好重新购买此部件。既浪费了金钱,又耽误了时间。试分析造成 G 公司损失的原因是什么? 订立保险条款时应考虑哪些因素?

案情分析

造成 G 公司损失的原因是投保险别选择不当。本案中,投保的险种是协会货物条款(C)险。但投保此险,保险公司仅对"重大意外事故"所致损失负责,对非重大意外事故和自然灾害所致损失均不负责任。

案例启示

订立保险条款时应考虑以下因素:

(1) 根据货物的性质、特点选择相应的险别。例如,对价值不高的货物可投保平安险,如果此货属易碎物品,可再加保破碎险。

(2) 根据运输中可能遭受的风险和损失而定。

(3) 根据船舶所走的航线和停靠的港口不同而定。

(4) 根据国际形势的变化而定。对于政局不稳定,有发生战争可能的,就要考虑加保战争险。

(5) 根据以往的经验而定。商人以自己的从商经验和根据保险公司每年总结的货损资料可以确定应选择何种险别投保。

总之,选择投保险别的原则是:既要使货物的运输风险有保障,又要使保险费用的支出减少。

第七章 付款方式

1 采用 T/T 方式受骗案

案情介绍

我 A 公司在美国的一次展销会上,与美国 K&F 公司签订了出口一批价值 80 多万美元的五金工具的合同。其中规定:分批装运;每批出口商品的数量及规格以买方的详细订单为准;货款的支付方式为买方下订单时先 T/T 预付该订单总额的 30%,其余的 70% 采取 D/A90 天支付。为考察 K&F 公司的情况,A 公司业务员在美期间专程拜访了该公司,亲自看过该公司几个大货仓及办公楼。根据该公司的规模,A 公司业务员认为这是一家大公司,基本可以接受以上支付方式。为规避收汇风险,A 公司在执行合同前便向中国人民财产保险股份有限公司(以下简称保险公司)投保此合同项下的短期出口买方信誉险,经保险公司审批后,批准保额为 25 000 美元。不久,K&F 公司发来了第一份订单,总值 14 000 多美元,并要求抓紧备货,且已 T/T 汇出了该单项下的 30% 的订金。接着 A 公司又收到 K&F 公司传真发来的银行汇款单,但该单上银行印鉴模糊不清。因所订商品均为大路货,为确保按时装运,A 公司便开始备货,但迟迟未收到 K&F 公司的 T/T 货款。为此,A 公司业务员几次去电查询,但 K&F 公司答复确实已按时汇出,并解释不能按时收到的原因可能是中美双方银行间渠道不同,即汇出银行与我方银行无直接业务联系,要通过其他银行中转。这样拖了一个多月,我方终于收到了 K&F 公司第一批订单项下的 30%T/T 货款,接着我方便报关出运和制单结汇。紧接着 K&F 公司又接连发出了该合同项下的六七个订单,并告知全部订单的预付金,按计单金额的 30% 已分单号分批汇出。接着传真发来了六七份银行汇款单,汇款单上银行印鉴仍与第一次一样模糊不清。随后 K&F 公司来电称,他们的销售情况非常好,希望我方配合尽快交货,以免错过销售时机。在对方的花言巧语下,A 公司业务员便放松了警惕,忽视了此种支付方式的收汇风险。在第一批出运货款安全收回前,连续出运了 40 多万美元的商品,直到第一批收汇到期时,才发觉 K&F 公司没有按时支付。此时 A 公司停止了余下订单的装运,并多次去电要求对方按期支付货款,K&F 公司却以当前业务量大、资金周转困难为由,请求延期支付货款,还要求继续发货,并保证他们会尽快付清货款。此时 A 公司已觉得事情严重,回头清理对方预付的订金时,发觉仅收到第一、二批小订单的 1 万多美元。在接下来的几个月中,我方无数次去电催付欠款,并表示若对方支付一笔款项,我方可继续发货,但总金额将小于收回值,以逐步减少欠款差距。K&F公司来电表示可以接受,却始终无实际行动,并以各种理由拖延时间,如董事长外出旅行、无人签字等,后来甚至提出某些商品质量不好等原因,半年后则对我方函电干脆不予答复。此时我方已完全看出了K&F公司的诈骗行为,经与我驻美国商务处联系和请其他美国客户帮助,了解到此公司在美名声很不好,已欠下国内许多公司的债务,更不要说国外公司的债务了。A公司后又委托保险公司通过美国RC公司追收此欠款,最终也被告知无法收回。这样A公司被K&F公司骗去40多万美元。虽然每批出运前A公司都投保了买方信誉险,但因保险公司对此合同所批准的保险额度为25 000美元,对于A公司的超额度出口损失,保险公司只理赔了额度内的金额。最终,A公司在这批贸易中直接损失了30多万美元(不计利息)。

案情分析

从本案可以十分清楚地看出,K&F公司一开始便设下圈套,利用所谓汇款渠道问题,造成汇款到达时间较长的假象来骗取中方信任;然后利用第一批出运90天的付款期,诱骗A公司多次发货,以达到骗取大批商品之目的。而我方业务员销货心切,轻信了K&F公司的谎言,急于扩大出口,从而使诈骗犯轻易得手,给国家和公司造成了重大损失。

案例启示

(1) 要收到每批约定的预付款才能备货出运。同时对D/A部分的收汇金额投保短期出口信用保险。

(2) 必须在保险公司审批的保险额度内出运。即出运金额不得突破保险公司所批准的金额,因对该险种保险公司规定,对于同一商人所审批的保险额度,在前一批安全收汇后可循环使用,若不能正常收汇,保险公司只在审批额度内理赔。

(3) 当外商提出汇款渠道问题时,应要求外商在当地的中国银行汇出。如美国××城市的中国银行分行,若当地无我方银行,也可接洽国内的中行,请他们告知外商所在地与我方业务关系较好的银行,通知外商去这样的银行汇款,或请外商去国际上知名银行或他们的分支行汇款。这样我方不仅收款较快,而且在出现问题时便于查询,此类骗术也就不攻自破了。

2 用 D/A 付款方式及记名提单编织的圈套

案情介绍

2003 年 3 月 11 日,我国甲公司与印度尼西亚乙公司签订一笔 2 万美元的出口合同,乙公司要求以 D/P at sight 为付款方式。

在货物装船起运后,乙公司又要求国内出口商将提单上的托运人和收货人均注明为乙公司,并将海运提单副本寄给乙公司。货到目的港后,乙公司便以暂时货款不够等原因不付款赎单,要求出口商将付款方式改为 D/A,并允许他先提取货物,否则就拒收货物。由于提单的收货人已记名为乙公司,使国内出口商无法将货物再转卖给其他客户,只能答应其要求。然后乙公司以货物是自己的为由,以保函和营业执照复印件为依据向船公司凭副本海运提单办理提货手续。货物被提走转卖后,乙公司不但没有按期向银行付款,而且再也无法联系,使甲公司货、款两空。

案情分析

在本案例中,乙公司使用了一个连环套:D/P 见票即付—记名提单—D/A 承兑交单。该外商非常精通国际贸易中的各种规定和习惯做法,并有丰富的实践经验。他们利用甲公司对海运提单及托收付款方式不甚了解的弱点,引诱甲公司进入其预先编织好的圈套,使甲公司失去了对货物的控制权,从而达到其非法占有甲公司货物的目的。

海运提单简称提单,是指由船长或船公司或其代理人签发的,证明已收到特定货物,允诺将货物运至特定目的地,并交付给收货人的凭证。海运提单也是收货人在目的港据以向船公司或其代理提取货物的凭证。提单具有三种性质与作用:是承运人或其代理人签发的货物收据,它证明已按提单所列内容收到货物;是一种货物所有权的凭证,提单代表着提单上所记载的货物,提单持有人可以凭提单请求承运人交付货物;是承运人与托运人间订立的运输契约的证明。

提单可按不同用途或作用分类。根据提单是否可以流通可分为"记名提单"和"指示提单"。记名提单是指提单上的抬头人(收货人)栏内填明特定的收货人名称,只能由该特定收货人提货,不能用背书的方式转让给第三者,因此记名提单不能流通。国际上只有对价值很高的货物或特殊用途的货物才采用"记名提单"。因此,为了保护自己,出口商应避免在 D/P 付款条件下出具记名提单。

在本案中,印度尼西亚乙公司要求将托运人和收货人均注明为乙公司,这就使得该提单只能由乙公司提货,不能用背书的方式转让给第三者,不能流通。该批货物即使有别的客户要也提不了货。而把托运人也写成乙公司,则连要求船公司把货物退运给甲公司都不可能了。只有提单上的托运人才是与承运船公司达成运输契约的契约方,船公司依合同向托运人负责,并按托运人的指示将货物交给收货人或正本提单的持有人,同时提单只有在托运人背书后才发生物权的转移。因此,提单上的托运人应为国内出口商或其贸易代理,而不能是任何第三方,更不能是货物的进口商。一旦货物的进口商成为海运提单的托运人,即意味着货物所有权的转移,同时出口商也失去了要求进口商必须付款的制约。本案中,甲公司徒有正本提单也已丧失了对货物的控制权。

D/P 见票即付和 D/A 付款方式,都是托收方式的具体做法。托收是出口人(债权人)将开具的汇票(随附货运单据)交给所在地银行,委托该行通过它在进口人(债务人)所在的分行或代收银行向进口人收取货款。国际商会制定的《托收统一规则》第2条对托收作了如下定义:托收是指由接到托收指示的银行根据所收到的指示处理金融单据和/或商业单据以便取得付款或承兑,或凭付款或承兑交出商业单据,或凭其他条款或条件交出单据。

托收分为付款交单(D/P)与承兑交单(D/A)两种方式,它们都属于商业信用。按付款时间的不同,付款交单(D/P)又可分为即期付款交单和远期付款交单。即期付款交单(documents against payment at sight,简称 D/P at sight)是指出口人发货后开具即期汇票,连同商业单据通过银行向进口人提示,进口人见票后立即付款,在付清货款后向银行领取商业单据凭以提货。本案中,甲公司以为持有正本提单,乙公司会见票后立即付款,收汇有一定保证,没想到提单的托运人与收货人均为乙公司,已受制于对方,只得接受 D/A 付款方式。

承兑交单(documents against acceptance,简写 D/A)是指出口人的交单以进口人在汇票上承兑为条件。即出口人在装运货物后开具远期汇票,连同商业单据,通过银行向进口人提示,进口人承兑汇票后,代收银行即将商业单据交给进口人,在汇票到期时,方履行付款义务。由于承兑交单是进口人在汇票上办理承兑之后,即可取得商业单据,凭以提取货物,所以承兑交单方式只适用于远期汇票的托收。承兑交单是出口人先交出商业单据,其收款的保障依赖进口人的信用,一旦进口人到期不付款,出口人便会遭受货物与货款全部落空的损失。承兑交单比付款交单的风险更大。因此,出口人对这种方式一般采用很慎重的态度。

托收的性质为商业信用。银行办理托收业务时,只是按委托人的指示办事,并不承担对付款人必然付款的义务。在本案中,乙公司在汇票到期后不向银行付款,银行不承担责任,而甲公司对乙公司的信誉又没把握好,风险只能由甲公司自行承担。

案例启示

(1) 调查和考虑进口人的资信情况和经营作风,成交金额应妥善掌握,不宜超过其信用程度。

(2) 了解进口国家的有关政策法令、贸易管制、外汇管制条例,以免货到目的地后,由于不准进口或收不到外汇而造成损失。

(3) 了解进口国家的商业惯例,以免由于当地习惯做法影响安全迅速收汇。

(4) 出口合同应争取按 CIF 或 CIP 条件成交,由出口人办理货运保险或投保出口信用险。在不采取 CIF 或 CIP 条件时,应投保卖方利益险。

（5）要严格按照合同规定办理出口，制作单据，以免授人以柄，拖延付款或拒付款。

（6）对托收方式的交易，要建立健全管理制度，定期检查，及时催收清理，发现问题应迅速采取措施，以避免或减少可能发生的损失。

（7）在采用托收方式时，提单收货人抬头最好填制成"空白指示抬头"。一旦发生进口方不付款赎单的情况，出口方可将提单转让给其他商人，不至于陷入货、款两空的境地。

3 一个恶劣的信用证欺诈判例

案情介绍

1996年3月4日，厦门象屿保税区中包物资进出口有限公司（以下称中包公司）与香港千斤一国际有限公司（下称千斤一公司）签订了一份购销总价值225万美元、7 500吨热轧卷板的合同。合同约定起运港为黑海港，目的港为中国镇江港，采用分批装运方式履行。合同签订后，中包公司于同年7月1日依约开出受益人为千斤一公司、金额为60万美元增减5％、代号为FIBXM96698-XG的远期不可撤销信用证。信用证规定货物装运时间不迟于1996年7月15日，付款日期为1997年1月14日，后更改信用证交货地点为中国福州马尾港。

千斤一公司在议付期内向议付行交付了全套单据。中包公司于1996年7月18日向开证行福建兴业银行厦门分行保证承兑而取得了全套单据。该行于同月25日对外承兑。千斤一公司取得承兑汇票后转让给了英国伦敦的一家公司。中包公司取得的海运提单载明：承运船舶为里舍勒公司所属"卡皮坦·坡克福斯基（KAPITAN POLK-OVSKIY）"轮，发货人"ALKORADVANCEDLTD"，数量165捆，重量2 149.50吨，价值644 850美元，装运港依切利夫斯克（ILYICHEVSK），目的港中国福州马尾港，装船期1996年6月26日，提单签发日期1996年6月26日。该提单表明，是香港永威船务有限公司（下称永威公司）代里舍勒公司签发，但不是里舍勒公司的格式提单，提单的抬头名称也不是永威公司。"卡皮坦·坡克福斯基"轮到达福州马尾港后，中包公司持上述提单前往提货，但该轮并无该票货物。中包公司认为永威公司提供的装运单据和提单都是虚假的，故起诉至厦门海事法院，请求判令其与千斤一公司的购销合同及海运单据无效，并撤销信用证，不予支付信用证项下款项，并由千斤一公司连带赔偿其损失。

厦门海事法院经审理查明：里舍勒公司系在利比亚登记的航运公司，"卡皮坦·坡克福斯基"轮为其所有（该轮在本案诉讼期间因其他案被扣押于马尾港）。该公司未委托永威公司为其代理船舶，也未授权永威公司代其签发提单。"卡皮坦·坡克福斯基"轮与1996年5月24日至6月30日在依利切夫斯克港装运24 860.627吨货物，但未装载中包公司所持提单上的货物。"卡皮坦·坡克福斯基"轮本航次福州代理称其未接到有关收货人为中包公司的委托。

厦门海事法院认为：原告中包公司为购买钢材与被告千斤一公司签订购货合同，依约向开证行申请开立信用证，其合法权益应受法律保护。千斤一公司不按合同约定向原告提供货物，而在没有交货的情况下，串通永威公司伪造已装船清洁提单，并将提单及其他伪造单证提交议付行，企图骗取货款。这些行为是千斤一公司与永威公司对原告的蓄意欺诈。据此，中包公司与千斤一公司签订的购销合同及其相关的提单等单据无效，原告据此开立的以千斤一公司为受益人的信用证项下款项应当停止支付。千斤一公司和永威公司应对由此给中包公司造成的损失负连带赔偿责任。被告里舍勒公司未参与欺诈，与本案无关，不应承担责任。1996 年 12 月 21 日判决如下：① 原告中包公司与被告千斤一公司签订的购货合同无效，被告永威公司 1996 年 6 月 26 日签发的 9A 号提单等相关单证无效，中包公司申请开立的千斤一公司为受益人的 FIBXM96698 - XG 号信用证项下款项不予支付；② 千斤一公司和永威公司连带赔偿中包公司开立和更改信用证的费用 9 103.03 元，限于本判决生效后十日内支付；③ 驳回中包公司对里舍勒告诉的诉讼请求。

案情分析

问题之一：如何适用独立性原则和欺诈例外。

在对待以基础合同欺诈为由而冻结信用证项下款项支付问题上，最高法院早有极为明确的司法解释。在发布于 1989 年 6 月 12 日的《全国沿海地区涉外、涉港澳经济工作座谈会纪要》中，最高法院和世界上绝大多数先进国家的法院一样，认为信用证基础交易和信用证交易相互独立这一基本原则不能保护一个"不道德的商人"，或者用罗马法的一句古老的格言来说，就是"欺诈使一切无效"。最高法院的这一立场是清楚而坚定的，这从最高法院作出的新湖商社案和三和银行案判决就可以看出。另外，新湖商社案特别提出了欺诈必须是"实质性"欺诈的标准。换言之，一旦信用证项下发生实质性欺诈，则独立性原则将不再能够保护受益人，法院将可以突破信用证的独立性和单据交易的基本原则，根据基础合同项下受益人是否作出欺诈来判断开证行应否付款，而不是仅仅根据单据是否严格相符来作出应否付款的判断。欺诈是否是实质性，是一个由法官自由裁量掌握的问题。

问题之二：认定信用证欺诈、举证责任和举证标准。

本案信用证交易显然存在受益人提交假单据进行欺诈的事实。但问题的关键是，信用证的独立性原则阻止法院不能轻易越过该原则以及单据交易原则去看单据背后的基础交易，那么法院在何种情形下将以何种方式越过独立性原则去考察基础合同是否存在欺诈？本案法院在原告起诉之前冻结信用证的程序中，以及后来法院在本案的实体判决中，并没有交代如下一些基本事实就直接认定存在基础合同的欺诈：原告提供了哪些证据？这些证据是一些什么样的证据？这些证据是否足以说明存在基础合同欺诈？该欺诈是否是实质性欺诈？在基础合同存在实质性欺诈的情形下，如果法院不给予法律救济，将造成申请人的损失是不是不可挽救的？法院是否有必要和足够的理由停止或终止信用证的支付？另外，最高法院的《座谈会纪要》中说，因基础合同欺诈而向法院申请冻结信用证项下的款项支付的人必须提供"充分的证据"。在本案的判决中，我们看不到法院对这一举证责任和举证要求有任何考量。

问题之三：欺诈例外的例外。

并不是只要发生信用证欺诈，法院就可以一概将信用证的支付予以冻结或终止支付。各国之所以在欺诈例外之外还设定一系列例外，有一个明显的目的，就是为了鼓励更多的中间商或中间银行参与信用证交易。因此，开证行或法院必须注意培养而不是破坏这些信用证交易的中间人或中间行对信用证机制的善意信赖。因为这些中间商或中间行对信用证机制来说是不可或缺的。例如保兑行、议付行、付款行以及那些因依赖开证行在信用证中明确的付款保证而善意行事的人，或者他们不知晓欺诈的发生，或者他们已经付出对价。法院必须明白，没有这些中间行的善意参与以及对信用证法律机制的依赖，信用证付款机制就是一句空话。

本案判决的最大问题是，法院在作出判决时没有考虑信用证独立性的欺诈例外之外还有一系列例外。例如，就最高法院在其司法解释中规定的信用证项下已经开证行承兑的汇票这一例外而言，本判决就没有予以充分的考虑。数年来，中国法院在这一欺诈例外的最主要的例外问题上的做法已经令国内银行实务界怨声载道。也正是在这一问题上，法院的做法令中国银行界和司法界声誉受到最严重的损害。最高法院的司法解释说得明明白白，如果信用证项下的汇票已经开证行承兑，开证行在该汇票项下的付款义务已经变为无条件的付款义务，则开证行必须付款。本案的判决显然直接违反了最高法院前述明确的司法解释。

当然，如果已经开证行承兑的信用证项下的汇票仍然由进行欺诈的受益人持有，则开证行当然可以根据受益人进行欺诈的抗辩直接针对该受益人，但实际上实行了欺诈仍傻乎乎地持有汇票的受益人几乎没有。因为受益人获得开证行承兑汇票之后往往立即以较低的价格直接在票据市场上将该承兑汇票贴现，获得款项后不知去向，所以最后要求开证行兑付承兑汇票的往往是付出对价的、善意的、在票据市场上以公平价格获得该承兑汇票的正当持票人。已经承兑汇票的开证行不得以针对受益人的欺诈抗辩针对正当持票人。

法院在本案中显然根本没有考虑信用证下已承兑汇票项下的各方当事人之间的法律关系。法院的判决将显然造成如下严重的事实和法律问题：由于法院处理的是基础合同项下的欺诈纠纷，诉讼的原、被告是基础合同的买方和卖方，但是法院却处分了不是本案当事人的信用证项下开证行和已经承兑汇票的正当持票人的法律权利；另外，由于开证行和正当持票人不是一审的诉讼当事人，自然也被剥夺了上诉的权利。这样的判决显然会造成很大的司法不公平。

问题之四：审理信用证欺诈案件时涉及独特的程序上的问题。

对法院的司法程序和实际操作来说，因基础买卖交易项下的欺诈而来的诉讼必然会涉及信用证交易。但是信用证交易和基础合同交易的相互独立这一基本原则又不允许银行或法院轻易地突破该基本原则。法院必须保持平衡：一方面不能让欺诈得逞，另一方面又不能损害信用证的基本原则。

法院此时会面临两个问题:首先是程序上的问题。因为法院审理的往往是开证申请人发现受益人欺诈后,提起的要求法院冻结甚至撤销信用证项下款项付款的诉讼。但是开证行并不是基础合同项下的当事人,开证行和受益人之间基于信用证开立而来的交单付款关系,不能基于基础合同项下一般纠纷的抗辩得以解除,除非出现受益人欺诈。程序上的另外一个问题是,一般来说,基础合同项下开证申请人为原告和受益人为被告之间的诉讼,如何将开证行追加进来是一个重要问题。在美国,一般是开证申请人为原告告被告开证行,要求后者因受益人欺诈而拒绝兑付受益人汇票。但是在中国法院目前所审理的案件中,似乎更多的是开证申请人以基础合同项下受益人欺诈为由起诉受益人。所以,开证行往往被当做第三人追加到诉讼中来。

这样就产生一个严重问题:因为基础交易和信用证交易是两个不同的交易,是两个相互独立的不同的法律关系,在一般情形下,基础合同项下的法律关系和信用证交易的法律关系是不应该合并审理的。因为原告和被告不一样,诉讼的标的也不一样。

其次是实体上的问题。尽管独立性原则不能被轻易突破,但是由于法院不能违背公正的原则而眼睁睁地看着受益人的欺诈得逞,所以法院在何种情形下,在何种条件下,基于何种考虑才能突破独立性原则,再根据基础合同项下受益人的欺诈的证据判断,对银行应否兑付信用证作出判决。

问题之五:未经审判剥夺开证行和信用证项下汇票持票人的权利。

特别值得一提的是,本案中法院未经追加开证行和信用证项下汇票的持票人就撤销了信用证项下开证行的付款义务。但是法院撤销了信用证项下开证行的付款义务,并不意味着法院同时也撤销了开证行已经承兑并转让给第三人的汇票项下的付款义务。有的人理解为法院也同时撤销了承兑汇票项下的付款义务,理由常常是该承兑汇票正是银行在信用证项下的付款方式。

本案中,法院显然没有考虑承兑汇票的付款最终性问题。法院显然也没有考虑该承兑汇票的持票人的正当性问题。法院没有意识到,他们一厢情愿要保护国内开证申请人的利益时,也轻易并且未经审判就剥夺了另一方当事人例如开证行或承兑汇票的正当持票人的财产以及相应的法律权利。显然,本案的开证行的国际声誉受到了严重的影响。另外,本案正当持票人的权利未经司法审判,根本没有获得基本的抗辩机会就被法院无情剥夺。

另外一个更简单、直接的理由是,既然法院的判决未经开证行和正当持票人的参与,法院的判决就无法约束开证行或正当持票人。法院的判决不能约束未参与诉讼的、没有接到法院通知,也没有获得足够的抗辩机会的当事人。

接下来的后果是,当信用证项下经开证行承兑的汇票的正当持票人要求开证行兑付到期汇票时,开证行将不可避免地要支付。当然,开证行也可以以该国内判决作为抗辩,但是持票人可以有几个强有力的抗辩理由:第一,国内法院终止的是开证行信用证项下的付款义务,法院并未终止开证行承兑汇票项下的付款义务;第二,开证行和正当持票人不是开证申请人发动的基础合同项下诉讼的当事人,因此,该诉讼的判决结果对于未参与诉讼的开证行和承兑汇票持票人并无约束力;第三,如果该信用证项下经开证行承兑汇票的持票人是正当持票人,即使开证申请人或开证行发现受益人欺诈,开证行或开证申请人也很难以此作为对抗正当持票人的抗辩理由。

问题之六:法院不当干预信用证支付造成银行实务的混乱和银行的尴尬地位。

法院显然没有明确区分冻结信用证项下的款项支付和撤销信用证项下兑付义务。因为冻结信用证项下款项支付诉讼的被告是开证行或保兑行。因基础合同欺诈而提起诉讼的被告则是信用证项下的受益人,即基础合同项下的卖方。

法院在发出冻结信用证的命令时,应该明确知晓自己发出的命令将严重干预商业实务,除非确实发生了严重的欺诈行为。如果法院的命令错误,信用证的各方当事人将遭受不可挽回的损失。法院应该知晓,在一般情况下,尤其是没有明确的、充分的、有说服力的证据提交给法庭之前,法院不应该轻易干预国际商业实务的运作。因为国际贸易买卖双方相隔遥远,交易双方互不认识以及涉及金额巨大且生死攸关,交易各方全凭信用证这一精妙的支付机制及对银行付款信誉的依赖,否则国际商业就无从开展。

案例启示

没有一个国家的法院会故意损害自己国家银行的国际声誉,尤其对于信用证来说,开证行的声誉以及信用是信用证机制赖以存在并发挥关键作用的基石。先进国家的法院明确承认,损害这一基石,将使本国的国际贸易企业和银行在国际贸易中陷于极为不利的境地。

几乎所有先进国家尤其是国际贸易发达国家的法院,在处理信用证冻结和撤销案件时,均战战兢兢,唯恐影响了本国的银行家和生意人的生意。我们在这个案件中看不到法院对此有任何考虑。法官是那些银行家和生意人纳税养活的人,法院没有理由,也不可以因自己的不当行为扰乱银行家和生意人的生意。和其他一些案件一样,我们再次看到了基层法院在审理信用证欺诈案件时造成银行实务的严重混乱。本案是最典型的案件之一。

本案法院造成银行界的尴尬处境至少有两个:其一,因为法院审理的案件是基础合同,却处分了信用证交易项下当事人以及开证行承兑汇票关系项下持票人的权利。由于实行欺诈的卖方不可能来参加诉讼,因此,对这样一个被告缺席的判决,一审判决自然无人会上诉。而信用证项下的当事人因为不是案件的当事人就更无法上诉,案件判决后银行作为协助执行人又只能执行。如果银行想要求撤销这个已经产生既判力的不公判决,又极其困难。开证行的国际声誉受到严重损害,但是开证行却很无奈。开证行面临的另外一个更大尴尬是,开证行由于已经承兑受益人开立的汇票,该汇票又被第三人在国外的公开市场上以公平价格购得,因此,该持票人显然是正当持票人。如果该持票人在国外提起诉讼,显然开证行最后仍需支付,不但本金利息要支付,而且要赔上一大笔律师费,银行声誉上的损失更是无法计算。这正是国内法院为了保护国内企业利益而一不小心做了件大坏事。

更糟糕的是,一旦开证行在国内或国外被中间行或正当持票人起诉败诉后,开证行必须对外支付信用证项下或承兑汇票项下的款项,但是开证行在付款以后将无法获得法律救济。因为开证行对外支付后,开证行替开证申请人垫付的款项最终无法从开证申请人那里获得偿还。开证申请人会根据海事法院在基础合同项下作出的终止信用证支付的生效判决作为针对开证行债权的有力抗辩。最后的结果是,不但开证行两头不是人,而且还吃了一个哑巴亏,没有一个说理的地方。

本案最恶劣的地方在于,开证行将在或已经在国内或国外被开证行承兑汇票的正当持票人起诉,开证行几乎不可能逃避付款责任。而开证行最担心的就是在对外付款后,自己的债权最终无法从开证申请人那里得到偿还,原因就是国内已经有一个法院的无理判决横在那里阻止了它的索偿。

4 信用证为何失去"信用"

案情介绍

2001年7月19日,原告J公司与案外人香港H公司签订10万条沙滩裤出口贸易合同。货物价值30万美元,CIF价格,目的地香港,信用证规定议付条件之一为必须出具L公司签发的提单(以下简称L公司提单)。7月22日,J与供货方D签订加工定做合同,货物品名为沙滩裤,数量10万条,总价人民币276 600元。随后,H指示J委托被告F货运代理公司出运货物。2001年8月30日,J委托F出运涉案货物,并明确要求F提供由L公司签发的提单。F接受委托后,将货物交付Y公司承运,并将出运船名、航次、提单编号、运费等内容经原告确认,但未明示承运人为Y公司。9月5日,H就涉案货物向J提出修改意见。9月6日,H的业务代表施某出具了涉案货物验收合格及同意出货的证明。9月7日,H致函J要求货物出运前再由H派员对货物进行检查,同时,H传真给F称因货物质量问题,L公司的提单可能无法交换。9月8日,Y签发托运人为J的提单,货物出运。9月11日,J发现F未能提供其所要求的L公司提单,遂与F进行交涉。9月12日、13日,H通知F因涉案货物质量有问题,由H负责办理的L公司提单不能出具。9月13日,J书面告知F涉案货物贸易合同信用证即将到期,要求F依约出具L公司提单或告知不能出具的原因。9月20日,J要求F返运货物,F则要求J支付因返运产生的一切费用,双方协商未成。9月30日,F将Y公司的提单寄交J。原告起诉称,F故意不履行货运代理合同义务向J出具L公司提单,使J的信用证议付条件不能满足,不能结汇,是最终导致外贸合同未能按约履行的直接原因,要求被告赔偿货物损失276 600元或返还货物。

案情分析

本案是一起货运代理合同纠纷。J通过传真方式委托F办理一批沙滩裤的出运业务,F接受委托,双方的货运代理合同法律关系依法成立。J在传真中明确要求F提交由香港客户即案外人香港H公司指定的货运公司L签发的提单,以便J按信用证要求结汇。F接受委托,但没有向J提供L公司签发的提单,提供的只是一份由Y公司签发的提单。F作为一家专业的货运代理公司,在接受委托时就应当知道L公司签发的提单系契约承运人(无船承运人)提单,其是否能获得该提单或获得该接单将受哪些因素制约,并有义务将上述情况告知委托人J。但是F在接受委托时,没有履行这一告知义务,在涉案货物出运前,H告知凭Y公司提单交换L公司提单几无可能的情况下,仍然未将事实告知J,并直接出运了涉案货物。货物出运后,在J多次催讨和询问L公司提单时,仍然隐瞒事实,不作如实报告。直至9月30日,货物出运20余天后,才将Y公司的提单交给J。F在履行货运合同中违反基本的诚实信用原则,未尽告知义务,且擅自出运货物,未履行提交L公司提单的承诺,应对由此产生的一切后果承担责任。F认为自己在履行货运代理合同没有过错的说法,不能成立。

J认为F故意不出具L公司的提单,是最终导致贸易合同未能按约履行的直接原因的说法,亦缺乏依据。本案L公司是一家由案外人H指定的货运代理公司,对此J是清楚的,其在委托F的传真中已提到。H之所以指定L公司,并在信用证中规定凭L公司签发的提单作为信用证议付条件之一,目的就是要通过这份契约承运人(无船承运人)提单来全面控制涉案贸易和信用证结汇。当H因某种原因准备不履行合同时,必然会指令L公司不签发提单,F也就不可能拿到该提单,H的最终目的是利用信用证中这一软条款不让J顺利结汇。因此,根据现有的证据可以认定,不是F故意不给J公司L公司提单,而是H故意不给这份契约承运人的提单。这从H与J就涉案货物的质量存在争议的往来传真函件中可以得到印证。F作为专业的货运代理公司,在接受J委托时,就应确信自己有能力获得L公司提单,或将可能无法获得L公司提单的情况告知J。F未履行上述任何一项义务,确有过错,但没有证据证明F单独或与H勾结故意不提交L公司签发的提单。

综上所述,被告F应赔偿原告J货物损失276 600元或返还货物。

本案中,造成J信用证无法结汇的原因究竟是什么?从表面上看显然是F未履行货运代理合同,即未提供L公司签发的提单。但实质上,陷阱早已埋下,问题出在J与买方H签订的贸易合同和信用证中。买方H一方面在贸易合同中放入CIF价格条款和信用证支付条款,给人一种颇有诚意、保证付款的印象;另一方面在信用证中又规定凭L公司提单结汇。看似一个很小的要求,实际上将贸易合同CIF条款和信用证支付条款全部否定。CIF应该由卖方负责货物的订舱、安排装运,但本案结汇要凭L公司提单。L公司实为买方指定的无船承运人。因此,可以说本案中J能否顺利结汇,已非J自己或F可以控制,而完全由买方H控制,信用证所代表的银行信用已名存实亡。H处于进退均可的优势地位。当H因为货物质量或其他任何原因不想履行涉案贸易合同时,必然会指令L公司不签发,F此时也就不可能得到L公司提单。至此,贸易买方顺利脱身,F因未履行货代合同,被J起诉。

在进出口贸易中,出口商应注意贸易合同条款。买卖双方采用何种贸易术语由双方商定,如果采用 FOB、FCA 术语成交,则由买方负责租船或订舱、安排装运;如采用 CFR、CPR、CIF、CIP 术语成交,则由卖方负责租船或订舱、安排装运。但在 CIF 条件下,如果外商要求出口方将货物交由其指定的承运人出运,一般应为世界知名的运输公司,如东方海外(OOCL)、马士基(MAERSK)、美国总统海航(American President Line)等。如买方指定的承运人是国外的无船承运人,则出口方应保持警惕,谨慎处置。出口商对不合理的条款坚决不能让步,不可用一种侥幸的心理去做贸易,否则到头来损失是自己的。

另外,我们的货运代理公司,在我国的进出口贸易中发挥了巨大的作用,但千万不能被一些暴利诱惑,成为一些不法外商利用的工具,结果超额利润没有得到,却可能付出高于超额利润数百倍、数千倍的赔偿。

5 单据更改未经签发人证实案

案情介绍

2003 年 8 月,中国江苏 A 公司与意大利 B 公司签订了棉麻面料的出口合同。2003 年 10 月 15 日,意大利 C 银行开出了金额为 28 252.50 美元的不可撤销即期付款信用证。信用证规定单据要求:发票 8 份,注明信用证号码;装箱单 4 份,注明信用证号码,注明毛重、净重;全套正本提单由东方海外签发。

2003 年 11 月 16 日,A 公司按信用证要求如期出运了 13 978 米棉麻面料(净重约 5 004 公斤)并于 11 月 21 日取得东方海外签发的全套正本提单。11 月 23 日,A 公司将全套单据交 D 银行议付,D 银行审核单据无误,于 11 月 25 日寄意大利开证行。

2003 年 12 月 4 日,开证行发来不符电:"××信用证项下单据收悉。经审核,提出如下不符:① 提单更改处加盖了更正章,但未经签发人签字;② 很难确定提单的第二页是单据的组成部分。单据代为保管,听候处理。"议付行虽多次电传反驳,但开证行坚持不付款。

A 公司与开证申请人(买方)联系,对方要求 A 公司提供 117 纺织品产地证(配额证)。考虑到货拉回来造成库存及运费损失等问题,A 公司最后不得不花费了 48 000.00 元人民币,在市场上调剂了 5 004 公斤的 117 类别的配额。买方收到纺织品产地证后,立即通知开证行对外付款。

案情分析

《关于审核跟单信用证项下单据的国际标准银行实务》(ISBP)第 9 条规定:除了由

受益人制作的单据外,对其他单据内容的修正和变更必须在表面上看来经出单人或出单人的授权人证实。对经过合法化、签证或类似手续的单据的修正和变更必须经使该单据合法化、签证该单据的人证实。证实必须表明该证实由谁作出,且应包括证实人的签字或小签。如果证实书表面看来并非由出单人所为,则该证实必须清楚地表明证实人以何等身份证实单据的修正和变更。

ISBP 第 11 条规定:同一份单据内使用多种字体、字号或手写,并不意味着是修正或变更。

ISBP 第 12 条规定:当一份单据包含不止一处修正或变更时,必须对每一处修正作出单独证实,或者以一种恰当的方式使一项证实与所有修正相关联。例如,如果一份单据显示出有标为 1,2,3 的三处修正,则使用类似"上述编号为 1,2,3 的修正经××证实"的申明即满足证实的要求。

ISBP 第 29 条规定:除非信用证或单据另有规定,被装订在一起、按序编号或内部交叉援引的多页单据,无论其名称或标题如何,都应被作为一份单据来审核,即使有些页张被视为附件。当一份单据不止一页时,必须能够确定这些不同页同属一份单据。

ISBP 第 30 条规定:如果一份多页的单据要求签字及/或背书,签字通常在单据的第一页或最后一页,但是除非信用证或单据自身规定签字或背书应在何处,签字或背书可以在单据的任何地方。

ISBP 第 94 条规定:提单上的修正和变更必须经过证实。证实从表面看来必须是由承运人、船长或其代理人所为(该代理人可以与出具或签署提单的代理人不同),只要表明其作为承运人或船长的代理人身份。

ISBP 第 95 条规定:对于正本可能已做的任何修正或变更,不可转让提单副本无需任何签字或证实。

案例启示

在信用证业务中,交单份数必须符合信用证的规定,单据的更改须控制在三处以内,且更改处必须盖更正章,由出单人证实其更正行为。但商业汇票及产地证不能作任何更改,商业发票的单价及金额栏、运输单据的包装件数等栏目不能更改。

6 不符点交单遭拒付案

案情介绍

2001 年 4 月在广交会上,某公司 A 与科威特某一老客户 B 签订合同,客人欲购买 A 公司的玻璃餐具(名:GLASS WARES),A 公司报价 FOB WENZHOU,温州出运到科威特,海运费到付。合同金额达 USD 25 064.24,装 1×40'高柜,支付条件为全额信用证,客人回国后及时将信用证开到 A 公司,要求 6 月份出运货物。

A 公司按照合同与信用证的规定在 6 月份按期出了货,并向银行交单议付,但在审核过程发现两个不符点:① 发票上"GLASS WARES"错写成"GLASSWARES",即没有空格;② 提单上,提货人一栏"TO THE ORDER OF BURGAN BANK,KUWAIT"错写成了"TO THE ORDER OF BURGAN BANK",即漏写"KUWAIT"。A 公司认为这两个是极小的不符点,根本不会影响提货。A 公司本着这一点,又认为客户是老客户,就不符点担保出单向议付办理行议付。但 A 公司很快就接到由议付行转来的开证行的拒付通知,银行以上述两个不符点作为拒付理由拒绝付款。A 公司立即与客户取得联系,原因是客户认为到付的运费(USD 2 275.00)太贵(原来 A 公司报给客户的是 5 月的海运费,到付价大约是 USD 1 950.00,6 月的海运费价格上涨,但客户并不知晓),拒绝支付运费。因此货物滞留在码头,A 公司也无法收到货款。

后来 A 公司人员进行各方面的协调后,与船公司联系要求降低海运费,船公司将运费降到 USD 2 100.00,客户才勉强接受,到银行付款赎单,A 公司被扣了不符点费用。整个解决纠纷过程使得 A 公司推迟收汇大约 20 天。

案情分析

(1)"不符点"没有大小之分。

在本案中,A 公司事先知道单据存在"不符点"的情况下还是出单,存在潜在的风险。A 公司认为十分微小的"不符点"却恰恰成了银行拒付的正当理由。因此,在已知"不符点"的情况下,最好要将其修改。

(2)FOB 术语下运费的上涨,与 A 公司并无关系,因此,本案中客户主要是借"不符点"进行讨价还价。

案例启示

信用证付款方式必须遵循"严格相符"、"单证表面一致"的审单原则。发现交单存在不符点时应及时采取补救措施,尽快更正结汇单据,或采用"电提"方式联系开证行及进口方,不能无视单据不符点的潜在风险。

7 报关单数量与发票不一致导致不能正常退税案

案情介绍

A 公司在 1999 年委托其客户指定的船公司出口近 50 万美元的货物,涉及 50 多万元的出口退税。具体情况是,由于 A 公司采购时以"盒"为单位,A 公司提供的报关单上也是注明"506 000 BOXES",所以工厂的增值税发票开的单位也是以"506 000 盒"为单位。由于船公司在重新填写报关单时却将"BOXES"漏打,只标明"6 000KGS",因此海关计算机上该产品的数量为"6 000 千克",导致报关单上的内容与发票上的数量和单位不同,A 公司不能正常退税。A 公司要求船公司办理改单(修改报关单据),就是要在品名下注明"506 000 BOXES"。但是船公司一再拖延,A 公司无法办理退税手续。A 公司不断催促船公司办理改单,考虑到手续麻烦需要较长时间,要求对方必须在 3 个月内将改后的单据退还给 A 公司,否则要其承担由于不能正常退税造成的相关经济损失。3 个月后,此案总算了解。

案情分析

为了使报关时不要发生任何意想不到的问题,卖方在报关时需注意细节;报关单最好由出口企业规范填制;报关单上需注明正确的品名、数量单位等,以防发生错误。

案例启示

对于报关单据和改单需注意以下几点:

(1) 报关时应注意报关单上资料的准确性。一个资料的问题,可能会造成不能正常报关、正常出运、正常退单、正常退税等。

(2) 注意报关单据上的单位,为了避免类似事情再次发生,在海关计量单位与我们要求的计量单位不同时,需特别要加注我方要求的单位/品名。

(3) 因为货名的英文品名太长,在报关单商品名下加注数量和单位时可能会由于海关的计算机问题不能全部显示。为避免这样的事情发生,需注明数量和单位的英文货名应尽量简写。

(4) 报关的品名与数量和单位,必须和工厂开具的增值税发票一致。

(5) 在报关过程中,可能会碰到我们提供的 H.S. 的编号与货物中文品名有出入,海关提出更改品名,但是不管怎样,都要显示我方要求的中文品名,可以加在括号内。

8 信用证的到期日与交单期

案情介绍

某年,中国 A 公司与美国 B 公司签订了一份国际货物买卖合同,由 A 公司向 B 公司销售一批工艺品,双方在合同中约定采用信用证方式付款。合同订立后,B 公司依约开来信用证。该信用证规定,货物最迟装运期至 9 月 30 日,提单是受益人 A 公司应向银行提交的单据之一,信用证到期日为 10 月 15 日,信用证未规定交单期。A 公司于 9

月 12 日将货物装船并取得提单,提单的日期为 9 月 13 日。10 月 5 日 A 公司向银行交单议付,银行以交单期已过为由拒绝付款。

案 情 分 析

本案涉及信用证的到期日和交单期的问题。

信用证的到期日是银行承担付款、承兑及议付货款责任的最迟的期限,也是约束信用证的受益人交单议付的期限。信用证的受益人若晚于信用证规定的到期日提交单据,银行有权拒付。根据《跟单信用证统一惯例》1993 年(修订本)国际商会第 500 号出版物(《UCP500》)第 42 条的规定,所有信用证须规定一个到期日,受益人必须于到期日或到期日之前提交单据。信用证上规定的付款、承兑或议付的到期日,将视为提交单据的到期日。任何晚于有效期限提交的单据,银行是有权拒付的。

信用证的交单期是针对要求提交运输单据的信用证而言的。根据《UCP500》第 43 条的规定,信用证除规定一个到期日外,凡要求提交运输单据的信用证,尚须规定一个在装运日后按信用证规定必须交单的特定期限。如果未规定该期限,银行将不予接受迟于装运日期后 21 天提交的单据。但无论如何,交单期不得迟于信用证规定的到期日,即此时受益人的交单要受信用证的到期日与交单期这两个日期的约束。信用证对交单期的规定是为约束受益人,促使其在出运后及时交单以保障开证申请人的利益。如果受益人出运后不及时交单,会影响开证申请人及时提货转售,贻误商业时机。

本案中,信用证的到期日是 10 月 15 日,A 公司交单议付的最后期限本应是 10 月 15 日,但因该信用证要求提交运输单据——提单,且未规定装运日后必须交单的特定期限,所以 A 公司应在装运日期后 21 天以内向银行提交单据,即 A 公司最迟应在 10 月 4 日交单议付。A 公司实际到 10 月 5 日才交,违反了装运日期后 21 天提交单据的规定,银行有权拒付。

另外,根据《UCP500》的第 44 条及第 17 条的规定,若信用证的到期日或交单期的最后一天,适逢接受单据的银行中止营业,则规定的到期日或交单期的最后一天将顺延至该银行开业的第一个营业日。但若该银行中断营业是因为天灾、暴动、骚乱、叛乱、战争、罢工、停工或银行本身无法控制的任何其他原因,则信用证规定的到期日或交单期的最后一天不能顺延。本案中,如果 10 月 4 日是星期日,银行对外不办公,则依上述顺延规定,A 公司于 10 月 5 日交单,银行就不能以交单期已过为由拒付。

案例启示

受益人必须于信用证规定的到期日及交单期(如信用证另外规定的话)之前,提交整套结汇单据。如信用证未规定具体的交单期,则受益人应在不迟于装运日后的 21 天之内交单,但同时必须在信用证的有效期之内。出口方应尽早交单议付,尽早收回信用证款项。

9 信用证游戏规则

1994 年 4 月 11 日,某公司(以下称为 JS 公司)与香港 GT 公司签订一份出口合同:合同号 No. 94JS - GT102,4950dz of 45×45/110×70 T/C yarn-dyed shirt with long sleeves(涤棉长袖衬衫),5% more or less are allowed,单价 USD 28. 20/DOZ CFR Hong Kong,总金额 USD 139 590.00,装运期 1994 年 8 月底之前,付款方式 by 100% irrevocable L/C to be available by 30 days after date of B/L(不可撤销的提单日后 30 天远期信用证付款)。经催促,JS 公司于 5 月底收到由意大利商业银行那不勒斯分行 (Bank Commercial Italy, Naples Branch)开来的编号为 6753/80210 的远期信用证,信用证的开证申请人为意大利的 CIBM SRL,并将目的港改为意大利的那不勒斯港,最迟装运期为 1994 年 8 月 30 日,同时指定承运人为“Marvelous International Container Lines”(以下简称 MICL 公司),信用证有效期为 9 月 15 日,在中国议付有效。

JS 公司收到信用证后,没有对信用证提出异议,并立即组织生产。由于生产衬衫的色织面料约定由香港 GT 公司指定的北京 GH 色织厂提供,而北京 GH 色织厂未能按照 JS 公司的要求及时供应生产所需面料,并且数量也短缺,导致 JS 公司没有赶上信用证规定的 8 月 30 日的最迟装运期限。为此香港 GT 公司出具了一份保函给 JS 公司,保证买方在收到单据后会及时付款赎单。JS 公司凭此保函于 9 月 12 日通过信用证指定的 MICL 公司装运了 4 700 打衬衫(总货款为 USD 132 540.00),并取得了编号为 GM/NAP - 11773 的海运提单,提单日期为 1994 年 9 月 12 日。

9 月 14 日,JS 公司备齐信用证所要求的全套单据递交议付行。不久便收到了意大利商业银行那不勒斯分行的拒付通知,理由是单证不符:① 数量短缺;② 提单日超过了信用证的最迟装运期。此后 JS 公司多次与香港 GT 公司和意大利的 CIBM SRL 联系,但两者都毫无音讯。

10 月 19 日,开证行来函要求撤销信用证,JS 公司立即表示不同意撤证。

11 月 1 日,JS 公司收到 CIBM SRL 的传真,声称货物质量有问题,要求降价 20%。JS 公司由此推断 CIBM SRL 已经提货,接着便从 MICL 海运公司处得到证实。而且据 MICL 称 CIBM SRL 是凭正本提单提取的货物。因此,JS 公司立即通过议付行要求意大利商业银行那不勒斯分行退单,此后,还多次去电催促退单事宜。

11 月 15 日,意大利商业银行那不勒斯分行声称其早已将信用证号 6753/80210 项下的全套正本和副本单据寄给了 JS 公司的议付行,但议付行仅收到了一套副本单据。

JS 公司了解到意大利商业银行在上海开设了办事处,并立即与该办事处的负责人交涉,严正指出作为在国际银行界有一定地位的意大利商业银行,擅自放单给买方是一种严重违反《UCP500》及国际惯例的行为,希望意大利商业银行尽快妥善处理这一事件,否则 JS 公司将会采取进一步的法律行动,以维护自身的合法权益。

12 月 2 日,意大利 CIBM SRL 公司的总经理 L. Calabrese 主动要求来华与 JS 公司协商解决这一贸易纠纷。12 月 5 日,JS 公司组成三人谈判小组赴上海与 L. Calabrese 谈判。在确认了 CIBM SRL 是从银行取得正本提单提货的事实后,谈判过程显得比较简单。谈判中对方以短量和货物质量有问题为由要求降价,JS 公司未予理睬。

12 月 10 日,JS 公司收到 CIBM SRL 公司汇来的全部货款。

案情分析

纵观以上案例,JS 公司在此笔业务中利用信用证的游戏规则成功地追回了全部货款,这一经验值得借鉴。

JS 公司在遭拒付后与有关方面联系以协商解决此事时,有关当事人都避而不理。正当 JS 公司一筹莫展时,收货人 CIBM SRL 公司一封提出货物质量有问题并要求降价 20% 的传真露出了马脚。JS 公司由此推断收货人很可能已经提取了货物。接着 JS 公司便与承运人核实货物下落,证实了 JS 公司的推断,而且是从开证行取得的正本提单。因为在这一环节还有可能是承运人无单放货。

根据《UCP500》的相关规定,开证行如果决定拒收单据,则应在自收到单据次日起的 7 个银行工作日内通知议付行,该通知还必须叙明银行凭以拒收单据的所有不符点,还必须说明银行是否留存单据听候处理。言下之意,开证行无权自行处理单据。照此规定,本案中的意大利商业银行那不勒斯分行(以下称开证行)通知 JS 公司拒付的事由后就应妥善保存好全套单据,听从受益人的指示。

既然 JS 公司已确定了是开证行擅自将单据放给收货人,就立即通过议付行要求开证行退单。事实上开证行根本就无单可退,也就迫使开证行将收货人推出来解决这一纠纷。银行的生命在于信誉,此时的开证行再也不会冒风险与收货人串通一气。正是抓住了开证行擅自放单的把柄,使得本来在履约过程中也有一定失误的 JS 公司寸步不让,将货款如数追回。JS 公司在前期履约过程中主要有两点失误:一是在信用证改变了目的港后未能及时提出异议,因为目的港从香港改成了意大利的那不勒斯港,至少买方的运费成本增加了许多;二是当面料供应不及时时,没有要求客户修改信用证,而是轻信了对方的担保函。

案例启示

在国际贸易中,如采用信用证支付方式,受益人在收到国外开证行开来信用证后应认真审核信用证的每项条款规定,如发现信用证条款与合同条款规定不一致,或信用证中设置了一些让受益人难以操作的条款甚至一些"软条款"时,受益人应立即与开证申请人取得联系,要求及时改正,否则最终将导致单证不符,无法安全收回货款。

10　付款方式把握不当受骗案

　　我某进出口公司(简称N公司)在广交会上结识希腊某客户(简称A公司),经过反复磋商就腈纶拉舍尔毯签订一份合同。付款方式为50%信用证,50%电汇。第一笔合同顺利执行,N公司及时收回货款。待下一次销售季节来临,希腊A公司发来传真希望与N公司继续合作,N公司复函表示愿意与A公司建立长期的业务关系。经过一段时间的传真往来,双方再次签订一份合同。成交腈纶拉舍尔毯3 200条,成交价为USD 15.00/条 CFR比雷埃夫斯。装运期为11月底之前;付款方式为1/3电汇作为定金,N公司在收到这部分货款后再开始安排生产;另1/3货款在N公司投产后通知A公司,再电汇给N公司;最后1/3货款用即期不可撤销信用证支付。同时,N公司了解到A公司要求采取这样的付款方式完全是为了逃避进口关税。考虑到这样的付款方式对我方很安全,再者以前也曾这样做过,N公司与A公司签订了第二笔合同。

　　为了保证按时交货(该商品属季节性商品),N公司随后与国内某生产厂家签订购货合同,工厂按合同约定备货。

　　10月12日,N公司发传真催促A公司电汇第一笔1/3货款,A公司回复款即付。

　　10月17日,N公司发现货款还未到账,再次传真催问并要求A公司将汇款底单传真过来以便到中国银行查询。

　　10月19日,由于传真催问未果,不得不电话催问,客户告知货款确实已付,并要求N公司相信他们,并将汇单申请传真过来。

　　10月25日,N公司通知客户为了保证按时交货现已投产,催促A公司将第二笔电汇款汇出。

　　10月26日,A公司回复第一笔电汇款正在与银行查询,第二笔已经汇出。

　　11月5日,A公司最后1/3的不可撤销的即期信用证开抵N公司,装运期为11月底,有效期为12月15日,提单日后15天交单议付。

　　11月15日,国内工厂通知3 200条拉舍尔毯全部备妥,请求结算货款。

　　11月30日,在两次电汇款未到的情况下,信用证的装期日渐临近,为了不造成新的库存,N公司本着对A公司的信任将该批毯子于11月30日装上"金河"轮,驶往比雷埃夫斯港。

　　12月2日,N公司拿到船公司签发的提单日为11月30日的清洁已装船提单,同时通知A公司货已运出,要求速复电汇款查询结果。

　　12月15日,N公司在万般无奈的情况下将全套装运单据提交银行议付。

　　此案的结果是N公司仅仅收回信用证项下的1/3货款,损失惨重。后来N公司通过中国驻希腊的大使馆了解到A公司第一笔电汇款在申请后便撤销了,A公司在知道

N 公司已安排生产的情况下,根本没有申请办理第二笔电汇款,为了骗取 N 公司的信任,主动开出仅 1/3 货款的信用证。

案情分析

本案中受骗的 N 公司有如下几处失误:

(1) 成交前没有做好客户的资信调查。希腊 A 公司要求 2/3 的货款电汇,1/3 的货款采用不可撤销的即期信用证付款,就是为了逃避海关进口税。这本身就说明该客户不是一个守法经营的人,起初就应该高度警惕。在决定接受这种付款方式之前,N 公司应该通过各种渠道了解 A 公司的情况。如:企业性质,是贸易公司还是零售商,或是生产厂家;该公司的规模、经营范围、往来银行的名称及账号;与中国其他公司有无业务关系,公司有无网页等。不能简单地认为以前曾经这样做过没有问题,就肯定这次也不会出问题。

(2) 没有收到定金,就盲目安排生产。如果 N 公司严格按合同行事,在没有收到 1/3 定金前,决不安排生产,所失去的仅仅是这一单业务,绝不会造成如此惨重的经济损失。再假设 N 公司是在收到第一笔电汇款后才安排生产的,即使希腊 A 公司以后没有再汇出第二笔电汇款,届时还可以转售其他客户,甚至还可以低价转到国内市场(因为毯子属于大路货),再加上希腊 A 公司的 1/3 定金,那么一般不会承受什么损失。

(3) 未收到第一笔和第二笔电汇款,轻易安排装运。如果 N 公司未收到第一笔和第二笔电汇款,不安排装运,即使这时货已经生产出来,有可能造成库存,但毕竟有货物在手。再说,总共与该客户才做过两次生意,就对客户有如此大的把握,实在不应该。这也说明 N 公司的风险防范意识不强。信用证与汇付结合的支付方式会给出口商带来不同程度的潜在风险,这是由汇付固有的商业信用性质决定的。因此,作为出口商在采用此种支付方式时应慎重考虑其风险,并采取相应的防范措施。

(4) 装运后,未及早联系其他客户卖"路货"。N 公司装船后急忙通知了希腊 A 公司,说明到此时对该客户还是抱有幻想,而不是想办法及早联系希腊的其他客户,甚至是其他欧洲客户将在途货物转卖出去,也就是通常讲的卖"路货"。N 公司应该与船公司联系行使留置权把货扣住,而不应该担心在信用证有效期和交单期内交单议付收不回信用证的 1/3 货款,把此时唯一控制着的物权凭证——全套海运提单,拱手让与希腊客户。

就这样,N 公司一错再错,被动地受制于人,将自己弄到进退两难的境地,最后中了不法客户的圈套。

案例启示

(1) 加强对客户的资信调查,并且对客户的资信实行动态管理。在第一次与客户打交道时,一定要通过银行、保险公司或邓白氏公司调查了解客户资信,加强风险防范意识。

（2）严格合同管理。一定要严格按合同条款行事，不能置合同于不顾，要维护合同的严肃性。一旦发觉客户有违约迹象，要及时提出抗辩并保留索赔权。

（3）采用灵活的商业信用支付方式时，要投保出口信用保险，一旦出现风险，可以从出口信用保险公司得到80％～90％的赔偿，以减少不应有的经济损失。

第八章　检验、索赔、不可抗力及仲裁

1 品质争议仲裁案

案情介绍

　　香港 A 公司(买方)与厦门 S 公司(卖方)于某年 2 月 28 日签订了一份买卖合同,由 S 公司提供海藻酸钠 17 吨。合同规定:货物品质黏度,250～280CPS;PH,5.5～7.5;水不溶物,0.5%,钙盐,0.15%;水分,17%;包装,编织袋每袋装 25KGS;装运期为当年 3 月至 4 月 10 日;装运口岸和目的地,由厦门至香港允许分批;品质、数量、重量以中国进出口商品检验检疫局或生产厂方所出证明书为最后依据;价格,每吨5 380美元 CIF 香港,总额为 91 460 美元。A 公司于当年 3 月 3 日申请开出信用证,3 月 9 日,货物在厦门装船,3 月 11 日到达香港,开证行于 3 月 23 日支付货款总计 91 460 美元。

　　货到香港后,香港 A 公司根据其与香港 B 公司签订的合同,以每吨 5 750 美元的价格将 17 吨海藻酸钠售与 B 公司,并于 3 月 20 日向 B 公司提供检验证书,称所售货物的黏度不小于 280CPS。

　　B 公司又依照其与原西德 VHI 公司签订的合同,将 17 公吨海藻酸钠转卖给 VHI 公司,目的港为荷兰鹿特丹港,B 公司给 VHI 公司的检验证书及其译本中表明所售货物的黏度不小于 280CPS。

　　4 月 19 日,货物运抵荷兰鹿特丹港,VIII 公司提出货物的黏度远达不到其与 B 公司所签合同规定的标准,并请瑞士 SGS 商检机构对货物进行抽检。SGS 于 5 月 17 日签发的检验报告表明,被抽检的货物样品黏度为 108～111CPS。

　　11 月 22 日,VHI 公司在香港高等法院对 B 公司提起诉讼,要求赔偿全部损失。B 公司又向 A 公司追索,最后 A 公司认赔 750 000 港元。

　　为此,香港 A 公司认为上述和解费用以及所支付的为解决其与香港 B 公司纠纷的律师费用,均系由于购买了厦门 S 公司不符合同品质规格的货物所致。由于厦门 S 公司拒绝承担上述损失的责任,双方发生争议,香港 A 公司遂向中国国际经济贸易仲裁委员会提出仲裁请求。在仲裁中,S 公司代理人提出以下答辩意见:

　　(1) 根据买卖双方签订的海藻酸钠购销合同,3 月 4 日卖方曾快递一包货物样品,买方收到样品后对品质没有提出任何异议。3 月 10 日,卖方以传真方式告知买方货物已于 3 月 9 日在厦门港装运。3 月 11 日货抵香港,4 月 19 日再运抵鹿特丹,在此之前,

166

始终未见买方对货物品质提出任何异议。

（2）根据合同规定，卖方提供了生产方出具的检验报告，买方对此并无异议，也没有在香港进行商检，说明买方默认了合同货物的品质，而且买方在香港又把该批货物转卖给B公司，说明买方更进一步确认了合同货物的品质。

（3）货物抵达香港后转运至鹿特丹，这期间有充分合理的时间供买方在香港检验合同货物，但买方却没有对货物进行检验，并将该批货物转卖他人，易手两家，买方已丧失了对货物提出品质异议的权利。

（4）VHI公司和B公司的合同关系、B公司和A公司的合同关系，以及A公司与S公司的合同关系是三个不同的法律关系。因此，VHI公司提交的SGS商检机构的检验报告与本争议仲裁案无关。

（5）海藻酸钠属非法定商检的出口商品，双方合同约定货物品质以生产厂家的检验报告为最后依据是有效的合同条款。该合同条款是双方自愿达成的，是真实意思表示的结果，对双方应有约束力。

（6）合同品质条款约定"以生产厂家所出之证明为最后依据"，明确了卖方对货物品质的责任在于它是否提供了生产厂家确认了品质的货物，排除了买方在香港或其他任何地方复检的权利。

根据上述案情和答辩结果，仲裁庭最后作出裁决，驳回香港A公司的仲裁要求，此案结束。

案情分析

综观本案，裁决胜败的关键在于买方有无复检权和有无在规定限期或合理的期限行使这一权利。在这方面，买方恰恰处于不利的地位。首先，合同规定"货物的品质、数量、重量以中国进出口商品检验局或生产厂方所出证明书为最后依据"，这实质上已剥夺了买方的复检权。其次，按国际贸易惯例，买方对货物的品质有权要求复检，但应在合同规定的期限内行使；如果合同没有规定期限，则应在货物到达目的港后的合理期间行使复检权。因此，丧失了对货物品质提出异议并要求索赔的权利，这是买方败诉的主要原因。

相反，卖方之所以胜诉，在于卖方及其代理人成功把握了有利于卖方的几个主要依据。一是强调合同品质检验条款，并提交了该批货物品质依据符合合同规定的充分证据；二是抓住了买方与香港B公司、B公司与西德VHI公司和买卖双方之间三个合同对品质条款规定的不同点；三是抓住了买方未能在合理期间内对货物进行复检和提交本案纠纷责任依据的弱点。

案例启示

在签订贸易合同时务必明确规定商品的检验检疫条款、检验时间、检验地点、检验机构等，同时规定有关异议及索赔的条款。

2 出口品质不合商检要求遭索赔案

案例一：我国某公司向新加坡一家公司以 CIF 新加坡条件出口一批土产品，订约时，我国公司知道该批货物到新加坡后将立即转销美国。货到美国后因商品品质问题，新加坡的买主凭美国商检机构签发的检验证明书，向出口企业提出索赔。出口企业起初百般申辩，但最终不得不同意理赔。

案例二：我国某公司与 A 国商人签订一份食品出口合同，并按 A 国商人要求将该批食品运至 B 国某港。货到目的港后，经 B 国卫生检疫部门抽样化验发现霉菌含量超过该国标准，决定禁止在 B 国销售并建议就地销毁。B 国商人电告 A 国商人许可后将货物就地销毁。之后，B 国商人凭该国卫生检疫机构出具的证书及有关单据向 A 国商人提出索赔。A 国商人理赔后又凭 B 国商人提供的索赔依据向我国出口公司索赔，被我国出口公司拒赔。A 国商人自认有理，百般申辩，但最终不得不自认理亏，放弃索赔要求。

案 情 分 析

两个案例似乎非常相似，即都涉及货物的转销，而且在转销前中间商没有合理的机会对商品进行检验，待货物到达最终目的地经商检后，均出现了品质问题，从而发生了最终买方向中间商、中间商进而向最初卖方索赔的情况。但两案有一个不同点，案例一中，中间商新加坡买方受到最终买方美国商人索赔时，立即告知我国卖方，然后再对货物进行处理；而案例二正好相反，中间商 A 国商人在处理完不符商检的货物后，才向我国出口公司索赔。正是这唯一的不同点，使两个案例的最终结果不同。

《联合国国际公约》（简称《公约》）第 38 条第 3 项规定："如果货物在运输途中改运或买方须再发运货物没有合理机会加以检验，而卖方在订立合同时已知道或理应知道这种改运或再发运的可能性，检验可推迟到货物到达新目的地后进行。"根据上述规定，案例一中新加坡商人提交的美国检验证书应该是有效的。也就是说，最终的检验结果是有效的，可以作为合理的索赔依据，中间商可以据此对最初卖方提出索赔。案例二中，A 国商人凭 B 国商人提供的依据向我国出口公司索赔，我国公司完全有权拒绝。虽然 A 国商人提供的最终检验结果也是真实的，但因中间商 A 国商人已对不符商检的货物进行了处理，而且此前并未向我国公司通报任何情况。此行动表明了中间商所有权人的身份，说明他已接受了最初卖方所交货物。按一般法律规则，买方一接受货物，就丧失了对货物提出异议的权利。因此，此案例中，中间商不能再向最初卖方提出索赔。货物不符商检，本来错误不在中间商，但由于其小小的"主动"，却给自己带来了无法挽回的损失。

案例启示

国际货物买卖双方在交接货物过程中,通常要经过交付、检验或察看、接受或拒收三个环节。按照一般的法律原则,"接受"是指买方认为他所购买的货物在质量、数量、包装等方面均符合买卖合同的规定,因而同意接受卖方所交付的货物。买方"收到"货物并不等于他已经"接受"了货物。买方对所购货物具有检验权,如果他收到货物后经检验,认为与买卖合同的规定不符时,他可以拒收。如果未经检验就接受了货物,则视为放弃对货物检验的权利,即使事后发现货物有问题,也不能再行使拒收的权利。对此,各国法律和有关国际条约均有明确规定。

《公约》第 38 条规定:① 买方必须在按情况实际可行的最短时间内检验货物或由他人检验货物。② 如果合同涉及货物运输,检验可推迟到货物到达目的地后进行。③ 如果货物在运输途中改运或买方须再发运货物,没有合理机会加以检验,而卖方在订立合同时已知道或理应知道这种改运或再发运的可能性,检验可推迟到货物到达新目的地后进行。由此可见,《公约》不仅明确规定了卖方对货物负有责任的具体期限,即凡是货物不符合同的情形于风险转移到买方的时候就已存在,应由卖方负责,而且明确规定了买方对货物有检验的权利。

我国法律也认为,买方对收到的货物有检验权。我国《合同法》第 157 条规定,买方收到货物时应当在约定的检验期间内检验,没有约定检验期间的,应当及时检验。第158 条还规定,当事人约定检验期间的,买方应当在检验期间内将标的物的数量或者质量不符合约定的情形通知卖方。买方怠于通知的,视为标的物的数量或质量符合规定。当事人没有约定检验期间的,买方应在发现或者应当发现标的物的数量或者质量不符合约定的合理时间内通知卖方。

英国《货物买卖法》第 34 条也有类似规定。

以上规定说明,无论是英美法或是大陆法国家的法律,还是《公约》或我国法律都认为,除双方另有约定者外,买方有权对自己所购买的货物进行检验。如发现货物不符合同规定,而且确属卖方责任的,买方有权采取要求卖方予以损害赔偿等补救措施,直至拒收货物。但是,必须指出,买方对货物的检验权并不是表示对货物接受的前提条件,买方对收到的货物可以进行检验,也可以不进行检验,假如买方没有利用合理的机会对货物进行检验,就是放弃了检验权,也就丧失了拒收货物的权利。

3 违约金条款的陷阱

案情介绍

中国某进出口公司与某国某公司签订了1亿条沙包袋出口合同。交货期限为合同成立后的3个月内,价格条款为每条1美元CIF香港;违约金条款为如果一方在合同履行期内未能履行合同规定的义务,则必须向另一方支付合同总价3.5%的违约金。中方公司急于扩大出口,赚取外汇,只看到合同利润优厚,未实际估计自己是否有能力履行合同,便与外商订立了合同。而实际上中方公司并无在3个月内加工1亿条该类沙包袋的能力。合同期满,能够向外方交付的沙包袋数量距1亿条还相差很远。中方无奈,只有将已有的沙包袋向外方交付并与之交涉合同延期。外方态度强硬,以数量不符合同规定拒收,并以中方公司违约为由要求按合同支付违约金。双方协商未果,最后中方公司只得向对方支付违约金300多万美元,损失巨大。

案情分析

这是一起以合法手段掩盖非法目的、利用合同违约金条款进行欺诈的较为典型的案例。防范违约金条款欺诈,主要措施在于对自己的实际履约能力做到心中有数,在签订合同时能够从自己的实际能力出发,实事求是,不要被表面的优厚利润所迷惑,丧失判断事物的理性,毫无欺诈防范意识。卖方应逐项分析己方履约能力的构成因素,逐环节落实,确保能够在合同规定的履约期内完全履行自己的义务。

在本案中,中方进出口公司如果在合同签订之初,能理性地分析自己的履约能力,并充分考虑违约金条款,加强防范意识,就不至于遭受那么大的经济损失。

案例启示

一般来说,中方作为出口方时,其履约能力的构成因素主要包括:

(1)货源。货源是出口方履行合同的基础。虽然并非一定要在备妥货物之后,卖方才能与买方订立出口合同,但合同标的物是起码可以基本有保障或是在国内市场有把握购买、购足的商品。在签订农副产品、矿产品以及本地没有生产基地需要到外地组织货源的商品出口合同时,尤其要考虑到货物供应情况。

(2)生产加工能力。参与国际贸易及国际经济交往,参与人必须根据自身的科技发展水平和商品的生产加工能力相宜行事。具体地说,作为出口方与对方当事人签约时,一定要综合考虑自己的实际生产能力。比如在洽签服装出口合同时,既要考虑国内生产的面料质量是否能达到对方的要求,还要考虑厂家做工能否达到要求等。凡受科技水平和生产能力限制,自己甚至国内厂家目前都不能生产加工,或者能够生产加工但质量难以达到要求的,一定不能盲目成交,否则一旦履约困难,合同中又订有违约金条款,买方将适用违约金条款要求卖方赔偿损失,卖方将面临极为不利的被动局面。

(3)原材料供应。签订出口合同,考虑自己的出口履约能力时,有时需要把原材料供应是否落实考虑进去。因为有些出口商品,虽然卖方有生产加工能力,货源供应渠道也顺畅,但由于生产加工该商品的原材料比较紧俏,难以充足供应。在这种情况下,卖方能否按时、按量履约,最终决定于原材料的供应。此外,出口深加工产品还要考虑到生产有关中间产品的初级原料供应问题。

(4)收购资金。外贸代理企业出口商品货源的取得主要采取买断方式,即由外贸企业向生产加工企业收购。而一般的外贸企业自有资金并不雄厚,主要靠银行信贷解决流动资金问题。所以,外贸企业在对外签订出口合同时,要考虑国内金融市场的走向,银根是否吃紧,收购货源的资金是否落实。缺乏收购资金或不能及时取得收购资金,就无法备货或按时备货出运,造成对外违约,给对方适用违约金条款以口实。

(5)出口许可。很多国家,包括我国在内,都实行进出口许可制度。对某些商品,国家实行出口许可证管理;对实行主动配额或被动配额的商品,实行配额加许可证管理。因此,如果我方作为卖方对外签订出口合同时,合同标的物属于国家实行许可证管理的商品,则出口方必须有把握能够及时取得所需的出口配额和许可证。关于许可制度,还有一个值得注意的问题,国家有时可能会对实行许可制度的商品和实行主动配额管理的出口商品范围适时作出调整。所以出口合同中应将国家有可能作出的这种调整作为政府行为列入不可抗力范围,以便在合同订立后,因国家调整配额和许可证管理商品范围而不能履行或不能按时履行合同时,出口方能够援用不可抗力条款,有效地维护自己的合法权益。

(6)履约期限。履约即双方具体实施合同义务,各自实现合同目标的行为过程。国际贸易合同的履行环节很多,涉及面广。有些工作由交易双方完成即可,有些则需双方当事人所在国(地区)的商检部门、运输部门、银行、海关、保险公司等各有关方面分工合作,共同完成。所以在合同中规定装运期、信用证结汇期等期限时,一定要结合实际情况周密测算,留有余地,确保有足够的时间完成应由己方负责完成的各项工作。否则任何一个环节上的延误,都有可能形成违约,造成损失。

第九章　合同的成立及履行

1 附有条件的"接受"是否有效

案情介绍

某年 3 月 10 陕西某进出口公司应荷兰某客商的请求,报某初级产品实盘:数量 100 吨,每吨 CIF 鹿特丹 250 美元,麻袋装,即期装运,凭不可撤销即期信用证付款。

3 月 17 日,对方回电,但没有明确表示接受,而是再三请求我方增加数量,降低价格,并延长装运期。

3 月 18 日,我方回电,同意将数量增至 200 吨,价格减至每吨 CIF 鹿特丹 240 美元,装运期延长至 5 月底。3 月 24 日对方回电,仍然没有表示接受,要求再降低价格,再度延长装运期。

3 月 25 日,我方回电表示价格不能再降,但装运期可延长到 6 月 20 日,并声明 4 月 15 日复到有效。

对方没有立即回电,直至 4 月 14 日来电表示接受我方 3 月 25 日发盘,同时附加包装条件"需提供良好适合海运的袋装"。

我方在收到对方电报接受时,发现该产品主要生产国因遭受自然灾害而影响了商品的产量,导致该产品的国际市场价格已猛涨。于是我方拒绝成交,并复电称:"由于国际市场的变化,货物在接到贵方接受电报前已售出。"

但对方不同意这一说法,认为接受是在要约有效期内做出的,因而是有效的,坚持要求我方按要约的条件履行合同。并提出,要么执行合同,要么赔偿对方差价 2.5 万美元,否则将提交仲裁机构解决。

我方回电,提出我方发盘未注明"Firm Offer"(实盘)字样,所以合同无效。

双方经多次交涉,争论十分激烈,但最后我方只能以承认合同成立而告终,只是坚持包装为麻袋装。我方损失巨大。

案情分析

本案涉及"有效发盘"和"有效接受"的争议。

发盘,又称报价,即民法上所称的"要约",是指一方当事人向一个以上特定的当事人提出的订立合同的建议。一项有效的要约必须具备以下条件:① 向一个或一个以上特定的人发出。② 内容必须十分明确、肯定。一经对方接受，合同即告成立。明确即需要写明货物名称并明示或默示地规定数量和价格，或规定如何确定数量和价格。如果要约中伴随着要约人的保留条件，就不算是有效的要约，而只能是要约邀请，即使对方表示了承诺，合同仍然不能成立。③ 要约要送达受约人。

接受，又称"承诺"，是指受盘人（受要约人）愿意根据报价人所列的条件订立合同的意思表示。一项有效的承诺必须满足以下条件：① 承诺要由受要约人作出才发生效力；② 与要约的条件保持一致；③ 承诺应在要约的有效期间内作出；④ 承诺必须通知要约人才发生效力。因此，如果一方当事人向对方提出一项要约之后，对方对该项要约无条件予以承诺，双方当事人之间就达成协议，从而成立了一项对双方当事人都具有法律效力的合同。

发盘分为实盘和虚盘。实盘是指含有确定意思的发盘，实盘有两个主要特点：① 必须提出完整、明确、肯定的交易条件；② 必须规定有效期限。所谓虚盘，是指不含明确意义的报价，也就是发盘人有保留地愿意按一定条件达成交易的一种表示。实盘对发盘人来说，具有法律拘束力，如果受盘人在有效期限内表示接受，合同即告成立。虚盘对发盘人没有法律约束力，发盘人可以随时撤回或修改虚盘的内容。即使受盘人对虚盘表示接受，仍须经过发盘人的最后确认，才能成立一项对双方都有拘束力的合同。

此案中，我方的发盘包括了实盘构成的要件：货物的品质、数量、包装、价格、交货时间和支付方式，并规定了有效接受期限，可以确认为实盘，而非虚盘，具有确定的约束力。荷兰客商于 4 月 14 日（我方规定的有效期内）来电接受我方 3 月 25 日的发盘。根据《公约》第 16 条的规定："已为受盘人收到的发盘，如果撤销通知在受盘人发出接受通知前送达受盘人，可予撤销；但规定了有效期的发盘，在有效期内不能被撤销。"

荷兰客商在表示接受的同时，提出了"需提供良好适合海运的袋装"的附加条件，而该附加条件并没有对发盘构成实质性的更改，因此，应视为"有效接受"。

综上所述，双方的合同关系成立，我方必须执行合同。

本案对发盘有效期规定得太长（20 天），致使我方受发盘约束的时间过长，陷于被动局面。

案例启示

国际货物买卖合同是当事人之间意思表示一致的结果，是通过一方提出要约、另一方对要约表示承诺而成立的。要约一经受要约人承诺，合同即成立，当事人双方就应履行各自的权利和义务。

对发盘有效期的规定一般取决于商品的种类、市场情况和交易额等因素，小商品、市价稳定、交易额不大者，发盘有效期可规定得较长些，如 5～7 天甚至更长。如买卖商品系大宗商品、市场敏感性原料性商品或初级产品，国际市价波动频繁，交易额较大者，商品的发盘有效期则可规定得短些，如 2～3 天甚至更短。

2 逾期接受是否有效

案情介绍

某年3月15日，A公司向新加坡客户G公司发盘："报童装兔毛衫200打，货号CM034，每打CIF新加坡100美元，8月份装运，即期信用证付款，25日复到有效。"3月22日收G公司答复如下："你15日发盘收到。你方报价过高，若降至每打90美元可接受。"A公司次日复电："我方报价已是最低价，降价之事歉难考虑。"3月26日G公司又要求航邮一份样品以供参考。29日，A公司寄出样品，并函告对方："4月8日前复到有效。"4月3日，G公司回函表示接受发盘的全部内容，回函4月10日送达A公司。经办人员视其为逾期接受，故未作任何表示。

7月6日，A公司收到G公司开来的信用证，并请求用尽可能早的航班出运。此时因原料价格上涨，公司已将价格调整至每打110美元，故于7月8日回复称："我公司与你方此前未达成任何协议，你方虽曾对我方发盘表示接受，但我方4月10日才收到，此乃逾期接受，无效。请恕我方不能发货。信用证已请银行退回。如你方有意成交，我方重新报价每打CIF新加坡110美元，9月份交货，其他条件不变。"

7月12日G公司来电："我方曾于4月3日接受你方发盘，虽然如你方所言，4月10日才送达你方，但因你我两地之邮程需三天时间，尽管我方接受在传递过程中出现了失误，你我两国均为《联合国国际货物销售合同公约》（简称《公约》）的缔约国，按《公约》第21条第2款规定，你方在收到我方逾期接受后未作任何表示，这就意味着合同已经成立，请确认你将履行合同，否则，一切后果将由你方承担。"

请分析G公司的上述观点是否正确？

案情分析

本案争议双方所在国均为《公约》的缔约国，因此，应按《公约》的有关规定处理。关于逾期接受，《公约》认为一般无效，但也有例外情况。《公约》第21条规定：① 逾期接受仍有接受的效力，如果发盘人毫不延迟地用口头或书面形式将此种意见通知受盘人。② 如果载有逾期接受的信件或其他书面的文件表明，它在传递正常的情况下是能够及时送达发盘人的，那么这项逾期接受仍具有接受的效力，除非发盘人毫不延迟地用口头或书面方式通知受盘人，他认为发盘已失效。根据这条规定，不管什么原因造成的逾期接受，发盘人都有权决定它有效还是无效，只要采取相应的行动即可。A公司4月10日收到逾期接受后，如及时复函表示发盘已失效，则该接受就无效，合同不成立。

案例启示

在收到逾期接受时，首先要判断造成逾期的原因。如难以判断，则根据具体情况采取不同做法,或去电确认有效或表示发盘已失效。置之不理会产生纠纷,陷入被动,造成不必要的损失。

3 卖方对所售货物的权利负有担保义务

案情介绍

中国甲公司与荷兰乙公司于 1995 年 9 月 20 日签订 045 号合同及其附件。合同规定,中国甲公司向荷兰乙公司提供半自动车床 35 台,用于精密仪器的加工。双方就该批车床的规格、型号和性能指标等进行了约定。合同明确规定,荷兰乙公司在货到后将转口到美国和加拿大。

1996 年 1 月 10 日,货到阿姆斯特丹。乙公司验收合格后,于 1996 年 2 月 5 日向甲公司支付了合同项下的全部货款。荷兰乙公司在付款后,依照其与美国和加拿大客户签订的供货合同,于 1996 年 2 月 25 日向美国和加拿大运送此批车床。在车床的使用过程中美国丙公司发现,该批车床系仿冒丙公司在美国登记注册的专利制造的,属于侵犯专利权的行为。丙公司于 1996 年 5 月 28 日依据美国有关专利法律的规定,向美国法院提出请求,要求法院发布停止这种车床在美使用和销售的禁令;同时起诉荷兰乙公司,要求乙公司赔偿经济损失 16.5 万美元。

1996 年 9 月 30 日,美国法院判定荷兰乙公司的销售行为侵害了美国丙公司的知识产权并造成损害,要求荷兰乙公司赔偿丙公司的经济损失 11.5 万美元,并发布了销售和使用禁令。荷兰乙公司在接到该判决后,依据与中国甲公司签订的合同,于 1996 年 10 月 15 日提起仲裁,要求依据《联合国国际货物销售合同公约》的有关规定,转由中国甲公司承担全部经济赔偿并补偿荷兰乙公司由此而发生的全部费用。

案情分析

本案的核心问题是卖方应当对货物承担什么样的权利担保义务。

1. 卖方权利担保的范围

卖方对买方的权利担保的内容是指卖方应保证对其所售货物享有合法的权利。这里的权利除了对货物所有权的担保外,还包括卖方对所交付的货物不得侵犯任何第三方的工业产权或其他知识产权的担保。

《联合国国际货物销售合同公约》(简称《公约》)第 41 条规定:"卖方所交付的货物必须是第三方不能提出任何权利或要求的货物,除非买方同意在这种权利或要求的条件下,收取货物。而《公约》第 42 条同时规定:"卖方所交付的货物,必须是第三方不能根据工业产权或其他知识产权主张任何权利或要求的货物。"这是卖方对其出售的货物承担权利保证的法律依据。

2. 中国甲公司违反了卖方的权利保证义务

根据上述规定,中国甲公司应对其出售的车床承担不侵害他人知识产权的权利保证责任。

知识产权的保护具有地域性,各国授予的工业产权或知识产权是相互独立的。各国受本国法律保护的工业产权和知识产权都是不允许侵犯的。由于国际货物买卖合同涉及的情况复杂,《公约》并不是绝对地要求卖方必须保证其所交付的货物不得侵犯世界上任何国家所保护的工业产权或其他知识产权,而具有一定条件限制。《公约》第 43 条所规定的限制条件为:① 卖方只有在订立合同时已经知道或不可能不知道第三方对其货物会提出工业产权方面的权利要求或请求时,才对买方承担责任。② 卖方并不是对第三方依据任何异国法律所提出的工业产权方面的权利要求或请求向买方承担责任,而只在下列情况承担责任:时间的限制,如果买卖双方在订立合同时已经知道买方打算把该项货物转售到某一个国家,则卖方对于第三方依据该国的法律所提出的有关工业产权或知识产权的请求,应对买方承担责任。国境的限制,在任何其他情况下,卖方对第三方根据买方营业地所在国法律提出的有关侵犯工业产权或知识产权的请求,应对买方承担责任。

本案中,中国甲公司和荷兰乙公司签订 045 号合同时约定荷兰乙公司在货到后将转口到美国和加拿大。这就表明,合同双方在订立合同时,卖方已经明知买方将转售货物到第三国,因此,在没有免责条件的情况下,如发生第三方关于工业产权的请求时,卖方应对买方承担责任。

《公约》第 42 条第(2)款确定的免责条件包括:① 如果买方在订立合同时,已经知道或不可能不知道,第三方对货物会提出侵犯工业产权或知识产权的权利或请求时,卖方对由此而引起的后果不承担责任;② 第三方对货物提出侵犯工业产权或知识产权的权利或请求,是由于卖方依照买方提供的技术图纸、图案或其他规格为其制造产品引起的,则由买方对此负责,卖方不承担责任。

本案中,美国丙公司向荷兰乙公司提起侵权诉讼时,没有证据表明荷兰乙公司在向中国甲公司订购车床时,已经知道会侵犯他人工业产权或向中国甲公司提供了图纸等免责条件。因此,中国甲公司作为货物买卖合同的卖方没有享受免责条件的因素,应当根据《公约》第 43 条第(1)款,向买方荷兰乙公司承担侵权责任。

3. 买方享有的请求损害赔偿的条件限制

在发生侵犯第三方工业产权的情况下,作为货物买卖合同的买方向卖方提出损害赔偿请求时,法律也给予限制,其目的在于防止权利的滥用。

《公约》第 43 条规定,如果在已知道或理应知道第三方的权利或要求后一段合理时间内,买方未将此权利或要求的性质通知卖方,就丧失援引《公约》第 41 条或第 42 条规定的权利。这一规定适用于在发生没有第 42 条免责条件情况下,卖方对买方向第三人承担的损害赔偿责任的转承担。这一款关于合理时间的规定又不同于《公约》中要求买方在发现或理应发现货物不符后的合理时间内（最迟在收到货物后的两年内），将不符情况通知卖方，否则会丧失要求损害赔偿的权利。可见本款对"一段合理时间内"通知卖方的要求更严。

本案中，荷兰乙公司得到美国法院的判决后，在 15 日内即提起仲裁，符合在"一段合理时间内"的要求，因此，其要求中国甲公司赔偿的请求应当得到支持。而在确定实际的经济损失和费用时，应当就荷兰乙公司的费用损失和其他经济损失一并进行计算，从而保护作为国际货物买卖合同中买方的权利，以体现卖方对权利保证责任的完全承担。

案例启示

在对外贸易中，我出口方应适当了解进口国对所进口商品的有关工业产权或其他知识产权方面的法律，避免发生所售商品侵犯第三方工业产权或其他知识产权的行为。如果国内出口企业依据国外买方所提供的技术图样、图案、程式或其他规格生产的产品生产，应在合同中明确规定："如发生侵犯第三方工业产权或其他知识产权问题，则由国外买方承担责任。"同时，国内生产企业应积极主动申请专利，注重知识产权的保护工作。

第十章　国际贸易方式

1 利用进料加工贸易方式行骗案

案情介绍

2006年2月，C某代表韩国甫京化纤株式会社同山东YA集团达成一笔进料加工业务。YA集团从甫京株式会社购买面料、辅料，加工成羽绒服后，再由甫京株式会社全部包销。2月13日，双方正式签订了购货合同（购买面料、辅料）与销售合同（销售羽绒服）。购货合同涉及金额38.24万美元，由中方开立见票后120天付款的远期信用证支付；销售合同涉及金额95.94万美元，由甫京株式会社在首批羽绒服装运前40天，即3月20日前开出信用证支付。两份合同中都订立了仲裁条款，一旦发生争议将提交中国国际经济贸易委员会仲裁。

签约当日下午，YA集团即通过中国某银行潍坊分行开出L/C。2006年3月12日，由韩国发来的原材料到达青岛港，经商检部门检验，发现部分尼龙绸面料存在残坏、色差等严重质量问题，规格也与合约不符。YA集团将这一情况立即通知了甫京株式会社，但甫京株式会社答复说，此笔交易是进料加工复出口业务，YA集团只管加工，无须考虑进料的质量问题。

得到上述答复，YA集团便开始生产。根据销售合同，出售给甫京株式会社的羽绒服应分别在4月30日前和5月30日前分两批交货。然而，临近第一批货物的交货期，甫京株式会社的信用证还未到。问及C某，他却用各种理由搪塞。

面对中方的多次催证，C某找出种种借口拒开信用证。他向YA集团提交了大连某鉴定公司的鉴定报告及韩国纺织检测协会的检测报告，两份报告都证明YA集团生产的羽绒服充绒量不合格。针对这两份报告，YA集团作了调查。结果表明：大连某鉴定公司提供的鉴定结果原是合格的，被篡改成不合格。韩国纺织检测协会根本未对YA集团的羽绒服做过检测，C某提交的是经篡改过了的该协会2005年签发的有关裤子的一份检测报告。

通过假检测报告一事，YA集团意识到甫京株式会社根本无诚意做此交易，他们的目的就是推销劣质原料。鉴于此，2006年8月22日，YA集团将案件提交仲裁。2007年2月3日，中国国际经济贸易仲裁委员会在北京作出以下裁决：① 解除该笔进料加工的销售合同；② 甫京株式会社向YA集团支付因其违约给该集团造成的经济损失共计 334 800.81 美元,并应于裁决作出之日起 45 天内向 YA 集团支付完毕。

甫京株式会社未出庭,裁决后拒不支付赔偿。2007 年 5 月 28 日,潍坊市中级人民法院依据有关法律对裁决进行强制执行,从潍坊某银行所开的 L/C 中扣划 334 800.81 美元作为给 YA 集团的赔偿。

至此,本案尚未结束。C 某将劣质原料装船后即从韩国国民银行(信用证的议付行)得到了原料款。由于此议付行要求韩国某保险公司对甫京株式会社出口面料进行了出口担保,议付行从该保险公司得到了货款偿付。仲裁期间,YA 集团向该保险公司提交了甫京株式会社的假检验证明等材料,提醒该公司不要对议付行进行偿付。但该公司不听劝告,付出了货款赔偿金,事后试图追回全部金额和相关损失,但为时已晚。

案情分析

山东 YA 集团在与甫京株式会社签订进料加工合同时对原材料及成品的检验机构未作明确规定,也没有明确规定原材料(面料及辅料)及成品(羽绒服)的质量条款,对进口的面料辅料未作检验即用于羽绒服的生产。在我方向对方开立 120 天期的远期信用证(购买原材料)时,对方却没有及时向我方开立即期信用证(购买全部成品),双方失去了信用证的相互约束。

案例启示

(1)交易前必须对客户进行资信调查。选择资信较好的客户进行交易,对资信状况一般的客户,应争取在合同中订立保护性条款,使合同得以安全履行。对于资信状况较差的客户,应停止与其交易。YA 集团被骗一案,主要原因就是忽视了资信调查。YA 集团根本未对甫京株式会社进行调查。从此案可以看出,不法商人为达到其行骗目的,处处设置陷阱,施展种种骗术,从业人员一定要提高警惕,谨慎行事。通过资信调查随时掌握交易对手的最新资料,并采取相应的措施,以保障合同得以安全、顺利地履行。

(2)选择有利的支付方式。在进料加工业务中,通常采用对开信用证的支付方式。对外开出信用证的申请人和受益人分别是回头信用证的受益人和申请人,两张信用证应是互相联系、互相约束、互为条件的,两张信用证应同时生效。YA 集团应开出远期信用证购买原料,远期时间参照产品的生产周期,要求对方开出即期信用证回购成品。如果这笔进料加工业务采用对开信用证的方式,那么,国内银行开出的支付面料款的信用证须等甫京株式会社支付羽绒服款的信用证开出并为 YA 集团接受时,两证才同时生效。这样,C 某就不可能从议付行骗得原料款,国内开证行也就不会卷入这起诉讼案中。虽然合同中规定双方分别开立信用证,购货合同和销售合同都规定两份合同是相互关联的,但根据信用证的特点,信用证一旦开出,就成为独立的文件,银行只按信用证办事。

(3)认真订立仲裁条款。在国际贸易中,解决争议的方式主要有三种:友好协商、仲裁和诉讼。如遇不法商人,只有选择仲裁或诉讼。诉讼耗费时间、精力和财力,仲裁较迅速且费用低。由于仲裁员往往是争议所涉及领域的专家,其裁决较为公正,并具有权威性。但采用仲裁方式,需有仲裁条款或提交仲裁的协议。前者是争议双方在争议发生前在合同中订立的,而后者是争议发生后双方达成的同意将争议提交仲裁的书面文件。如果交易对手根本无诚意做交易,事后达成提交仲裁的协议是不可能的,因此,在合同中订立仲裁条款非常重要。由于 YA 集团公司与 C 某所签销售合同中订立了仲裁条款,才可将争议提交仲裁,并得到迅速的裁决,及时挽回了损失。订立仲裁条款时,应争取在我国仲裁,如对方不同意,可在第三国仲裁。但选择第三国时,应掌握以下原则:① 该国在政治上对我国较友好;② 该国的仲裁法规比较公平合理;③ 该国的仲裁机构具有较好的业务能力和国际信誉。另外,仲裁条款应订得全面、具体。只有这样,仲裁才能发挥应有的作用。

2 对外汇风险估计不足受损案

案情介绍

某年,江苏 D 公司与香港 H 公司签订了补偿贸易性质的合纤绸来料加工合同。合同规定:H 公司向 D 公司提供合纤绸加工设备——120 台喷水织机,价值 84 800 万日元,由 D 公司的开户银行出具以 H 公司为受益人的不可撤销保函。合同期内每年 H 公司向 D 公司提供合纤绸原料,加工成印花绸,全部由 H 公司返销国外。年工缴费收入 348 万美元,分 5 年 10 次用来抵偿喷水织机的货款及其利息(年利息 6.5%)。根据预测,当时合纤绸在国内外市场都畅销,加上税收减免优惠,该项目还清设备货款本息尚余 134.47 万美元,合同期内可盈利 3 000 万元。将美元对日元贬值因素考虑在内,即使日元升值 10%,仍可结余 70 余万美元。

然而,在这段时间内,日元对美元开始急剧升值,签约当年 6 月 15 日升值最高达 1 美元:104.78 日元;第二年 4 月 19 日,创下 1 美元:79.75 日元的战后最高纪录。上述项目若按当时的汇率 1 美元:130 日元重新计算,设备的日元债务折合 839.80 万美元,工缴费等各项还款来源合计 1 012 万美元,归还上述欠款后尚余 172.20 万美元;如按 1 美元:110 日元计算,汇兑损失达 151.20 万美元,尚余 21 万美元;但当汇率按 1 美元:100 日元计算时,汇兑损失达 252.3 万美元,无法抵补。当时由于日元对美元出现罕见波动,该项目最终以亏损告终。

案情分析

案例中的项目之所以亏损,主要原因是签约时对外汇风险估计不足。一般来说,汇率变动除了会直接影响投资项目的现金流量外,还可能通过通货膨胀、物价变动、市场规模、竞争压力等经济因素起间接作用。因此,在商洽投资项目时一定要对外汇风险的传递过程进行分析,以做到合理预算、有效控制,对有关的汇率敏感因素及早关注,做到"未雨绸缪"。本案中,补偿贸易项目洽商时使用了两种货币计价:喷水织机用日元计价,而产品印花绸却以美元计价。由外商 H 提供的机器设备是一笔日元外币债务,若按一般性贸易处理,D 公司将支付机器货款,由此将产生一笔日元现金流出。D 公司外销的产品是一笔外币应收账款,表现为美元的现金流入。这样,当日元相对美元升值时,D 公司的现金流出相对现金流入增加,D 公司将蒙受外汇风险损失;相反,若日元相对美元贬值时,D 公司现金流出相对现金流入减少,公司将从汇率变动中获益,而 H 公司将受损。

如果将上述贸易中的外汇风险进行简单定量的话,我们可以确定,D 公司的外汇风险敞口有两项:①设备上的日元应付货款,风险金额为本金 84 800 万日元和各期利息,年息 6.5%,风险时间为 5 年;②产品出口上的美元应收账款,金额为年 348 万美元,受险时间 5 年。

案例启示

在一项涉及多次、多种货币,甚至外汇兑换方向亦不同的经营活动中,尽管其风险有时看起来可以相互抵消,如同时存在外币应付账款与外币应收账款,但最好将它们一一甄别。因为它们可能在币种、时间或金额上有所不同,总体外汇风险留有较大的敞口。

3 从一起仲裁案看外贸代理制

案情介绍

1996 年 9 月,上海 L 厂向澳洲 R 公司出口一批全棉浴巾,但 L 厂本身并不具备外贸经营权,于是双方找到有外贸经营权的上海 A 公司要求合作,约定由 A 公司代理出口该批货物。11 月初,澳洲 R 公司与上海 A 公司签订了进出口合同。合同上写明卖方为上海 A 公司,买方为澳洲 R 公司;装运期为 1996 年 11 月;付款方式为船运后 60 天电汇,质量以 R 公司代表在工厂验货为准。货到后,R 公司认为,货物存在质量问题,造成其经济上的损失,故拒不付款,并要求 A 公司予以赔偿;A 公司则认为质量问题与己无关,是由 R 公司代表在工厂验货,应由厂方与 R 公司解决,坚持要求 R 公司依约付款。1997 年 6 月 3 日,由中国进出口商品检验总公司澳大利亚有限公司对货物进行了检验,认为的确存在质量问题。R 公司遂向 A 公司寄发检验报告,并以防止进一步损失为由低价处理了该批货物。随后向 A 公司提出索赔。1998 年 2 月,R 公司向中国国际贸易仲裁委员会上海分会提请仲裁,8 月,仲裁庭开庭对本案进行审理,A 公司从这笔业务中非但没有得到任何货款,还为此处于被申请人的位置,面临 R 公司经济赔偿的要求。

案情分析

我国的外贸代理制自 1991 年国家外经贸部《关于对外贸易代理制的暂行规定》以及 1994 年 5 月 12 日通过的《中华人民共和国对外贸易法》开始,走上法制道路。外贸代理制中的代理,不同于《民法通则》中的代理,其真正意义是指:有外贸经营权的公司、企业,根据无外贸经营权的公司、企事业单位及个人的委托,以自己的名义办理进出口业务的一种法律制度。它的产生是以我国外贸经营权的审批制为基础的。在目前情况下,代理关系并非完全出于双方当事人的自愿,代理人也仅以自己的名义对外订立进出口合同。外贸代理制在一定阶段中,在一定程度上促进了我国外贸事业的发展,但在外贸企业业务经营过程中,由于经办人对法律知识不熟悉,以及某些企业创指标、完成任务的思想作祟,问题频频发生。归纳起来,主要有以下几种:

(1) 不签订委托协议,仅凭订货单办事;
(2) 代理人超越授权范围,越权代理;
(3) 签订外贸合同在先,而委托协议在后;
(4) 代理协议与合同条款内容不一致,责任归属不清楚;
(5) 表面为外贸代理,实际是出口合同。

本文所述的案例,即是第五种方式的典型表现。A 公司盲目信任作为生产厂家的 L 厂和外方买主的 R 公司,非但没有与 L 厂订立委托协议,同时也根本没有注意到自身作为进出口合同一方当事人的法律责任和义务,导致其在合同履行过程中出现问题时,未获任何利益,却担负了全部的责任。即使 A 公司在仲裁中胜诉,但为此付出的精神和物质上的代价也是巨大而不可弥补的,教训不可谓不深重。

案例启示

(1) 在人民币日趋升值、产品综合成本日益提高的形势之下,出口竞争力的增强显得尤为重要。走工贸结合的路子也是一条佳径。有丰富的进出口业务经营经验、广阔的进出口渠道和市场的外贸公司与生产能力强、产品有特色且质量好的厂家组建联合实体,集两家之长、避两家之短;切忌"拉郎配",生拉硬凑反而会搞砸两家企业。

(2) 在法律方面,第一,应制定一部更为完善的新的民法典,以对外贸易代理的修改完善作为出发点,修改《民法通则》中关于代理概念的严格限制,摒弃显名主义标准,对代理概念作广义解释;第二,新《合同法》里已对委托合同作了符合新代理概念的修改和完善;第三,适当时可制定《商事代理法》,对商事代理的具体内容予以规范。这样几个层次结合起来,就可基本构成一个自上而下完整的民事代理法律制度,我国市场经济条件下的外贸代理制也就有了充分的法律保障,《民法通则》和《暂行规定》、《对外贸易法》的矛盾也就可以得到解决。

　　随着有中国特色的社会主义市场经济的发展,以及立法的完善,外贸代理制必将在实践中不断完善,在理论认识上不断提高,种种问题和不规范行为也会得到逐步的解决和纠正。外贸代理制必将会因其在外贸经营中的独特优势和功能显示出强大的生命力,并得到自觉的施行和广泛的推广。

参考文献

[1] 福州大学国际贸易省级精品课程组. 国际贸易案例. 福州：福建人民出版社,2009.

[2] 张二震,马野青. 国际贸易学(第四版). 南京：南京大学出版社,2009.

[3] 熊志坚. 外贸纠纷处理实务——案例与技巧. 北京：中国海关出版社,2011.

[4] 张亚芬. 国际贸易实务与案例教程(第二版). 北京：高教出版社,2009.

[5] 刘德标,吴珊红. 外贸实务案例精华 80 篇. 北京：中国海关出版社,2009.

[6] 袁永友,柏望生. 进出口单证实务案例评析. 北京：中国海关出版社,2006.

[7] 袁永友,柏望生. 新编国际贸易实务案例评析. 北京：中国商务出版社,2005.

[8] 石静霞,陈卫东. WTO 国际服务贸易成案研究. 北京：北京大学出版社,2005.

[9] 金赛波. 中国信用证法律和重要案例点评. 北京：对外经济贸易大学出版社,2002.

[10] 袁永友,柏望生. 国际贸易实务案例评析. 武汉：湖北人民出版社,1999.

[11] 江平. 商法案例评析(上下). 北京：中国人民大学出版社,1997.

[12] 谢涤宇. 中航油新加坡事件的启示. 中国内部审计,2006(6).

[13] 陶红军,赵亮. 世界水产品国际贸易空间自相关分析——基于 2003—2008 年世界水产品国际贸易额. 华中农业大学学报(社会科学版),2011(4).

[14] 印度专利保护案. http://wenku. baidu. com/view/7336df3710661ed9ad51f31f. html.

[15] 加拿大专利保护期案例. http://class. wtojob. com/class95_5744. shtml.

[16] 金海军. WTO 框架下的知识产权争端解决 ——欧盟诉美国关于美国著作权法违反 TRIPS 协定与伯尔尼公约案评析. http://www. law. ruc. edu. cn/iplaw/ShowArticle. asp? ArticleID=22048.